La CIUDAD que ya no EXISTE

Carlos Villasana

La CIUDAD que ya no EXISTE

«Todo coleccionista desea en secreto detener el tiempo. Carlos Villasana lo ha logrado a través de esta extraordinaria colección de fotografías de la Ciudad de México en la que nos devuelve una parte de la vida y revive una ciudad perdida en la memoria».

Rafael Pérez Gay

Planeta

Diseño de portada: Planeta Arte & Diseño
Fotografías de portada e interiores: Cortesía del autor
Diseño de interiores: Sandra Ferrer

Investigación: María José Cortés

Bajo el sello editorial PLANETA M.R.
Avenida Presidente Masarik núm. 111,
Piso 2, Polanco V Sección, Miguel Hidalgo
C.P. 11560, Ciudad de México
www.planetadelibros.com.mx

Primera edición en formato epub: julio de 2021
ISBN: 978-607-07-7554-3

Primera edición impresa en México: julio de 2021
ISBN: 978-607-07-6914-6

Impreso en los talleres de Litográfica Ingramex, S.A. de C.V.
Centeno núm. 162-1, colonia Granjas Esmeralda, Ciudad de México
Impreso y hecho en México – *Printed and made in Mexico*

La Ciudad de México fue erigida sobre las ruinas de Tenochtitlan hace 500 años, en 1521. Su renacimiento significó un nuevo comienzo, distinto a lo que había sido la gran ciudad bajo el esplendor del Imperio mexica. Capital de la Nueva España durante la Colonia y luego del México independiente, se transformó en origen y destino de la historia nacional, y sitio donde se fundieron todo tipo de razas que conforman hoy nuestra sociedad.

Para contar su historia a lo largo de generaciones, la hemos reconstruido mediante mapas antiguos, litografías, dibujos, pinturas, crónicas de viaje, canciones, cartas, memorias y, desde mediados del siglo XIX, a través de la fotografía. Construimos, deconstruimos y reconstruimos, una y otra vez, una ciudad que ya no existe.

Con profundo amor por la Ciudad de México, Carlos Villasana se ha encargado de alentar esa reconstrucción para compartirla y mostrarla a las nuevas generaciones, en cuya imaginación no cabe que la famosa estatua de «el Caballito» estuvo en el cruce de Paseo de la Reforma y Bucareli; que en el mismo Paseo de la Reforma, trazado por Maximiliano de Habsburgo, se llevaron a cabo las primeras carreras de ciclismo y de automóviles; que el Ángel de la Independencia se cayó en 1957 debido a un fuerte sismo, o que el Viaducto actual se trazó sobre el verdadero río La Piedad.

Este es un paseo por la ciudad de nuestros antepasados, de nuestros abuelos y padres, la ciudad que hoy buscamos heredar a nuestros hijos y a nuestros nietos. Porque sin importar que haya sido la ciudad de los emperadores mexicas, la joya novohispana, la urbe de Santa Anna, Juárez o Porfirio, o la capital que tomaron Villa, Zapata, Carranza u Obregón; al final, su grandeza permanece y es trascendental. Nuestra ciudad está destinada a preservar su memoria hasta la consumación de los tiempos.

ALEJANDRO ROSAS
Divulgador de la historia

La ciudad es como un archivo abierto. Sus calles y edificios nos relatan tanto su propia historia, como la nuestra y la del país, pero también la de todos los que hemos transitado por ella. La ciudad es un archivo de la historia de la arquitectura, el urbanismo y sus procesos sociales y políticos, pero también es la historia de la vida cotidiana. Basta solo con detenerse a observar su traza y sus fachadas, a leer sus piedras, para abrir frente a nosotros esas fojas de la memoria.

VEKA DUNCAN
Historiadora del arte

Amo la Ciudad de México porque es un sitio que sabe mostrar las respuestas necesarias a quienes las buscan, porque los vestigios de su grandeza se intercalan con la actualidad. Un territorio que se distingue del resto de las ciudades del mundo y una cultura que nos hace únicos. Este libro te invita a conocerla con nuevos ojos. La Ciudad de México es un privilegio atemporal que siempre debemos descubrir.

MARÍA BUSTAMANTE HARFUSH
Directora del Colegio de Arquitectos
de la Ciudad de México

Para mi hija, Dani, mi familia y mis amigos, que son muchos.

Presentación

Existen fotografías que tienen «algo». Esa dosis de magia que hace que uno las elija de entre las demás. Al hurgar en los cientos de fotografías que encuentro dentro de cajitas entre las cháchara de algún tianguis, descubro esos tesoros captados por algún aficionado y que por alguna circunstancia acabaron en mis manos. Cada una tiene una historia detrás, que para mí inicia con su llegada ahí, a ese puesto, álbum o archivo. Suelo preguntar la procedencia, pero la mayoría de las veces es incierta. «La encontré en la basura», «Estaba en una venta de garage» o «La despegué de un álbum» son las respuestas más comunes, que cuentan solo una parte de la historia, pero no llegan hasta el instante en que se disparó el obturador.

Entonces, si no estuvimos en ese instante preciso, ¿qué es ese «algo» que vuelve especial una fotografía ordinaria? ¿Está en la imagen o realmente depende de quien la observa? Quizá hay algo de ambas. Puede ser el recuerdo que la imagen evoca en nosotros —porque caminamos por esa calle o conocimos aquel edificio memorable—, o tal vez lo que contemplamos sea simplemente sorprendente. No existe una respuesta única, pero algo tenemos claro: hay imágenes que sobresalen; todo en ellas nos sacude.

Mi tarea en este libro fue explorar miles de imágenes hasta reunir esos sentimientos que nos hacen recordar y disfrutar no solo la Ciudad de México: también a nuestros familiares y amigos. El cariño profundo que tengo por la ciudad y el respeto que les tengo a todos los creadores anónimos de estas maravillas impresas quedaron plasmados aquí. Se trata de un proyecto que se remonta a una cena entre amigos durante la Feria Internacional del Libro en Guadalajara, hace ya varios años, en la que corría el rumor de que yo tenía una colección de imágenes de la vida cotidiana en la capital que valía la pena dar a conocer. Cuando Planeta me propuso reunir las mejores para compartirlas en un libro, mi respuesta fue breve: «No se diga más».

Fue así como la periodista María José Cortés, colaboradora de la editorial, empezó a acudir cada semana a mi casa para ver cientos de fotografías y hacer una selección. El ejercicio consistía en que ella eligiera las mejores sin mi aprobación o visto bueno; ¡a mí me gustaban todas! La selección final no fue nada sencilla porque la colección completa tenía «lo suyo» y muchas quedaron guardadas para otra edición.

Aquí están las cien imágenes más entrañables e icónicas de ese archivo. Lo puedo decir porque mientras hacíamos el libro sucedió algo curioso: todas las personas involucradas en el proyecto —entre ellas mi colega Alejandro Rosas, quien por cierto comenta sus imágenes preferidas— se sentían identificadas con ciertas fotos. Algunas veces porque podrían pertenecer a nuestro álbum familiar; otras, porque hemos recorrido cientos de veces un lugar sin imaginar todos sus cambios, y algunas más, por las distintas modas con las que hemos paseado por las calles de la ciudad a lo largo de las décadas. Todos esos detalles nos hicieron querer conversar con alguien que pudiera saber algo más de cada imagen, recorrer una y otra vez las páginas de este libro y valorarlo aún más. Esta es la intención: que lo disfrutes en la comodidad de tu hogar y te permitas recordar o imaginar todos esos espacios, edificios, calles y personajes que han tejido la historia de un lugar tan especial como la Ciudad de México.

Espero que esta colección de fotografías nos permita disfrutar un gran momento junto a nuestros seres queridos y valorar personalmente cuánto teníamos y lo mucho que esto se ha transformado. A los que se han ido y no debieron irse, a todos ellos va dedicado.

CARLOS VILLASANA
Ciudad de México, abril de 2021

Antes de comenzar

Alejandro Rosas, divulgador de la historia y autor de *México bizarro*, comenta algunas imágenes de la colección. Podrás identificar sus notas por sus iniciales: AR.

Para enriquecer tu lectura, considera la siguiente información y encuentra estos detalles en las imágenes:

- Personajes de la vida cotidiana
- Edificios, vehículos o esculturas históricas
- Lugares icónicos

Estos íconos permiten reconocer fácilmente los puntos de interés en cada fotografía. Una imagen puede contener más de un ícono, observa todo lo que aparece.

Código QR

Utiliza el lector QR de tu celular para visitar virtualmente el lugar que observas en la foto y reconocer sus cambios a lo largo del tiempo.

Línea de tiempo

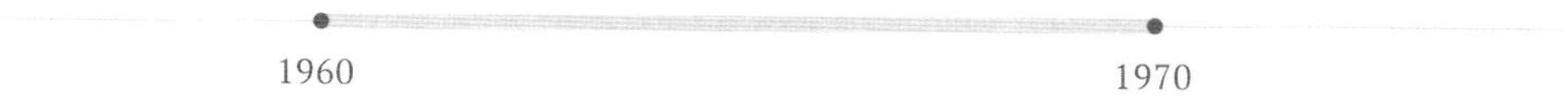

Por su origen es complicado determinar el año exacto de cada fotografía. Esta línea de tiempo te permitirá ubicar la década a la que pertenece cada imagen y recordar qué hacías tú o preguntar a otras personas qué hacían en esa época.

De igual manera, en los casos en que fue difícil ubicar el lugar preciso de la toma se indica mediante la sigla LD (lugar desconocido).

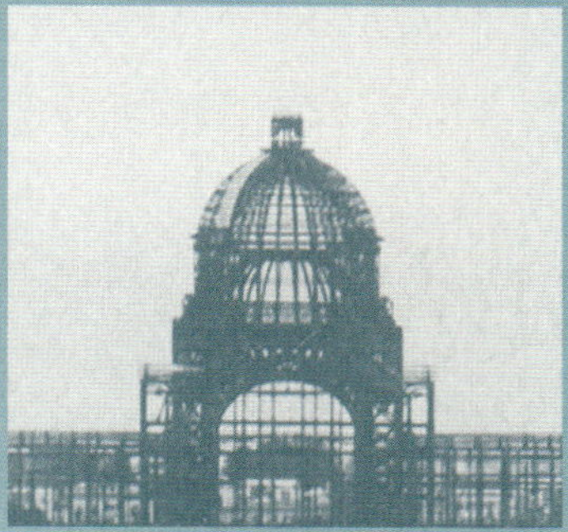

El cine Lido se inauguró en 1942 en plena colonia Condesa. Era una sala de lujo que podía recibir hasta 1 300 asistentes. Diseñado por el arquitecto estadounidense S. Charles Lee, el complejo destacaba por su torre de más de 20 metros de altura. En los años setenta se remodeló y su nombre cambió por el de Bella Época. Cuando las grandes salas cinematográficas desaparecieron de la Ciudad de México, el gobierno decidió rescatar el inmueble y creó el Centro Cultural Bella Época, que ahora es la librería Rosario Castellanos, del Fondo de Cultura Económica. | AR

¿A cuánta gente habrá visto pasar rumbo al cine Lido este niño desde su ventana?

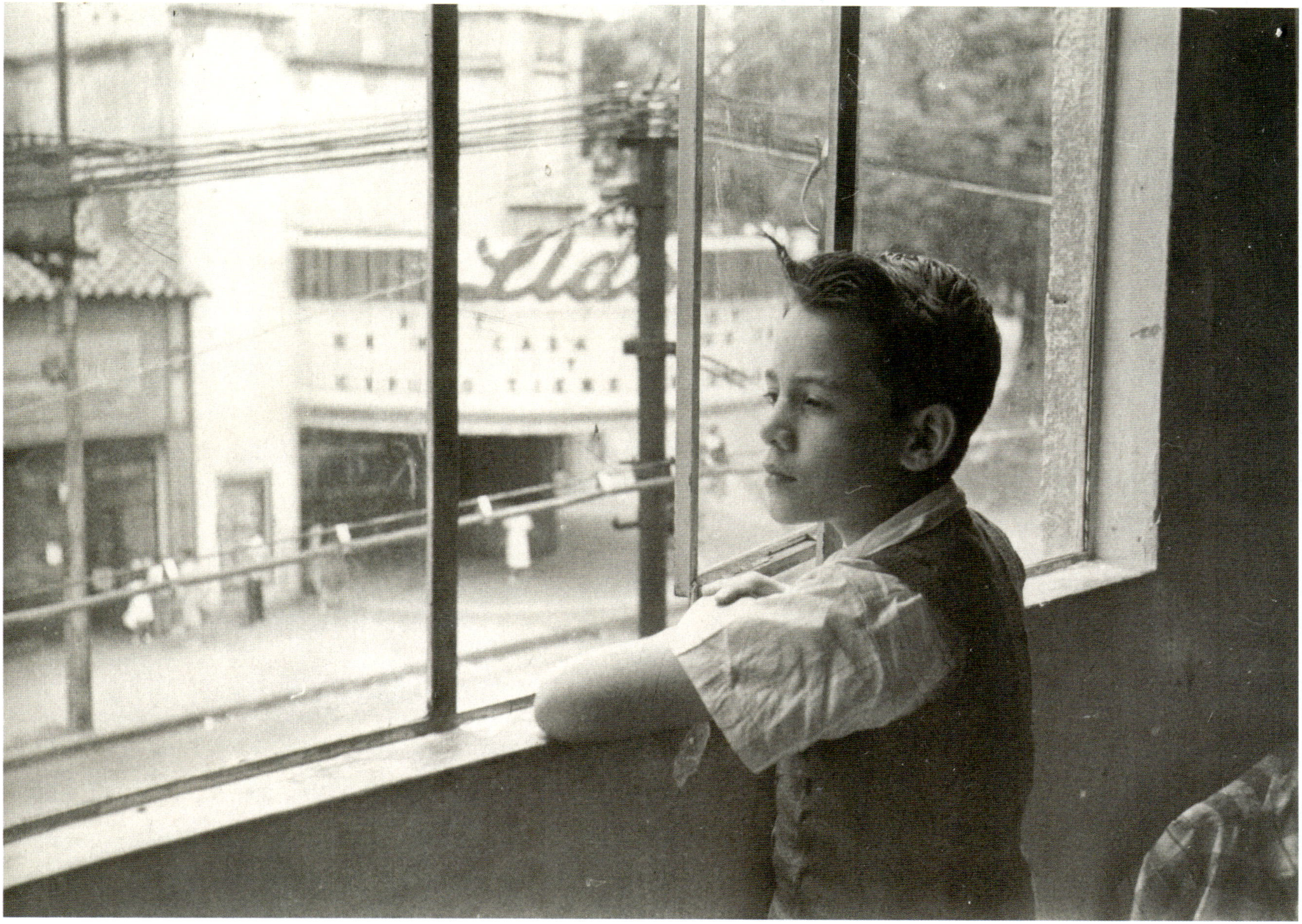

1950 — 1960 — 1970 — 1980

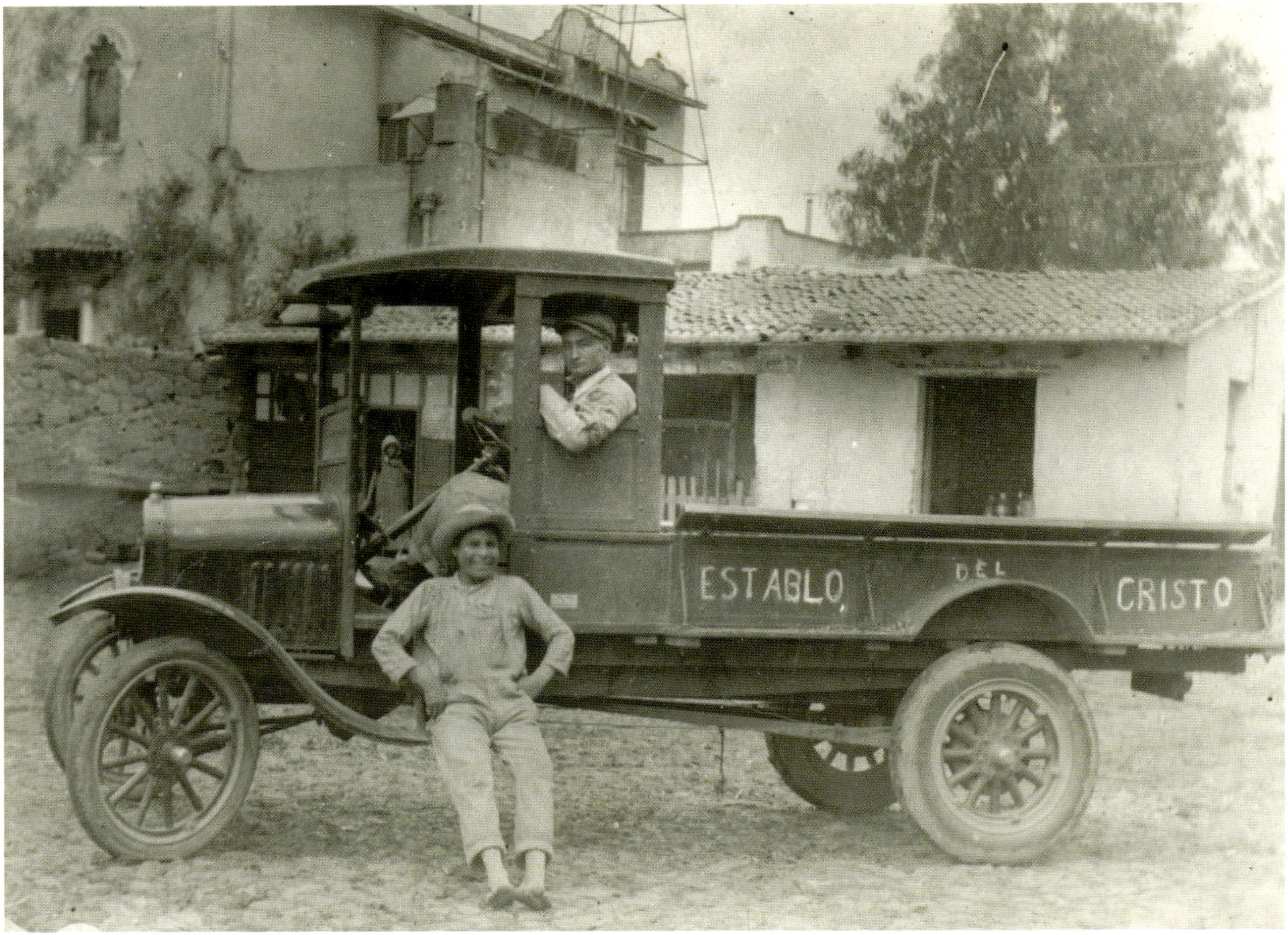

1920 1930 1940

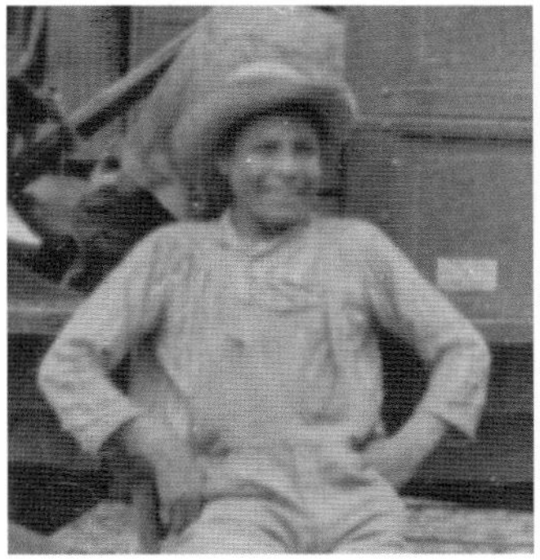

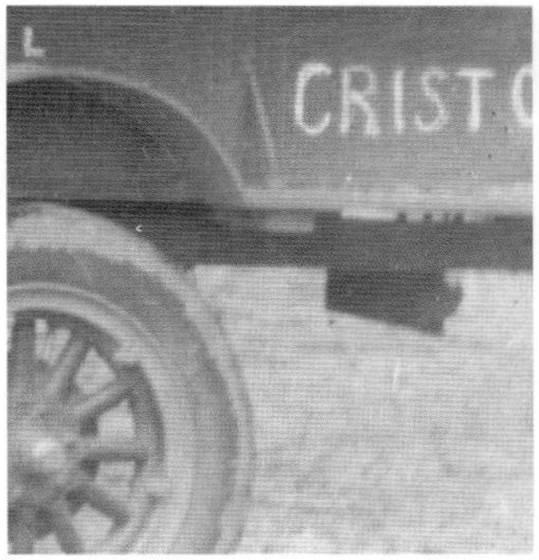

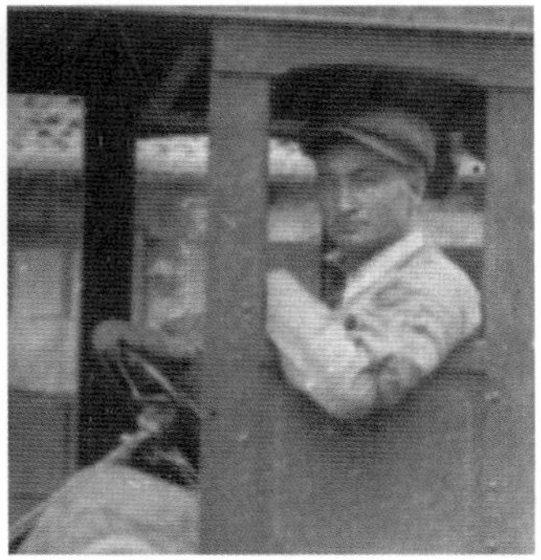

En carretas tiradas por mulas, en bicicleta, a pie o en camiones motorizados, la distribución de leche ha sido parte del paisaje cotidiano de la Ciudad de México. Se repartía en botellas de vidrio, luego en bolsas de plástico y después en envases de *tetrapak*. Hoy se compra en los supermercados, pero la leche llegó a ser tan importante que en 1960 se formó la colonia Lechería, en Azcapotzalco, en los terrenos donde se encontraba la Hacienda de Lechería, la cual distribuía el producto no solo en la ciudad, sino por todo el país, pues hasta ahí llegaba el ferrocarril. | AR

Y sí, hasta hace no mucho había grandes establos que surtían de leche y sus derivados a la ciudad.

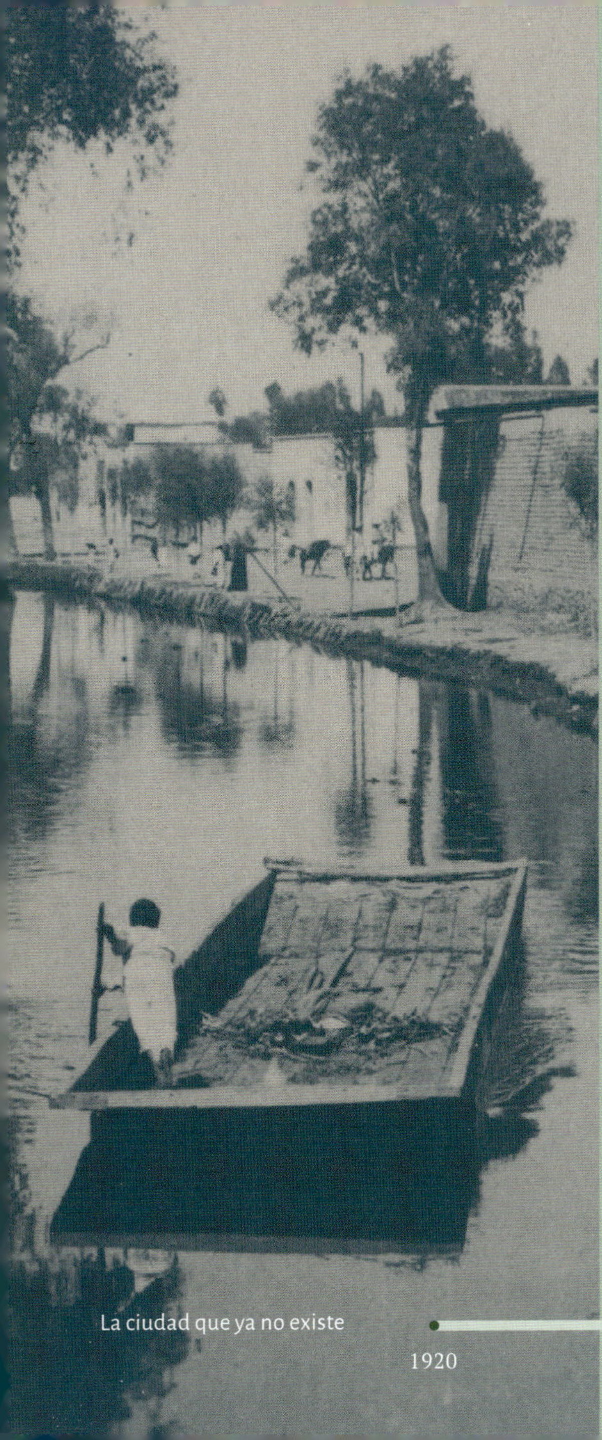

«Mientras el canal de la Viga, conectado con estas acequias, corría entre los pueblecitos pintorescos —escribió el cronista Luis González Obregón—, al penetrar a la ciudad todas aquellas pequeñas embarcaciones ocultaban las aguas pesadas, negras y cenagosas, que hacían difícil la navegación y envenenaban el aire con sus pestilentes miasmas; los residuos de los caños, la multitud de desperdicios, hojas, cáscaras de fruta, la basura y los animales muertos contribuían al continuo azolve de las acequias, que fuera de las horas en que se veían cubiertas por las canoas presentaban el aspecto más asqueroso y repugnante, y el foco más propicio de enfermedades y de epidemias que reinaron en la Nueva España». | AR

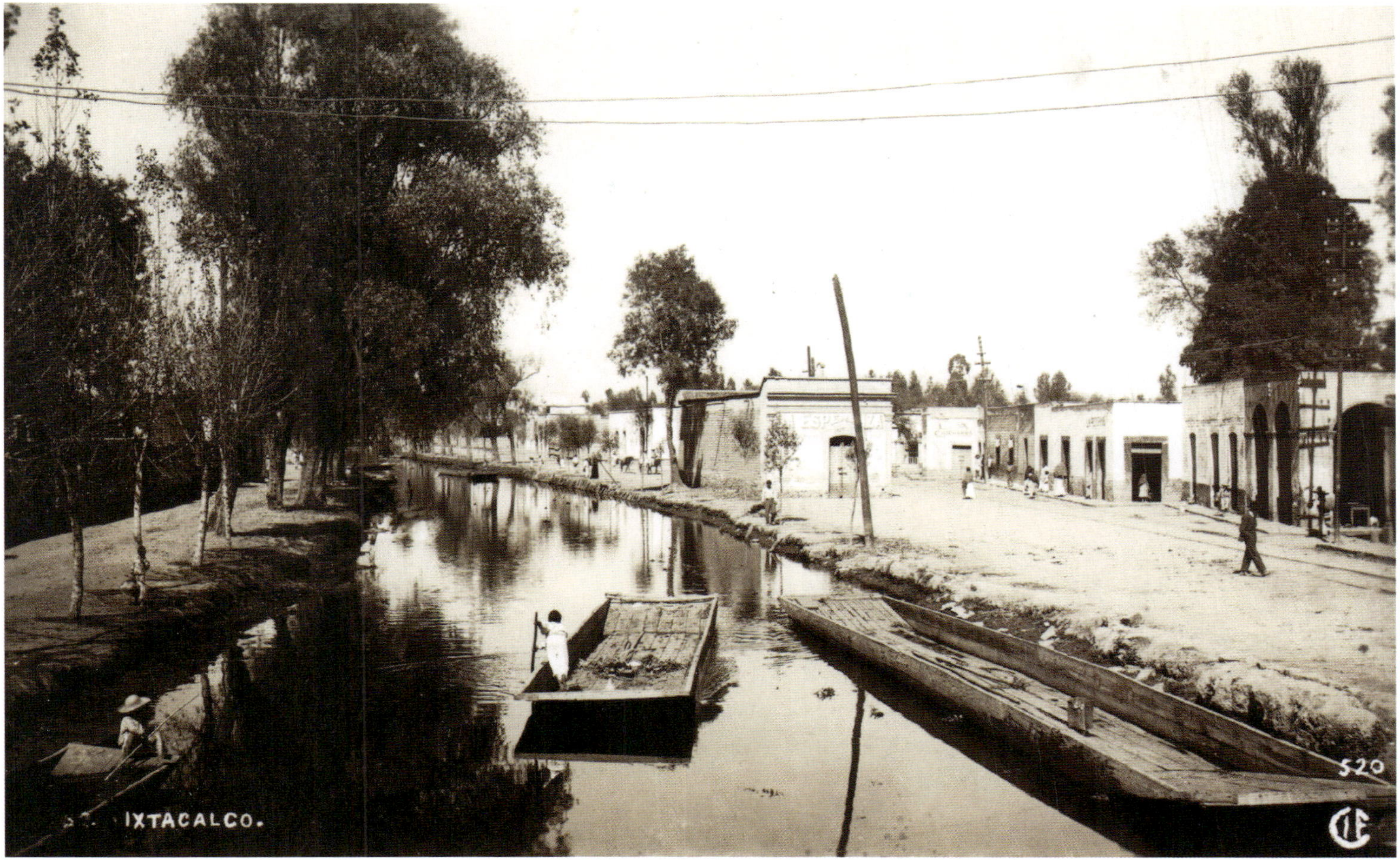

El canal de la Viga, visto hacia el norte desde el puente de Santiago, en el centro de Iztacalco, a inicios del siglo pasado. A la derecha se aprecia la forrajería La Esperanza, en la esquina con la calle Zapotla; el panorama se transformó a mediados del siglo XX con la desaparición del canal y la creación de la calzada de la Viga.

1950 1960 1970 1980

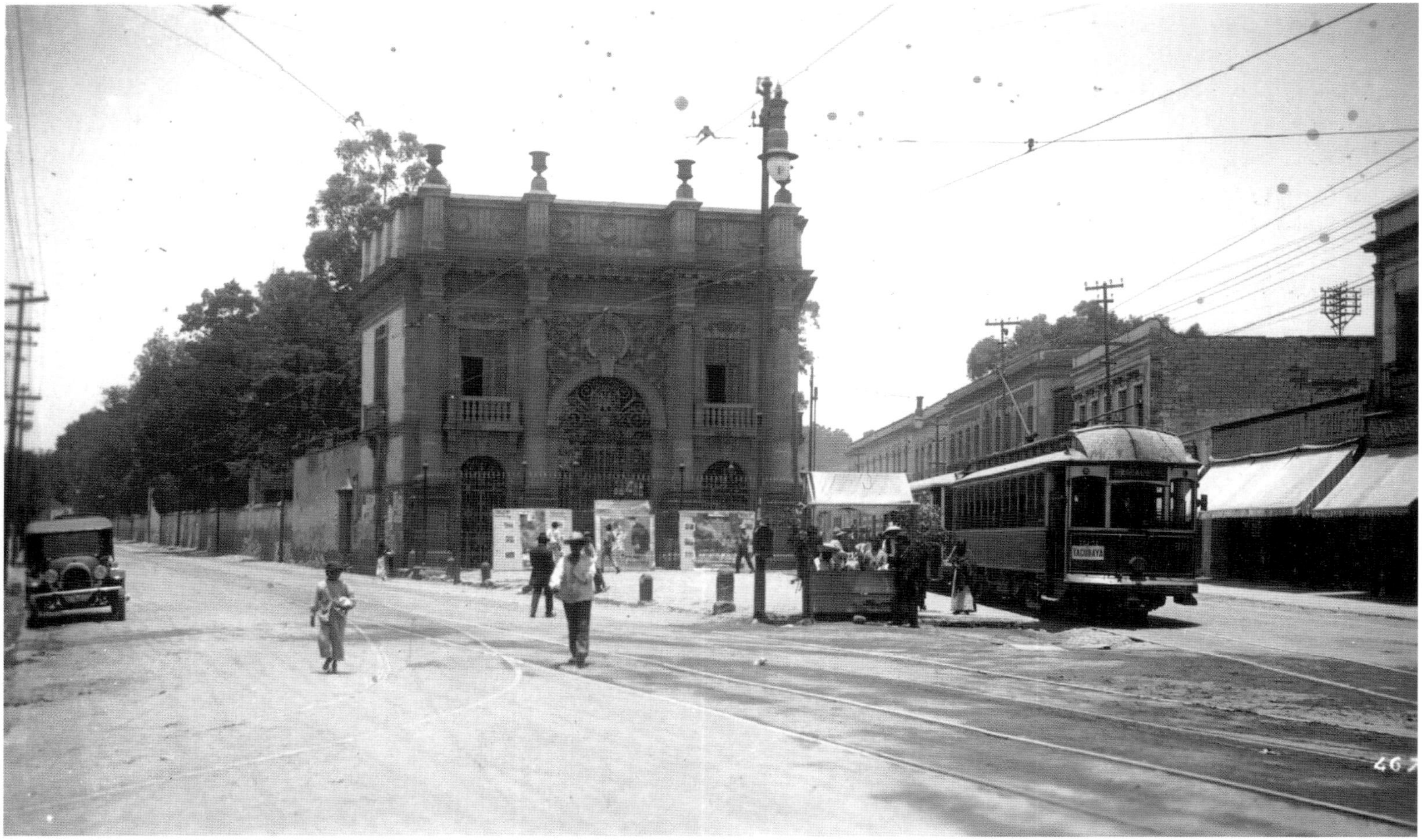
TACUBAYA

La residencia de la familia Mier, en el actual cruce de Revolución y Jalisco, en Tacubaya, alrededor de 1919. Esta construcción, inspirada en el arco de Constantino, en Roma, fue demolida a finales de los años veinte para erigir en su lugar el Edificio Ermita.

Era el lugar ideal para relajar el espíritu. Sus paisajes y su clima hicieron que, en el siglo XIX, Tacubaya se convirtiera en el sitio donde la élite social, económica y política del país se reunía a disfrutar la tranquilidad que su entorno brindaba. La voz popular aseguraba que sus vientos eran medicinales, que sus aguas ayudaban en la convalecencia de cualquier mal y que la sombra de sus altos árboles brindaba refugio a quienes bajo su cobijo se entregaban al sueño. Durante décadas, la Casa Mier, con su hermoso arco, marcó el lugar donde comenzaba el pueblo de Tacubaya. | AR

Una joven mujer del personal de servicio de una familia acaudalada posa con su uniforme frente a un automóvil con placas de 1925 en el Distrito Federal.

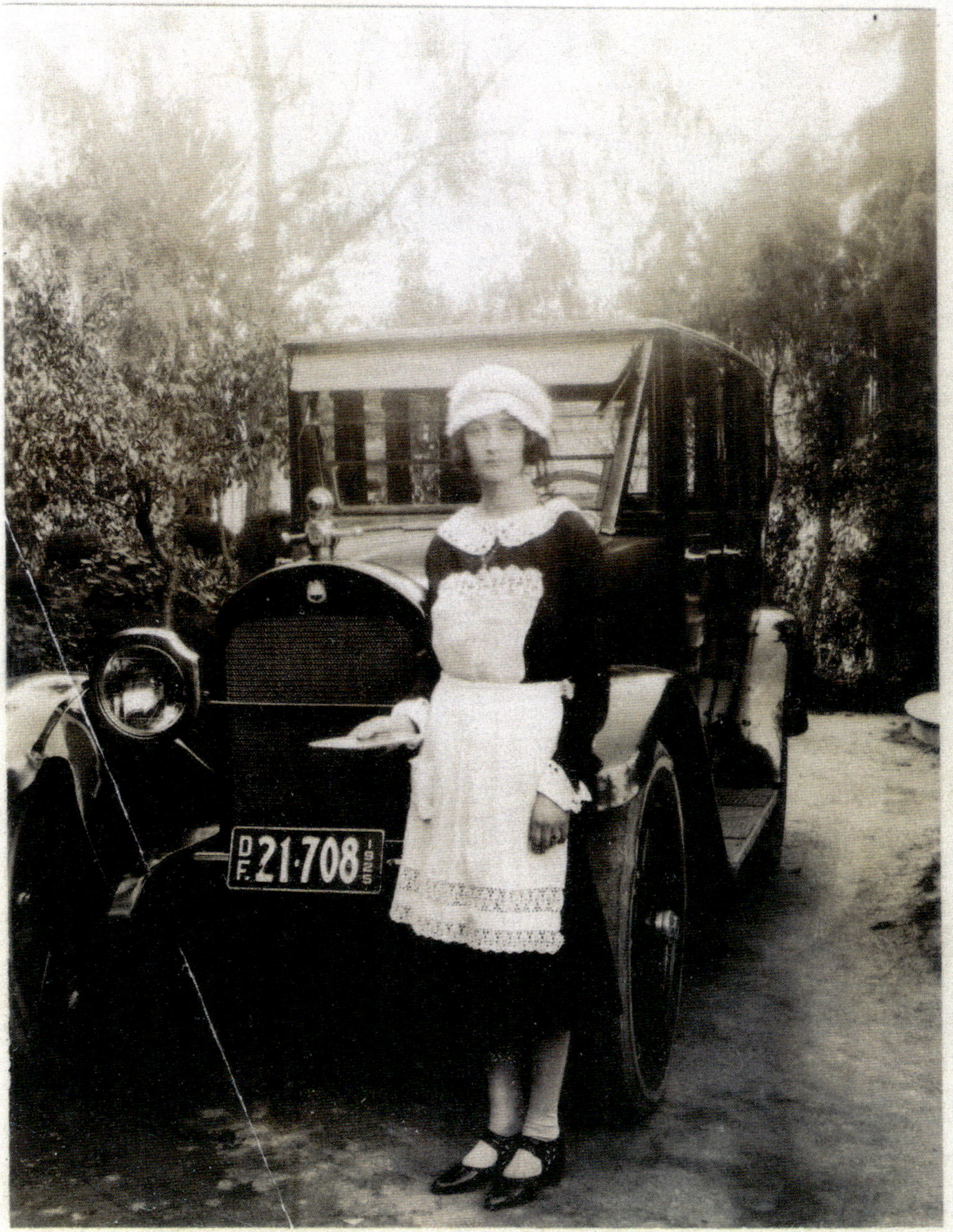

1950

1960

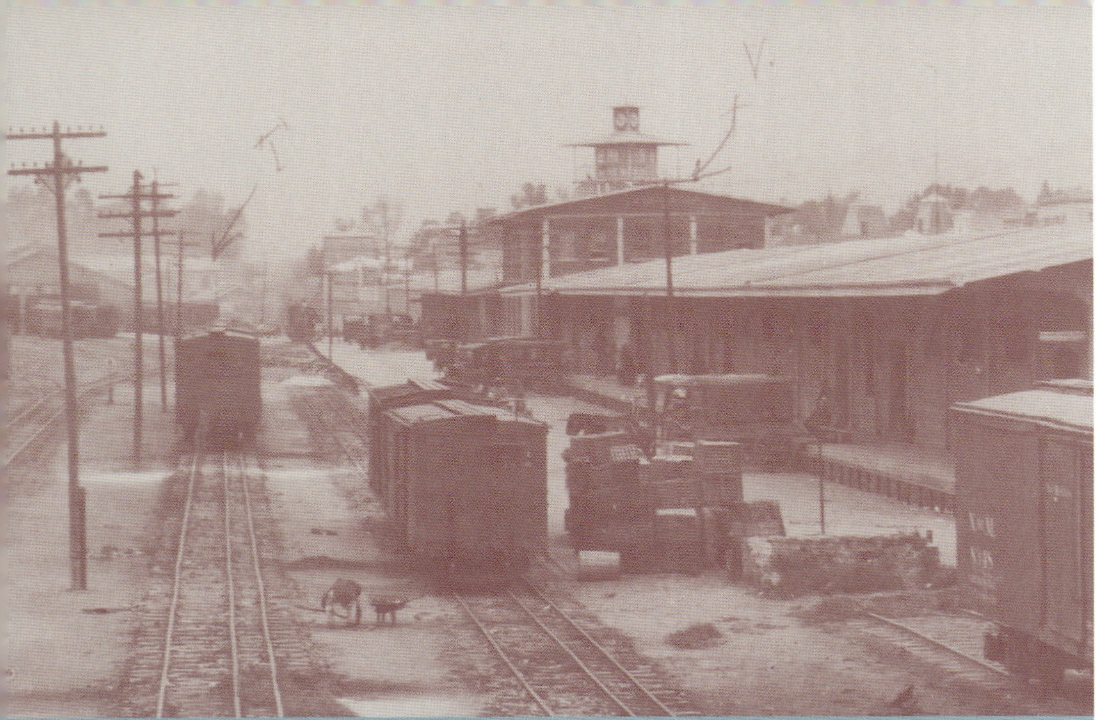

Las instalaciones de las oficinas generales del Departamento de Vía y las bodegas de carga de la antigua estación del ferrocarril de Buenavista, en los terrenos que actualmente ocupan las oficinas del PRI y la alcaldía Cuauhtémoc. Al fondo, del lado izquierdo, destaca la estructura del inconcluso Palacio Legislativo, que años más tarde se ocupó para construir el Monumento a la Revolución, y del lado derecho se alcanza a ver el actual Museo Universitario del Chopo.

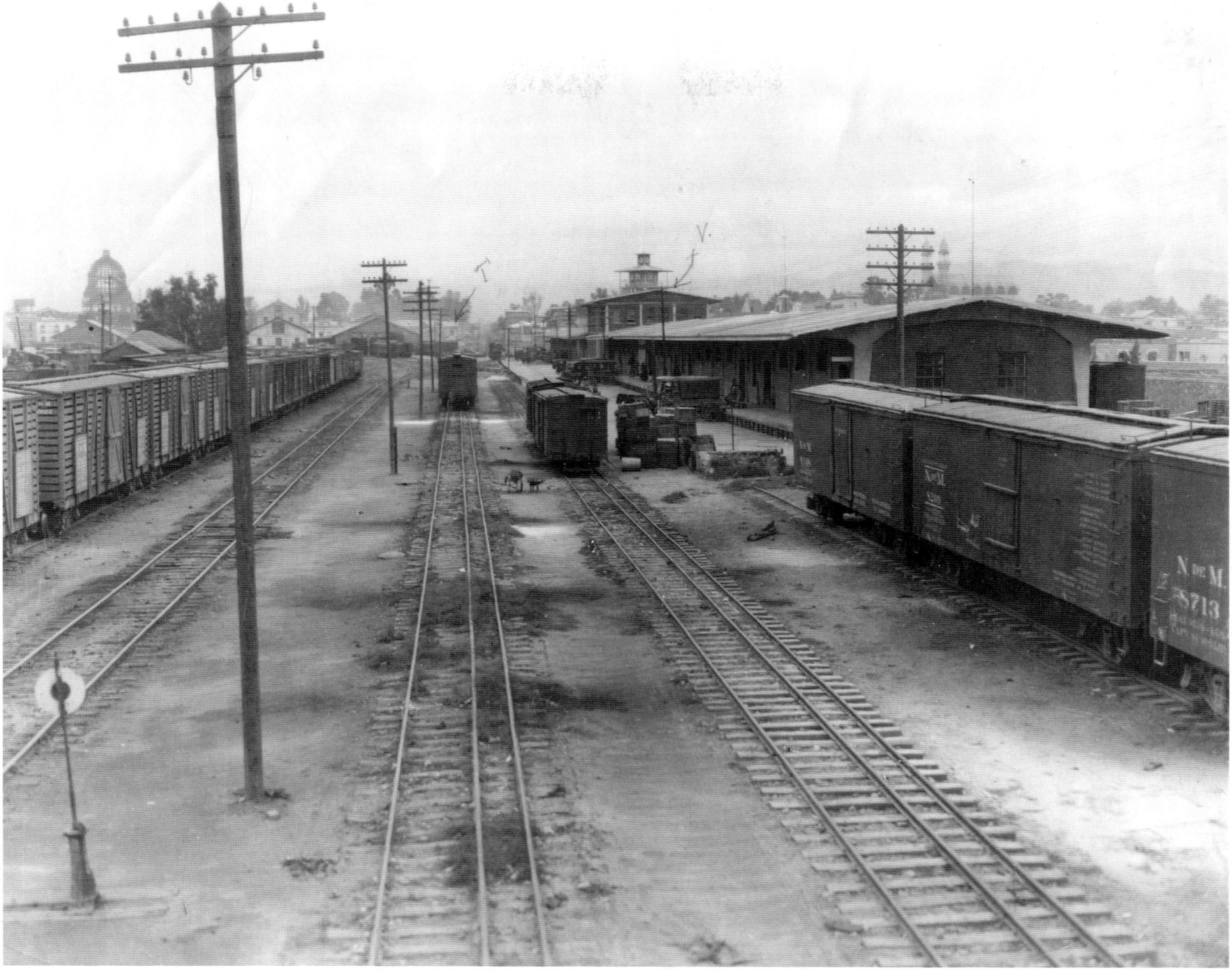
N DE M.
5713

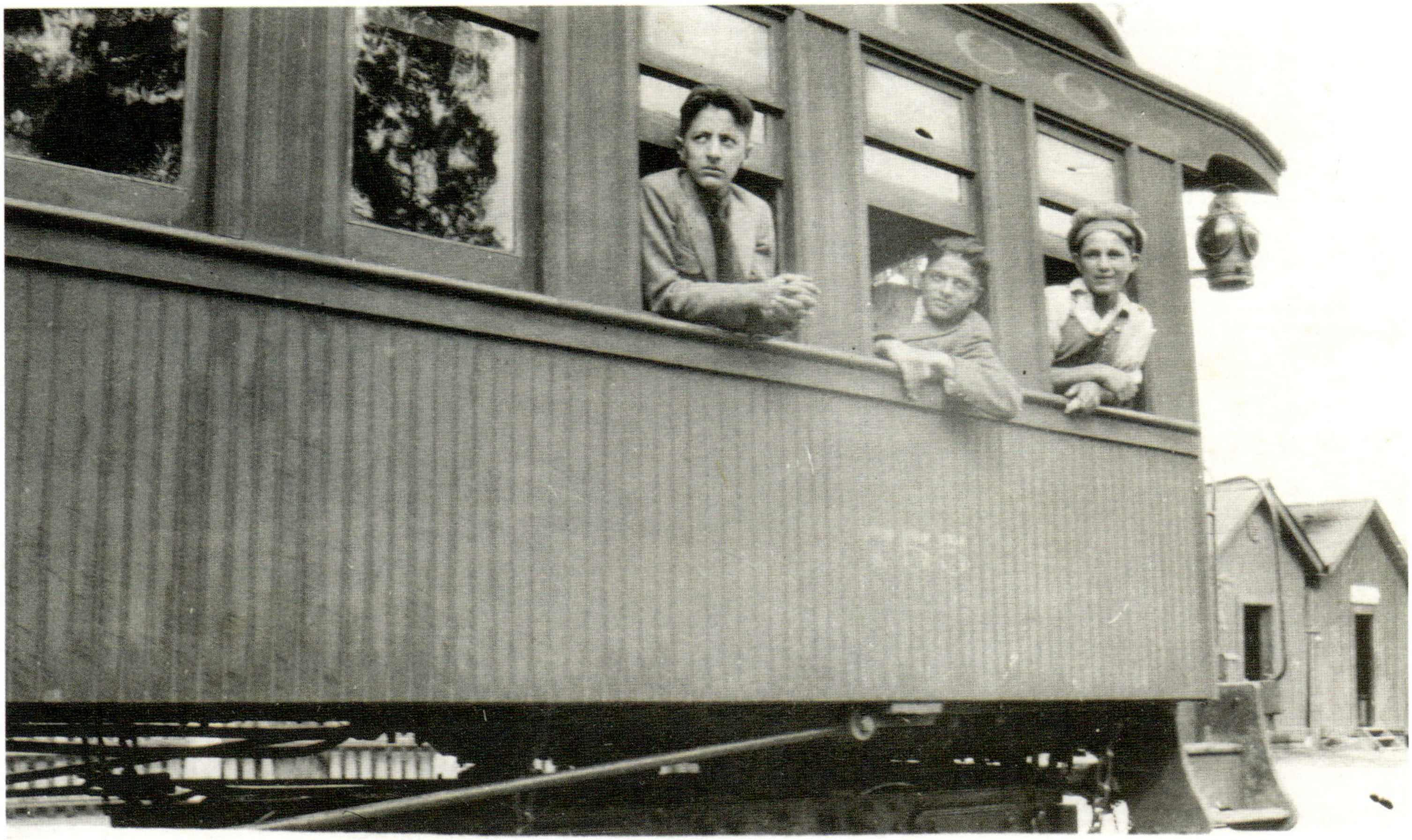

En el último vagón de un tren, tres jóvenes se asoman por la ventana hacia una nueva aventura, otro destino. El rostro serio del mayor es muy elocuente: «¡Vámonos!».

1920 1930 1940

AÑOS CINCUENTA
LD, Ciudad de México

A principios del siglo XX, México tenía una de las redes ferroviarias más importantes del mundo, con 20 mil kilómetros de vías que unían a todo el país y además entroncaban con la frontera con Estados Unidos y los principales puertos. Los trenes fueron el gran transporte de los mexicanos hasta los años ochenta, cuando dejaron de prestar servicio a pasajeros. La Ciudad de México tuvo dos estaciones principales: la estación Colonia, en Sullivan, donde se encuentra el Monumento a la Madre, y la estación de Buenavista, que hoy sirve como terminal del tren suburbano. | AR

1950 1960 1970 1980

Uno de los personajes presentes en la Ciudad de México desde el periodo colonial es el de la vendedora de aguas frescas o de atole, presente en plazas y parques, en tianguis, fiestas patronales, verbenas y fiestas populares. Grandes cronistas como Guillermo Prieto, Antonio García Cubas, Artemio de Valle-Arizpe y Salvador Novo dejaron testimonio de su presencia en el paisaje social de distintas épocas. | AR

AÑOS TREINTA
LD, Ciudad de México

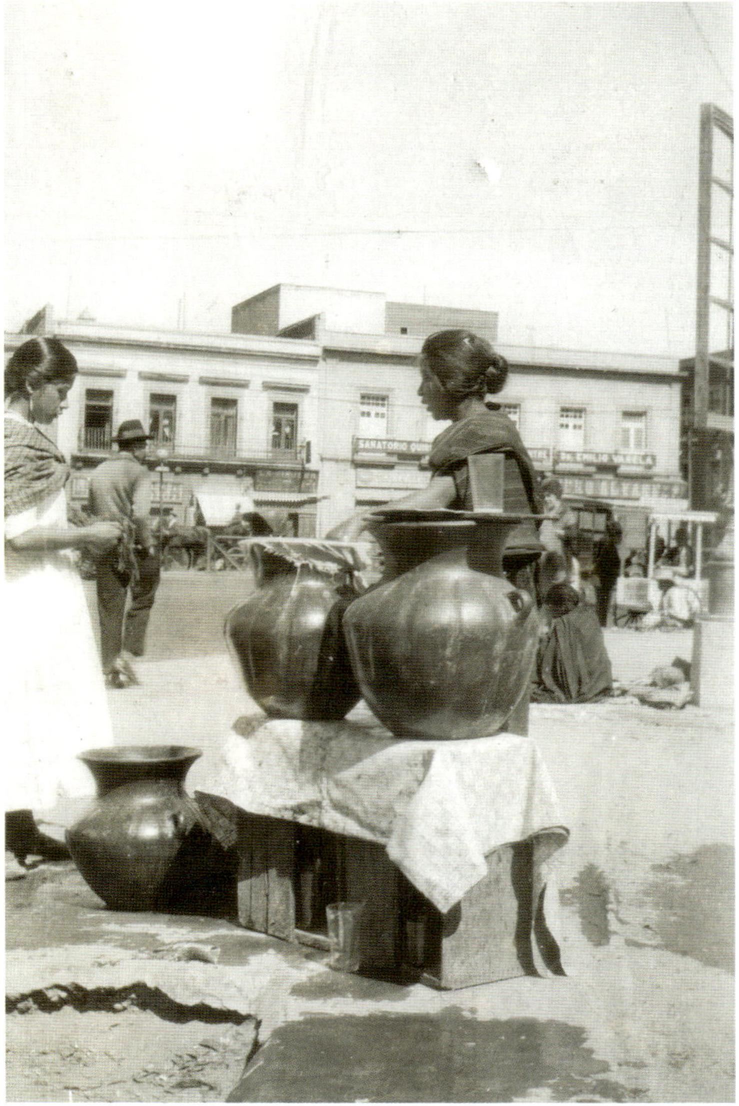

¿Qué venderá? ¿Pulque, atolito?
Acérquese y pregunte.

1950 1960 1970 1980

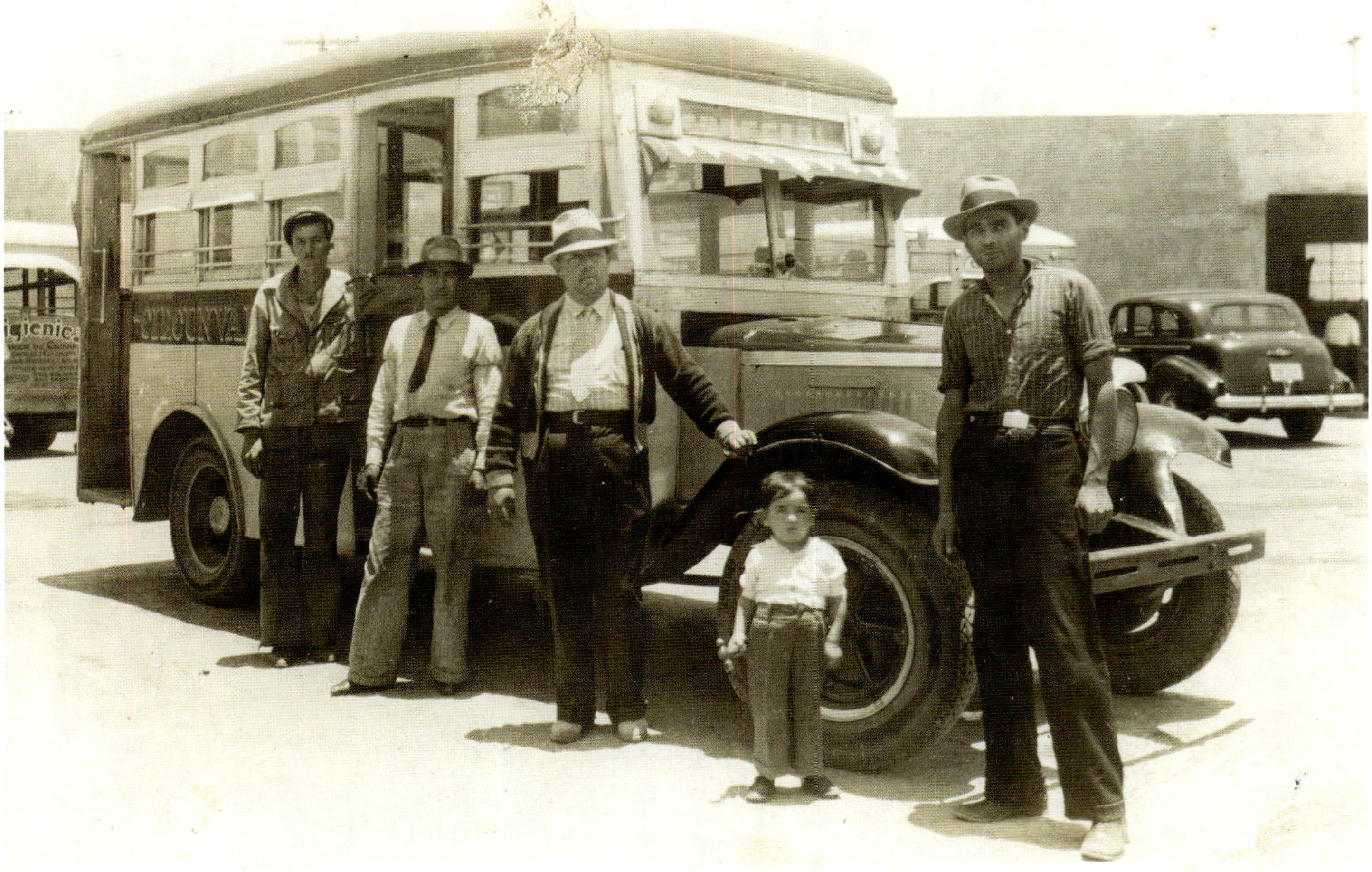

Por muchos años fue una tradición que el chofer de transporte público posara orgulloso junto al vehículo a su cargo. Había una estrecha relación entre el conductor y su unidad.

AÑOS VEINTE
LD, Ciudad de México

Aunque durante el periodo colonial no hubo un servicio de transporte público como tal, en 1790 se estableció el primer sitio de taxis de la Ciudad de México, cuya base era la plaza mayor. En el siglo XIX comenzó el servicio de tranvías tirados por mulas, los cuales, a partir del siglo XX, ya eran eléctricos. Junto a tranvías y trolebuses, a partir de la década de 1920 surgieron las líneas de autobuses urbanos que recorrían toda la ciudad. Así fue como la gente, a la larga, conoció los icónicos *delfines*, las *ballenas* y también la famosa Ruta 100. | AR

1950 1960 1970 1980

Entre Paseo de la Reforma y Paseo de Bucareli fue trazada una colonia hacia 1870. Se construyó sobre lo que habían sido los terrenos de la Hacienda de la Teja y fue inaugurada en 1898. Fue conocida como la colonia Americana hasta 1906, cuando fue rebautizada como la colonia Juárez por el centenario del natalicio de don Benito Juárez. Grandes mansiones de estilo europeo, embajadas, palacios afrancesados y la nomenclatura de las calles con nombres de ciudades de Europa definieron a la colonia Juárez durante el porfiriato y al menos durante la primera mitad del siglo XX. | AR

Residencias en la calle Berlín, entre Londres y Hamburgo, a inicios del siglo XX. Hoy, en esta cuadra de la colonia Juárez se encuentran un edificio de departamentos y un estacionamiento.

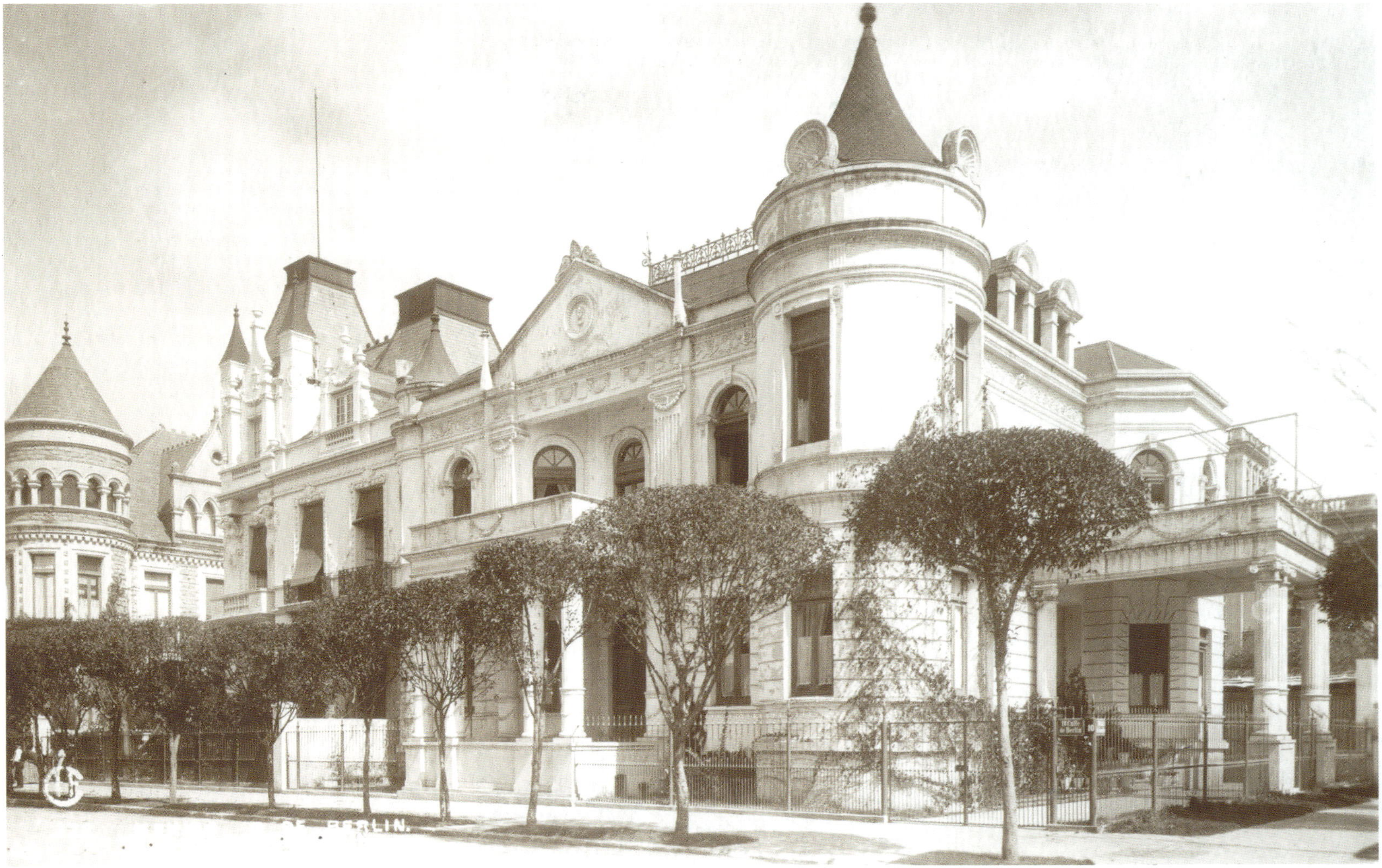

1950 1960 1970 1980

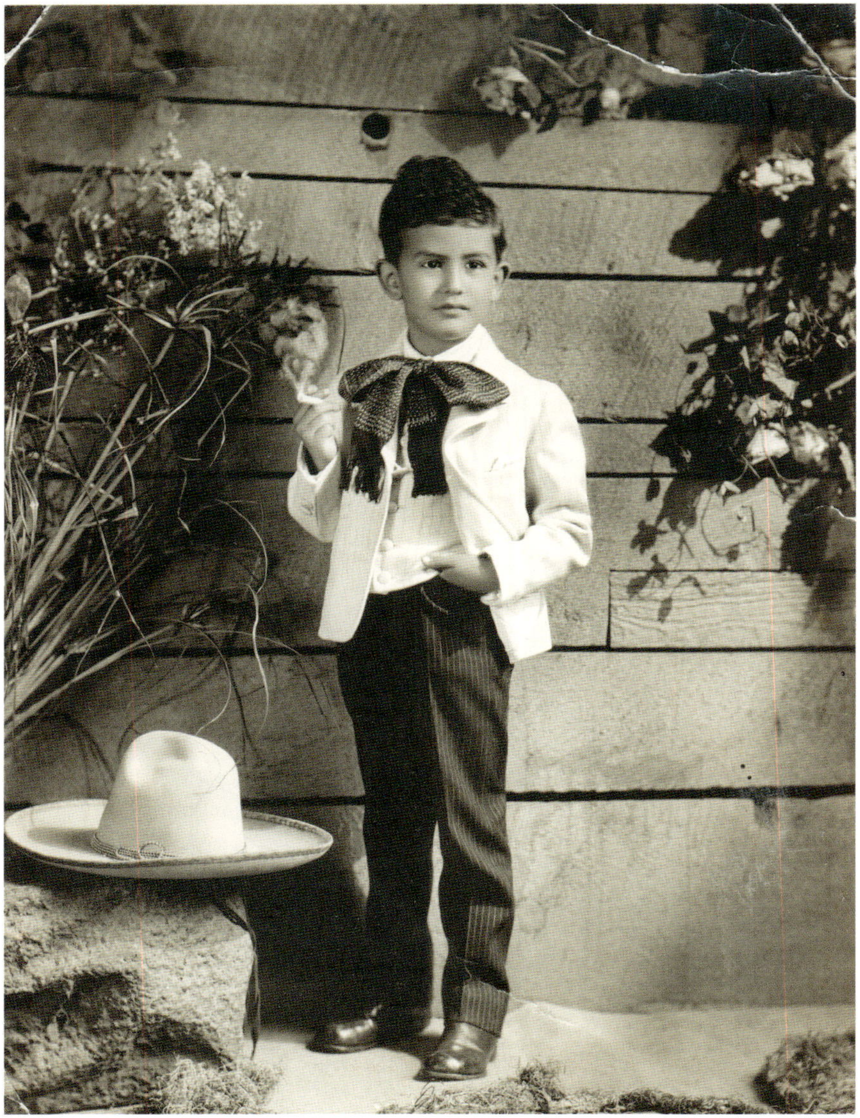

Retrato de estudio de un pequeño y altivo charro, con todo y cigarro en mano. ¿Mal ejemplo para otros charros?

1920 1930 1940

AÑOS CINCUENTA
LD, Ciudad de México

Durante décadas fue normal que los niños salieran fumando o con un cigarro en mano en las fotografías o películas caseras. También era común que los infantes pudieran comprarlos y no faltaba en las dulcerías la venta de cigarros de chocolate en cajas iguales a las de las cigarreras. En la década de los noventa comenzó la cruzada contra el tabaco y la prohibición para su venta a menores de edad, así como la de anuncios y patrocinios de cigarreras. | AR

1950 1960 1970 1980

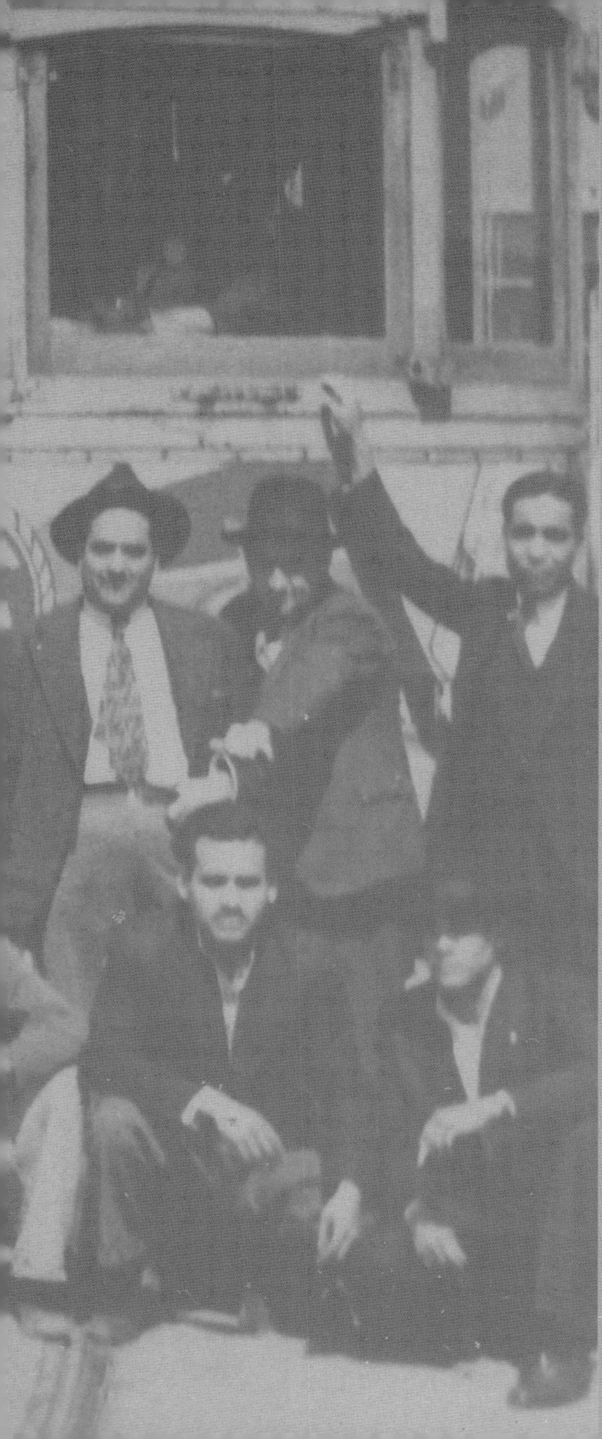

En un depósito de tranvías, trabajadores posan para la foto grupal. Para no perder la costumbre, uno le pone cuernos a su compañero.

1930

1940

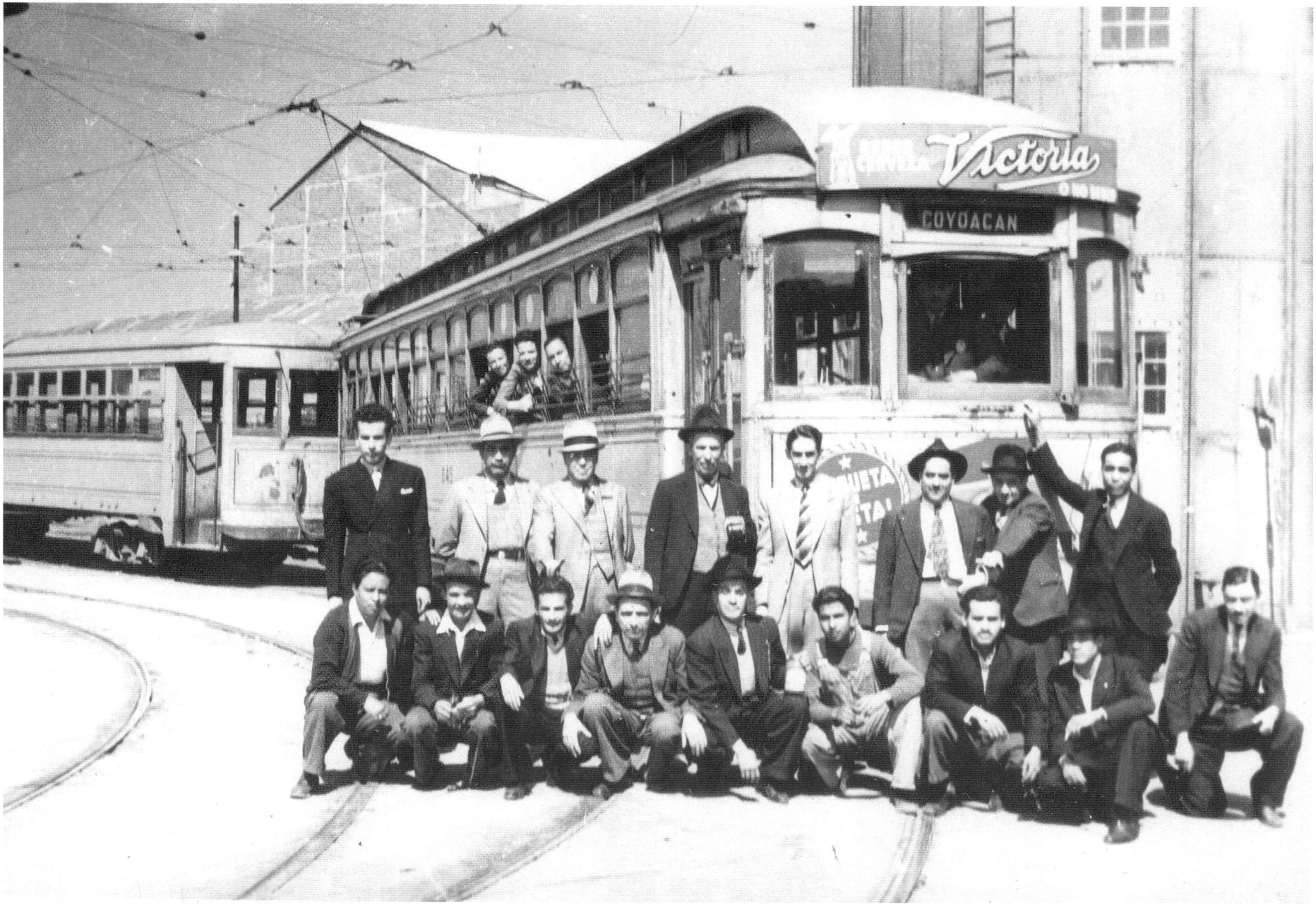

1950 1960 1970 1980

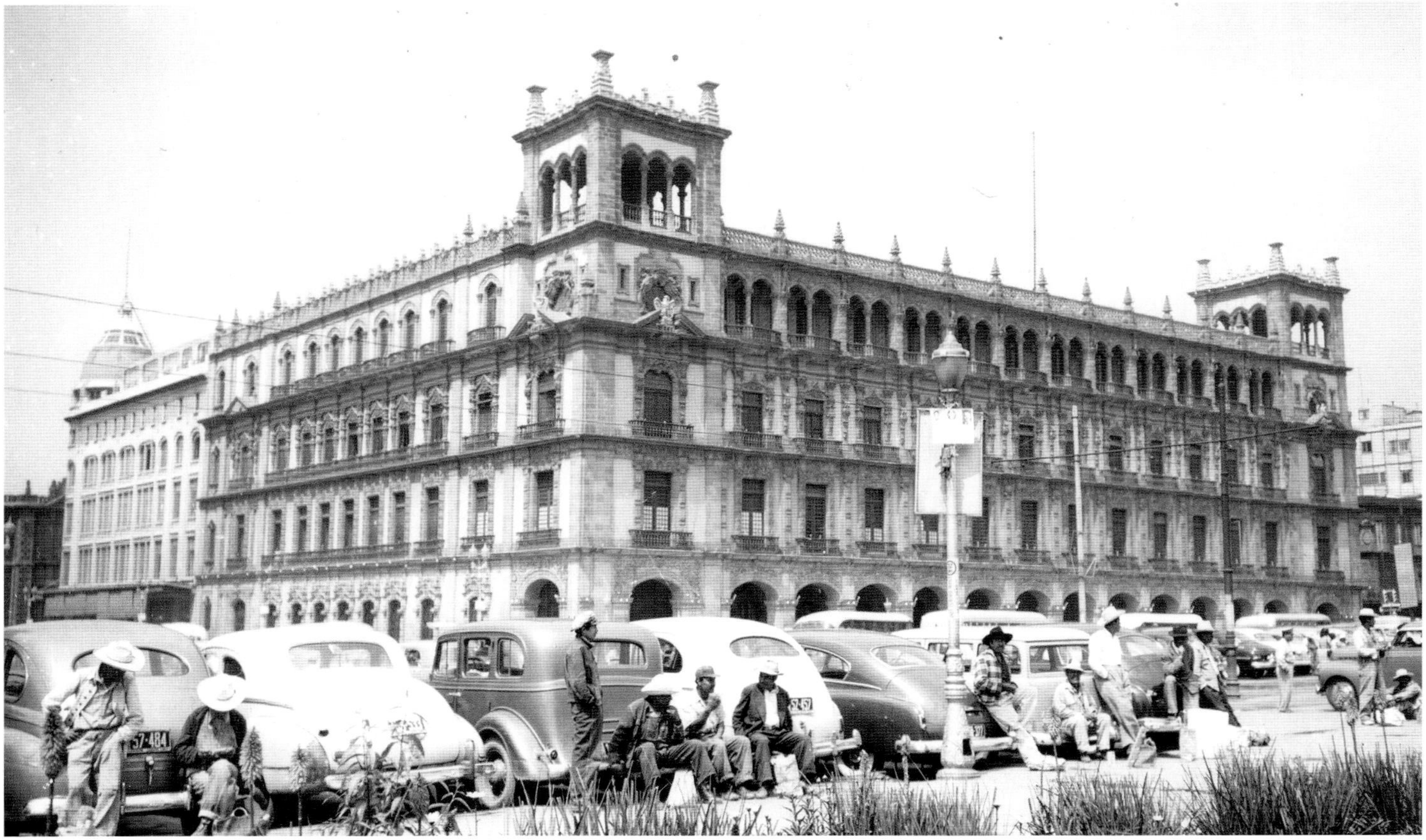

Los primeros cuidadores y lavadores de autos aparecieron cuando empleados de gobierno empezaron a estacionar sus vehículos en las inmediaciones del Zócalo.

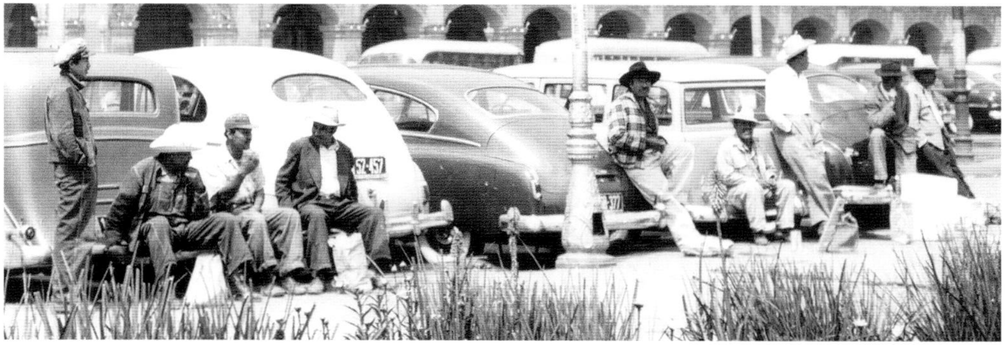

El Zócalo de la Ciudad de México, así llamado desde mediados del siglo XIX, cuando fue colocada la base de un monumento a la Independencia que nunca llegó a concluirse, no siempre ha tenido la solemnidad que guarda en pleno siglo XXI. Durante mucho tiempo fue una plaza más y la gente podía llegar con su automóvil y estacionarse alrededor; tenía estación de tranvías y trolebuses. Aunque ahora parece una idea imposible, en 2014 la plaza mayor fue utilizada como estacionamiento para los invitados al informe de gobierno de Enrique Peña Nieto, cuya administración tuvo que disculparse públicamente por el acontecimiento. | AR

Un *coyotito* de 10 o 15 minutos siempre cae bien. Durante siglos, las principales plazas y parques de la Ciudad de México fueron los lugares adecuados para echarse un sueñito de media mañana o media tarde. Las bancas de hierro forjado resultaban un lugar inmejorable, bajo la sombra de los enormes árboles de la Alameda Central, por ejemplo. | AR

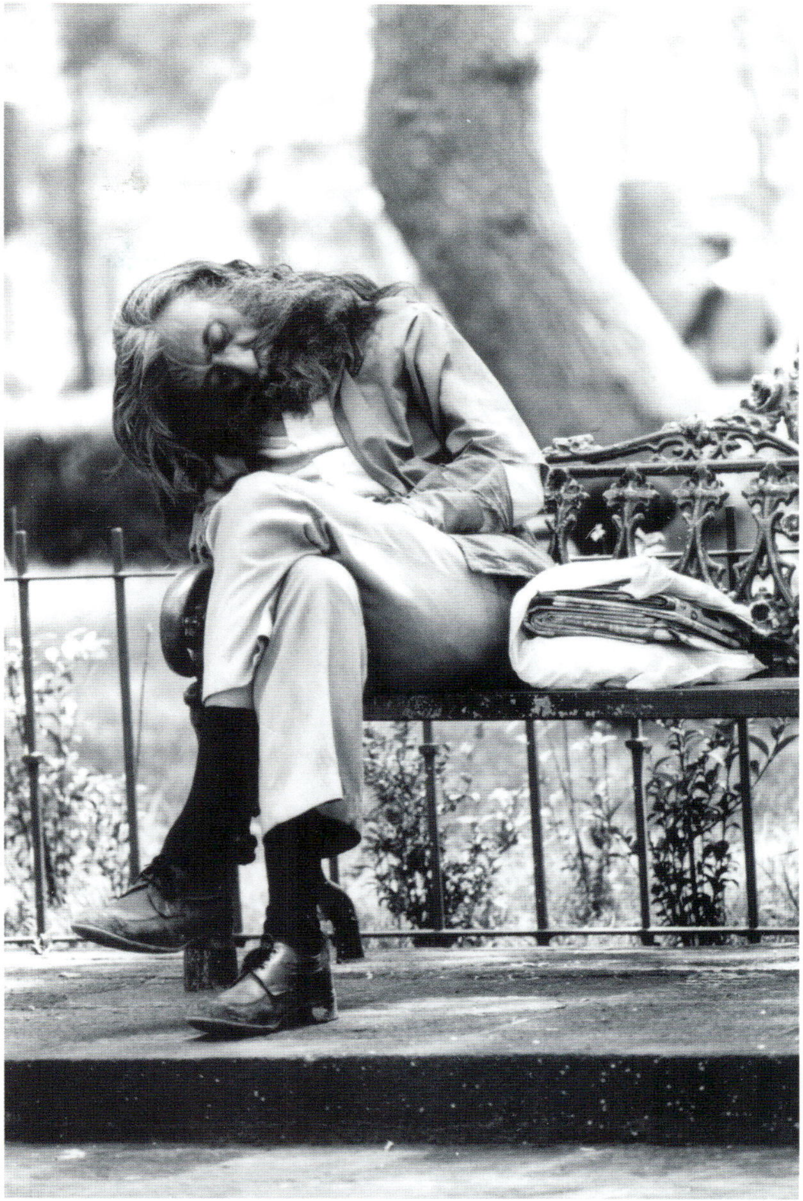

Un momento de reposo
de la ajetreada vida en la ciudad.

1950 1960 1970 1980

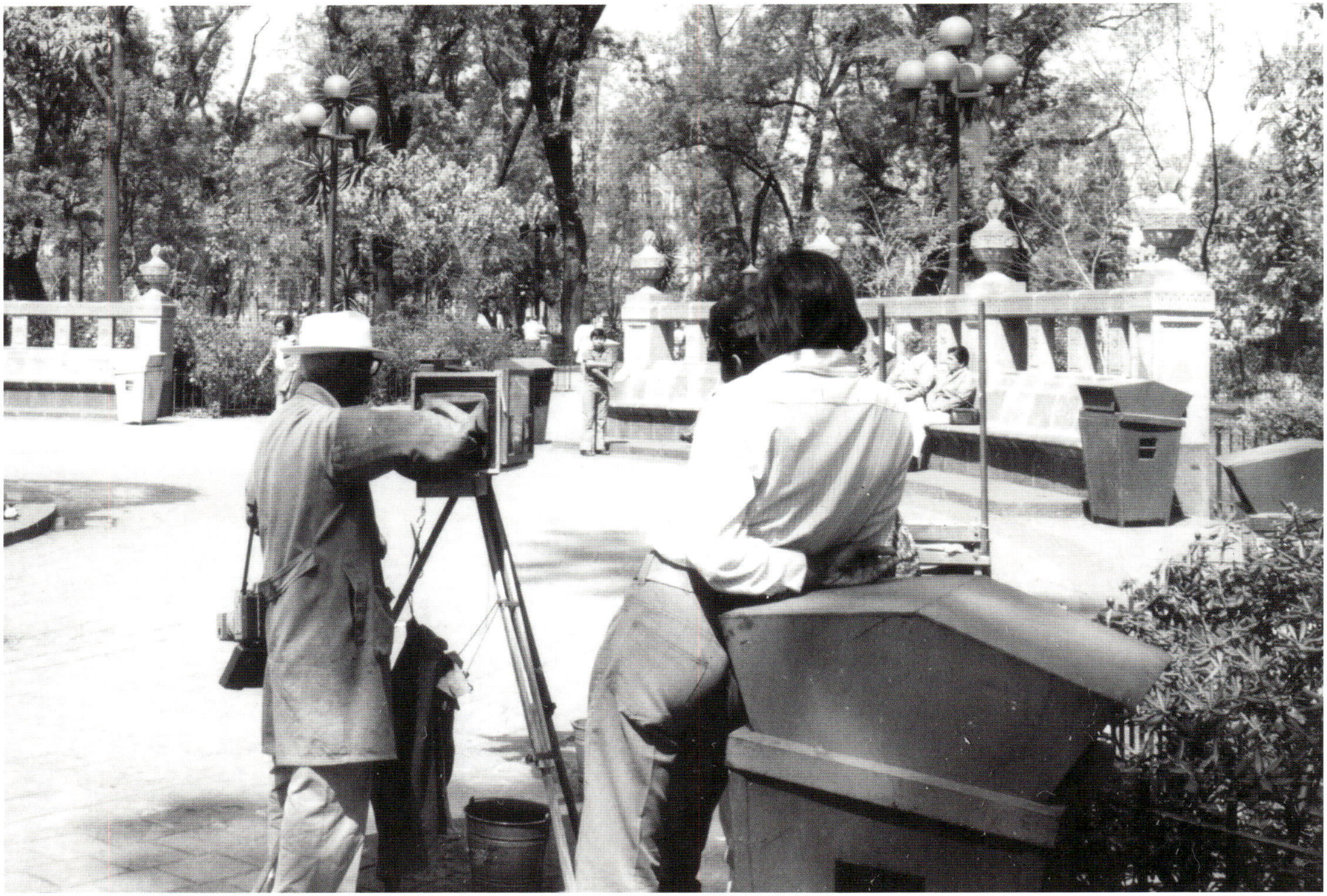

Un fotógrafo «de agüita» haciendo lo suyo. Con este mote se conocía a los fotógrafos que mezclaban agua y químicos en una cubeta para revelado instantáneo.

Los fotógrafos ambulantes se encontraban en las principales plazas, paseos y lugares turísticos: Xochimilco, el bosque de Chapultepec, la basílica de Guadalupe o la Alameda Central. Montaban sus equipos con todo y sus escenografías, que podían ser un caballo o un burro generalmente de utilería, sombreros charros, sarapes, una imagen de la Guadalupana y, en época navideña, hasta el trineo de Santa Clos. Eran los fotógrafos «pal recuerdo» y la ventaja estaba en que tomaban la foto y en cinco minutos la revelaban. | AR

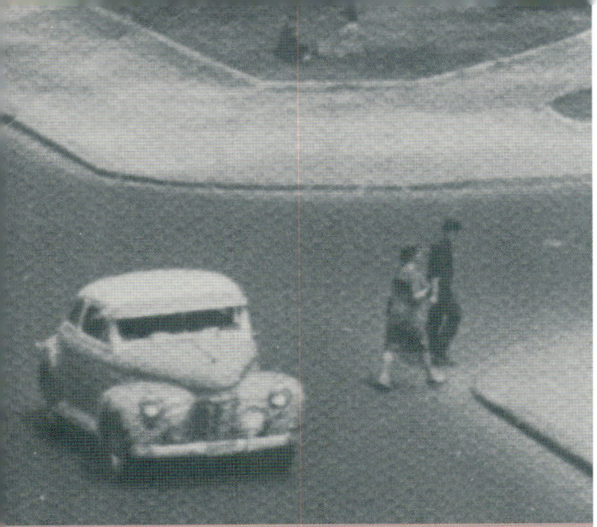

Dos personas cruzan la calle Sullivan para llegar al casi irreconocible parque conocido como Jardín del Arte, en lo que fueron los patios de la antigua estación Colonia del ferrocarril. A la izquierda destaca el Monumento a la Madre.

1920

1930

1940

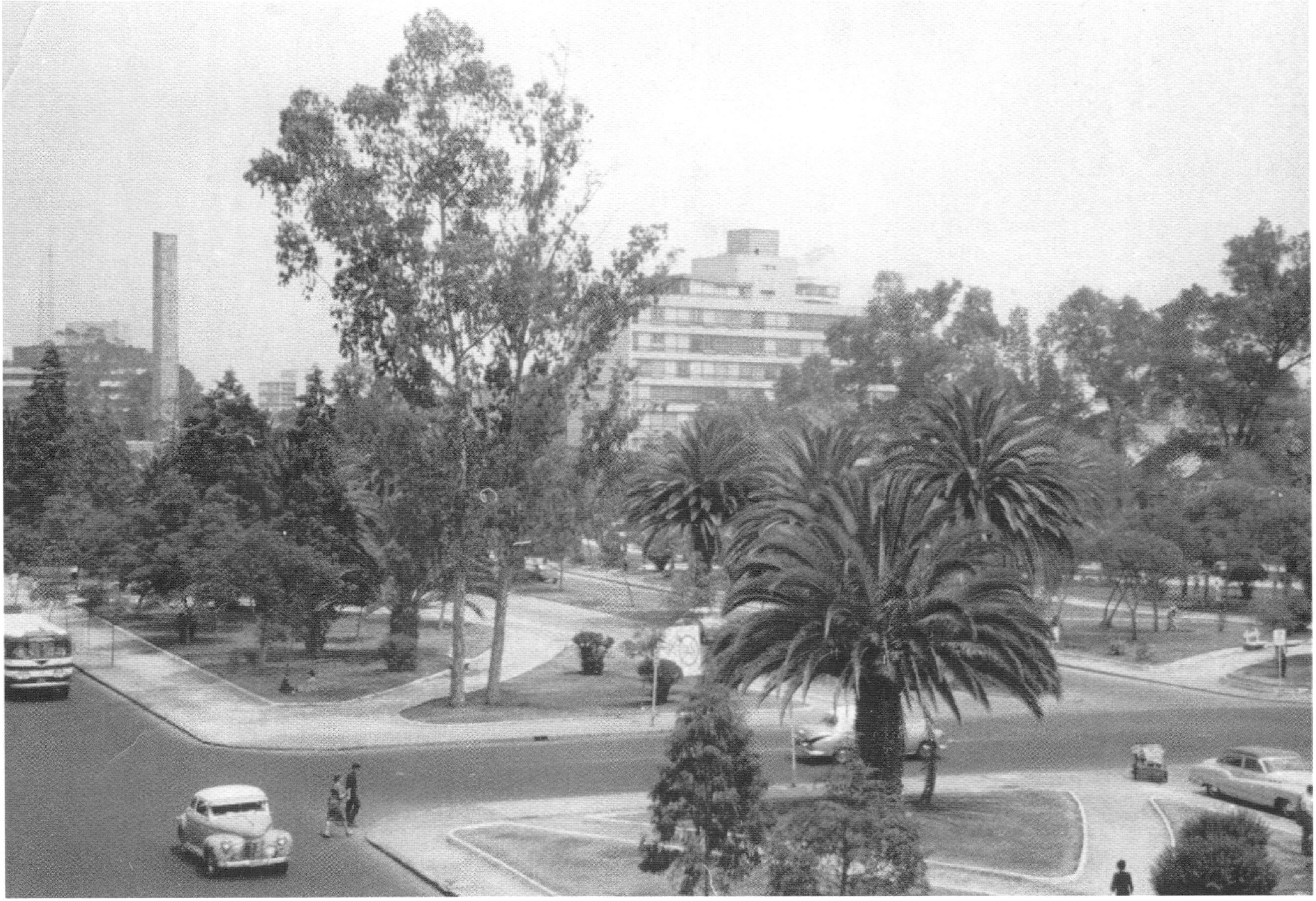

1950 1960 1970 1980

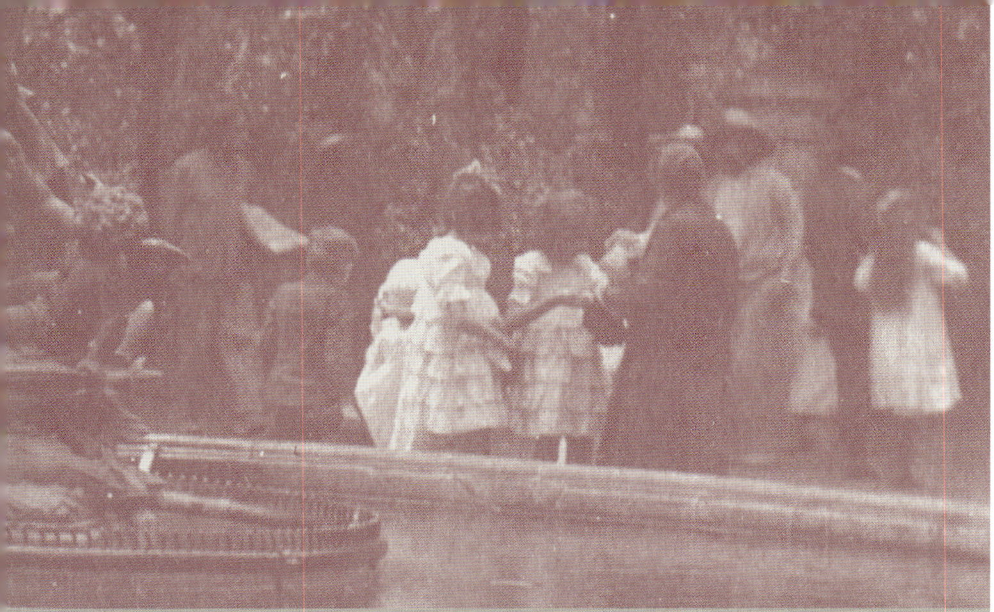

Alameda Central. La imagen nos permite constatar que se había convertido en un lugar donde todos eran bienvenidos, sin importar su posición social.

1920 1930 1940

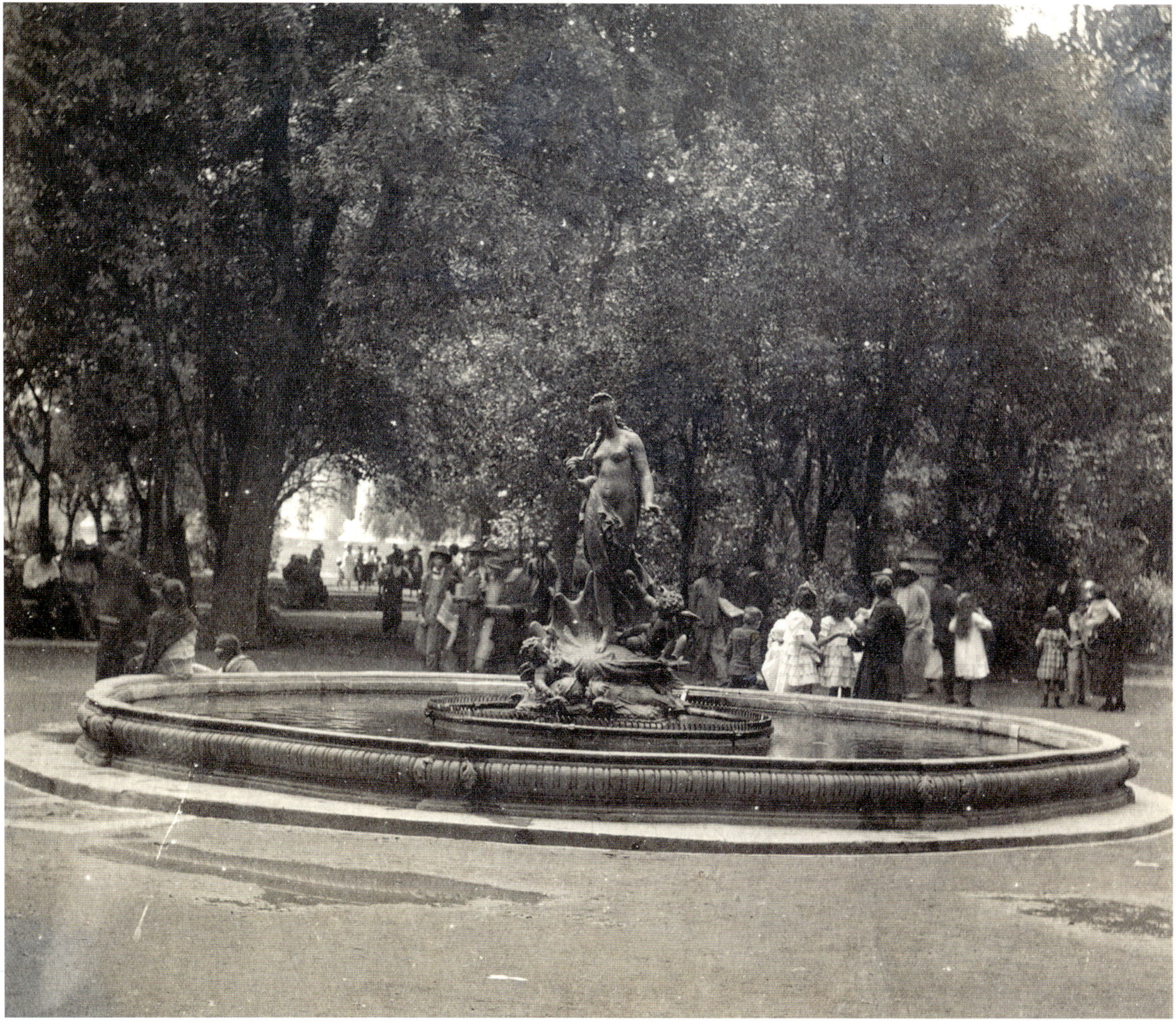

1950

La compañía Mexicana de Aviación se constituyó en 1921 y solía promoverse de distintas maneras. Un «sobrevuelo», gracias a una fotografía instantánea familiar, permitía imaginarse a la gente en un avión sobre uno de los sitios más tradicionales de la Ciudad de México: Xochimilco. Aunque la aviación tuvo sus pioneros en México a principios del siglo XX, con Mexicana comenzó propiamente la comunicación aérea y la posibilidad de volar a otras ciudades de la República. | AR

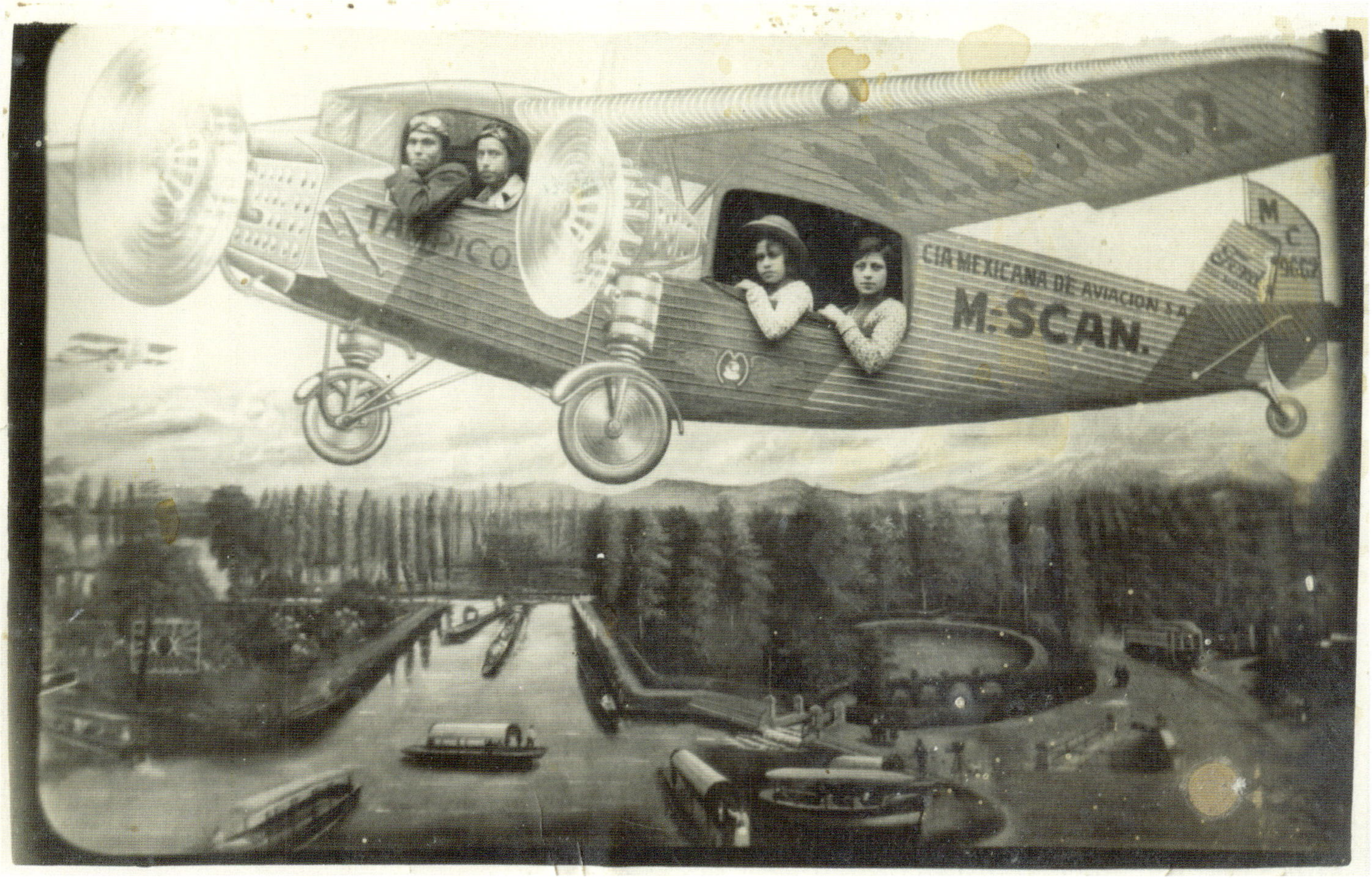

«Sobrevolando» los canales
de Xochimilco en familia.

1950 1960 1970 1980

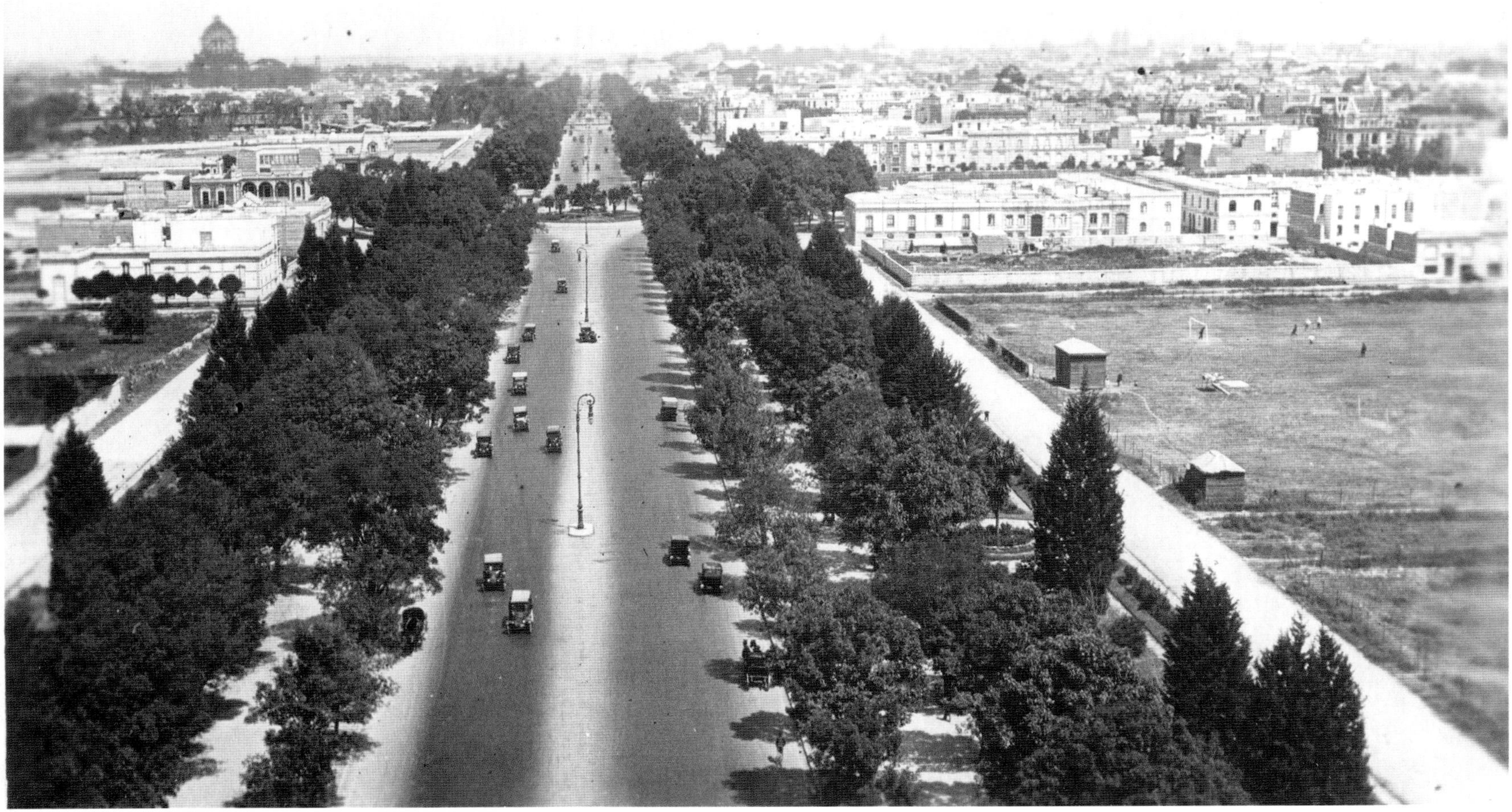

AÑOS VEINTE
Paseo de la Reforma

Paseo de la Reforma desde el Ángel de la Independencia. Es difícil imaginar que había una cancha de futbol llanero donde ahora se encuentra parte de la Zona Rosa.

1950 1960 1970 1980

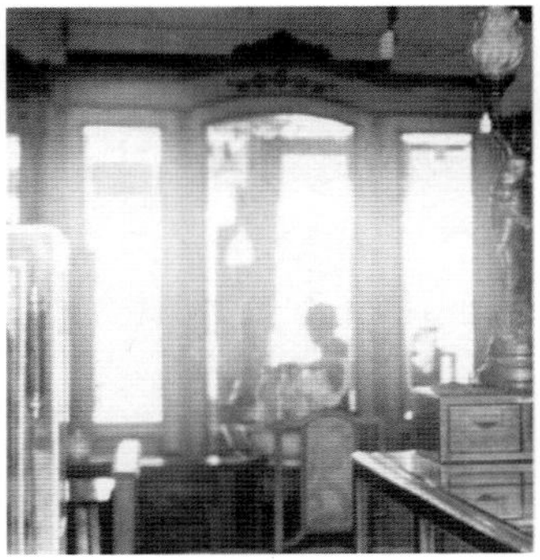
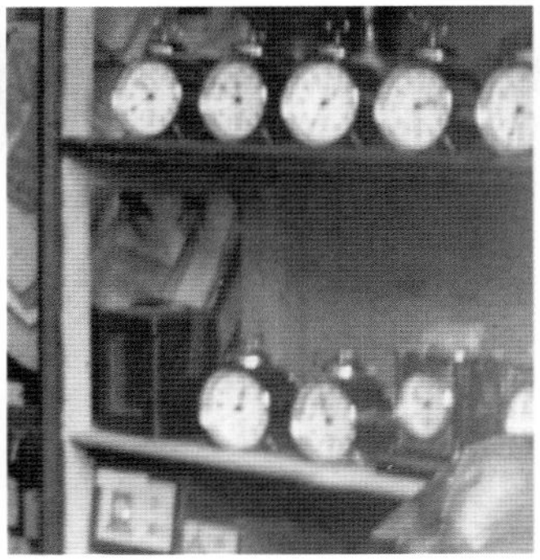
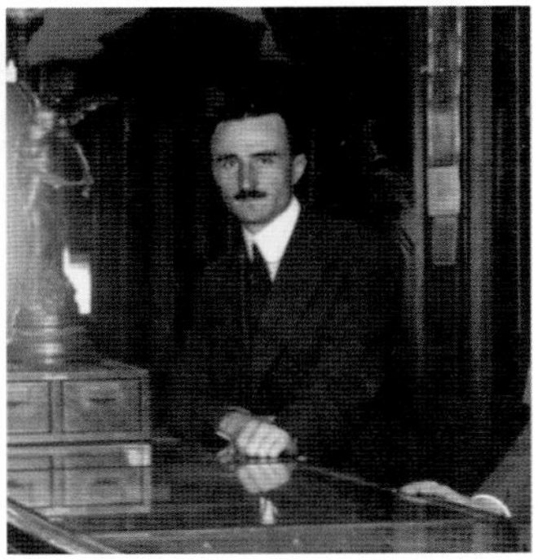

Desde la fundación de la Ciudad de México y hasta muy entrado el siglo XX, todo el comercio se realizó en la plaza mayor y las calles aledañas al centro. Talabarterías, joyerías, platerías, librerías, relojerías, sombrererías, boticas, panaderías; tiendas de telas, herramientas, ropa, eléctricos, blancos. Cada calle —como Tacuba, 5 de Mayo, Madero, 16 de Septiembre, 5 de Febrero, Corregidora, Venustiano Carranza— tenía un comercio específico y la gente sabía a dónde dirigirse de acuerdo con sus necesidades. | AR

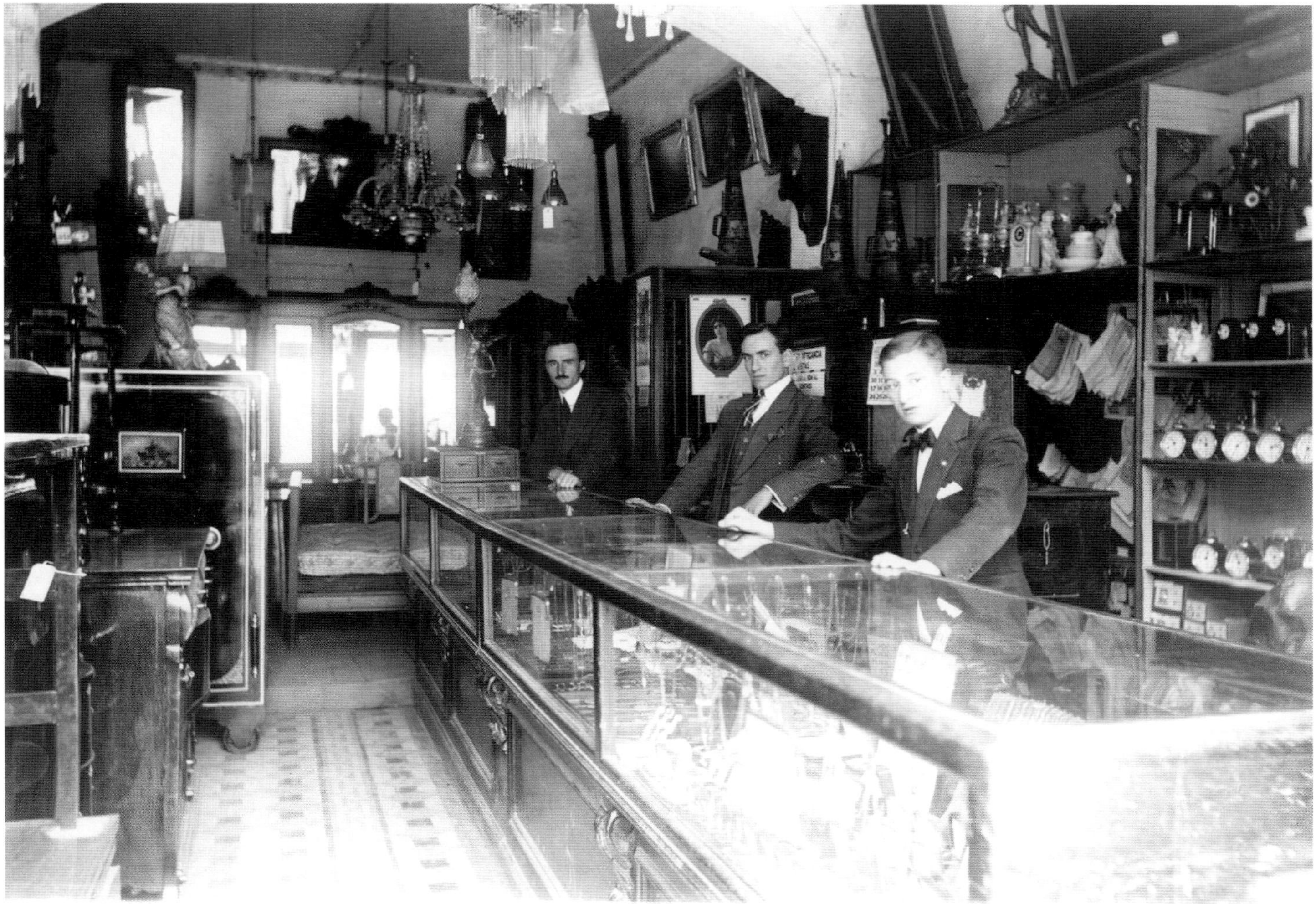

Elegantemente vestidos y listos para recibir a su distinguida clientela; así sí daban ganas de entrar.

1950 1960 1970 1980

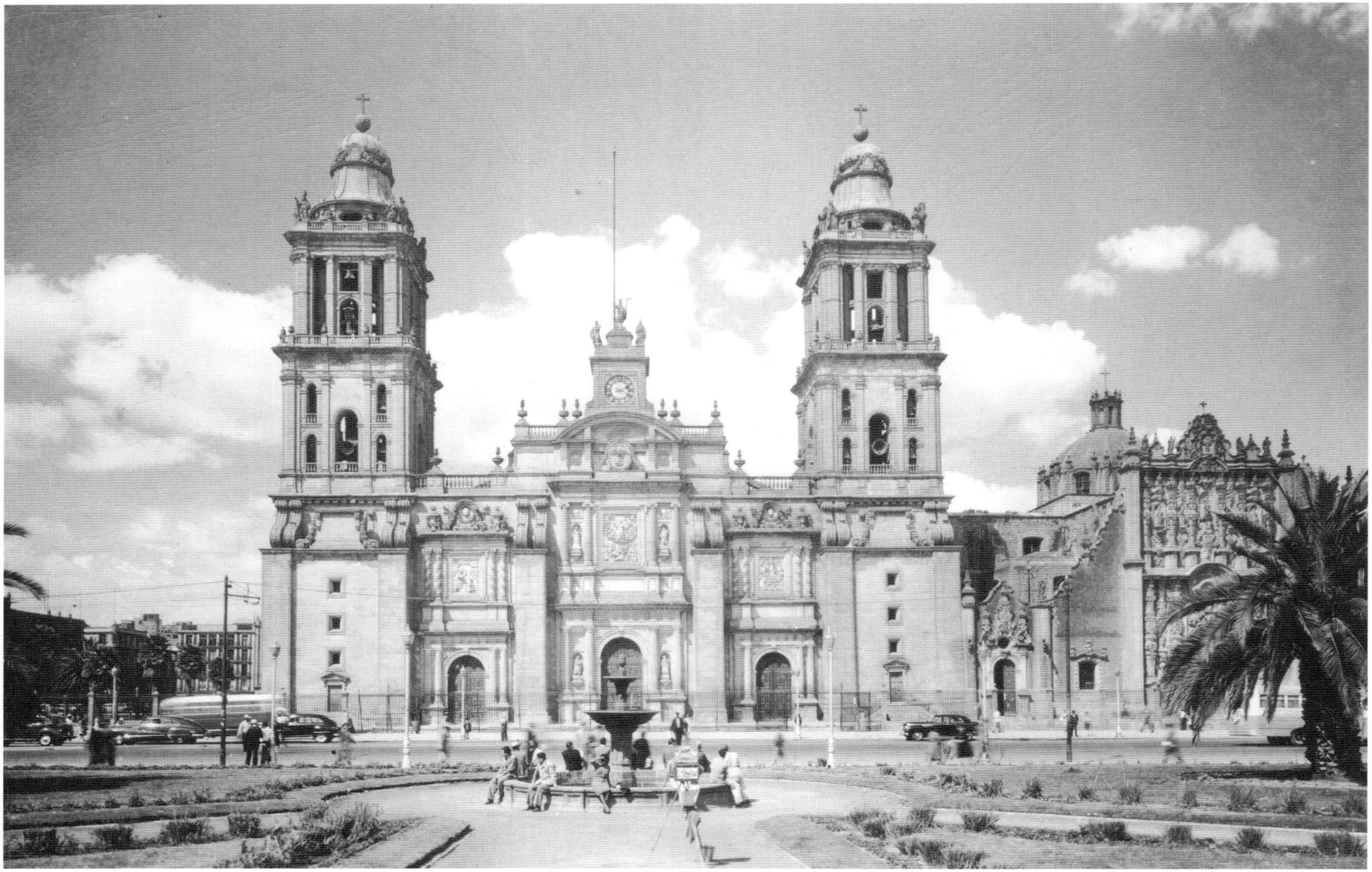

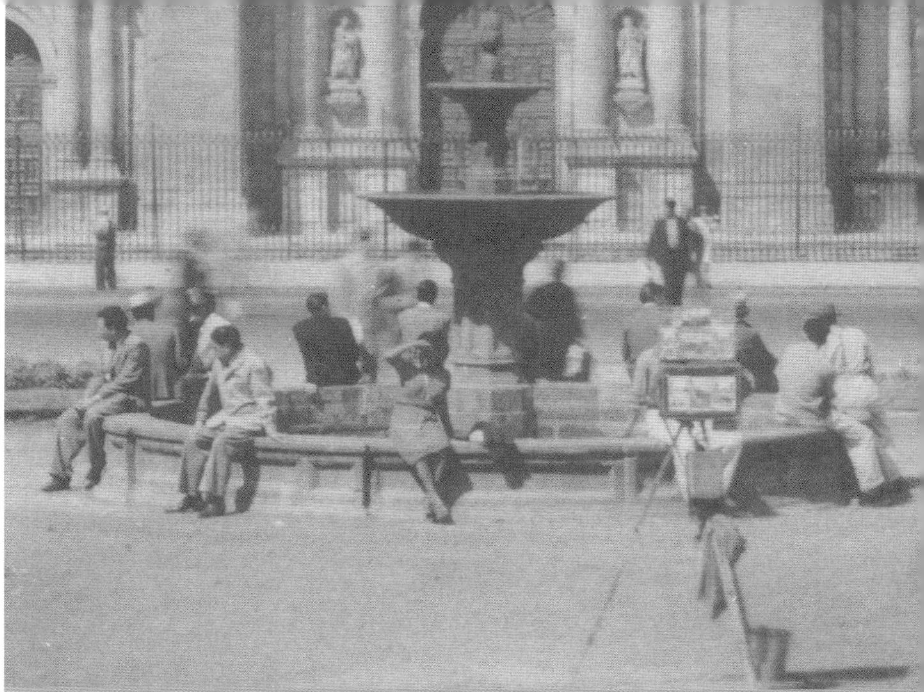

El Zócalo tuvo alguna vez jardines y una fuente donde sentarse para pasar el rato o esperar a los clientes para tomarse una foto.

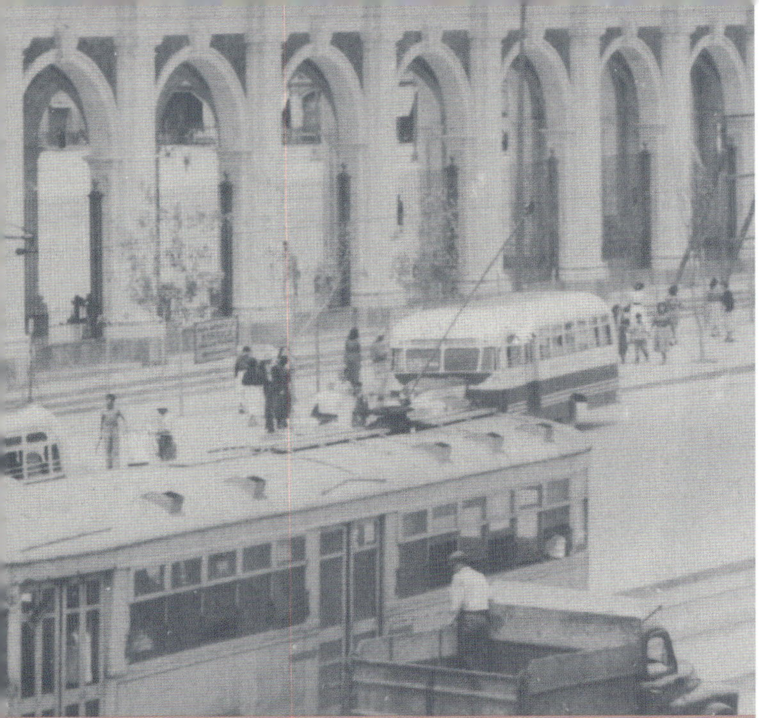

AÑOS CINCUENTA
Basílica de Guadalupe

La antigua basílica de Guadalupe.
En primer plano, el Portal de Peregrinos, que en algún tiempo sirvió de resguardo y cobijo a los cansados feligreses. Hoy ya no existe.

1920 1930 1940

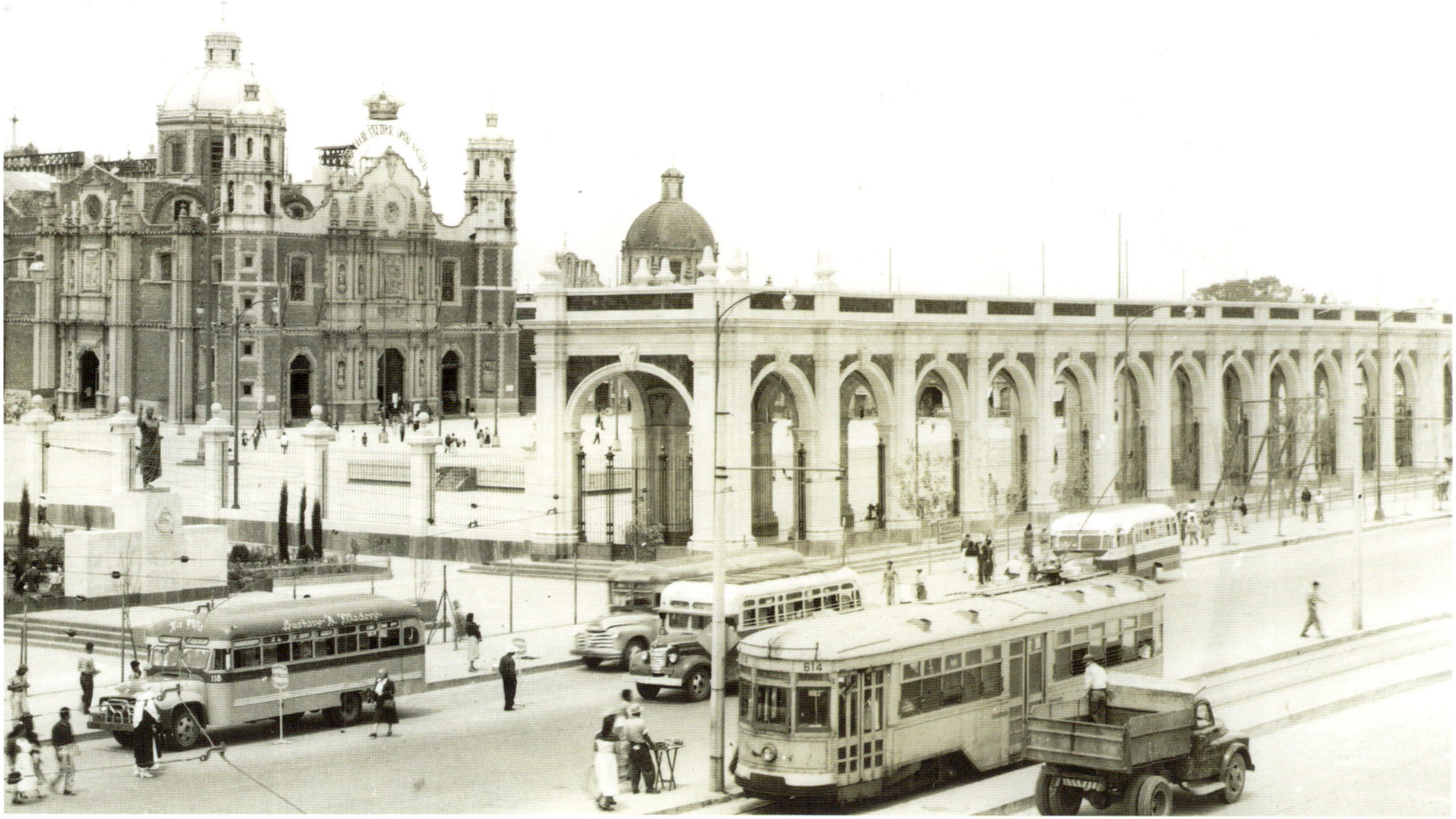

1950 1960 1970 1980

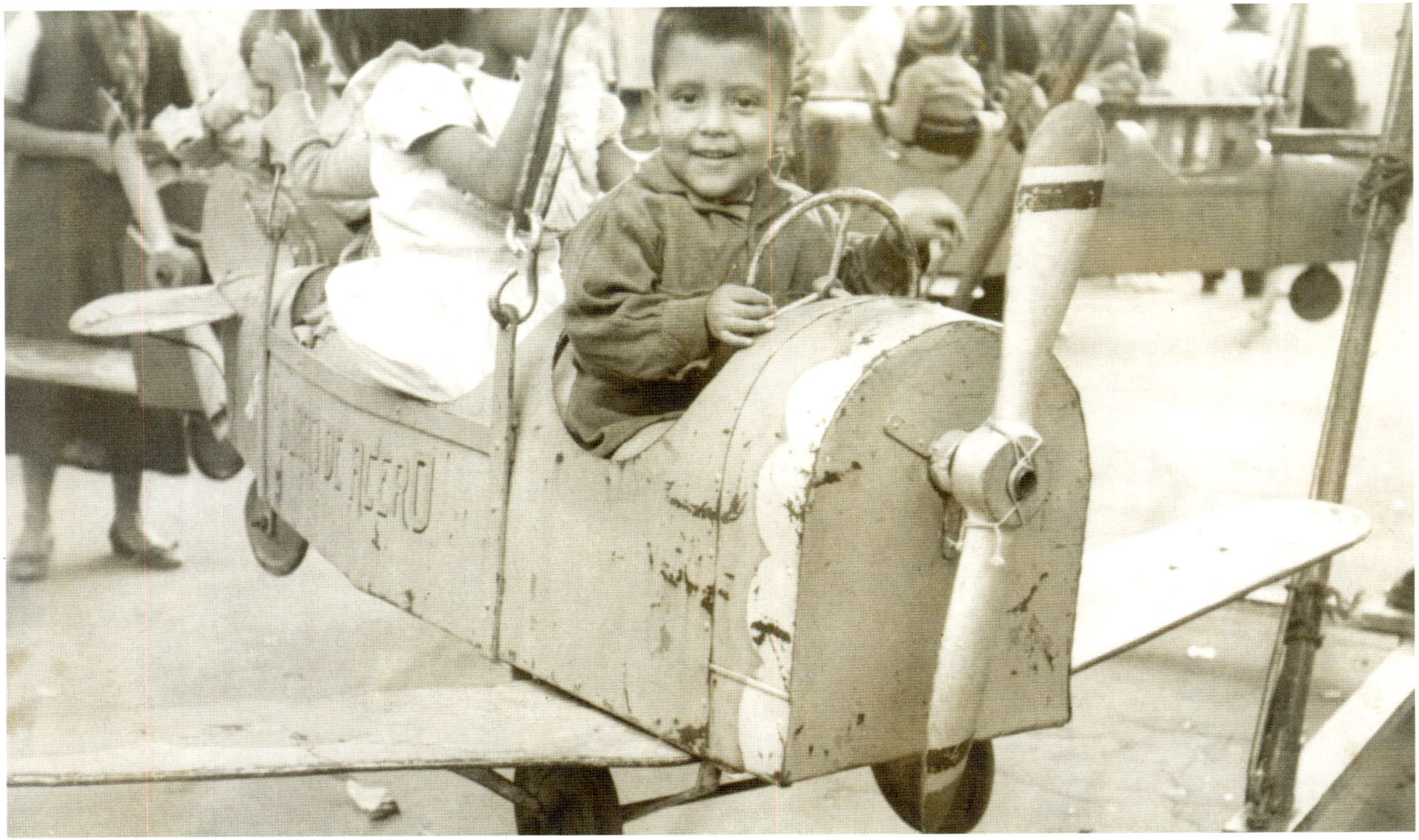

La inocencia y la imaginación
viajan en un avioncito de feria.

La feria más famosa de la Ciudad de México fue por mucho tiempo la de Chapultepec, inaugurada durante el sexenio del presidente Adolfo López Mateos y apoyada por el Departamento del Distrito Federal, que en ese tiempo estaba a cargo de Ernesto P. Uruchurtu. Comenzó a operar en octubre de 1964 y por entonces tenía 14 atracciones; la más importante era la legendaria Montaña Rusa. | AR

1950 1960 1970 1980

También había ferias ambulantes con sus juegos mecánicos: carros chocones, carrusel, avioncitos, casa de los sustos, rueda de la fortuna, ratón loco, entre otros, y se montaban como parte de las festividades de algún barrio. En ellas, además, los niños podían jugar a las canicas, los aros o el tiro al blanco. Las ferias ambulantes siguen vigentes. | AR

1920 1930 1940

AÑOS SETENTA
LD, Ciudad de México

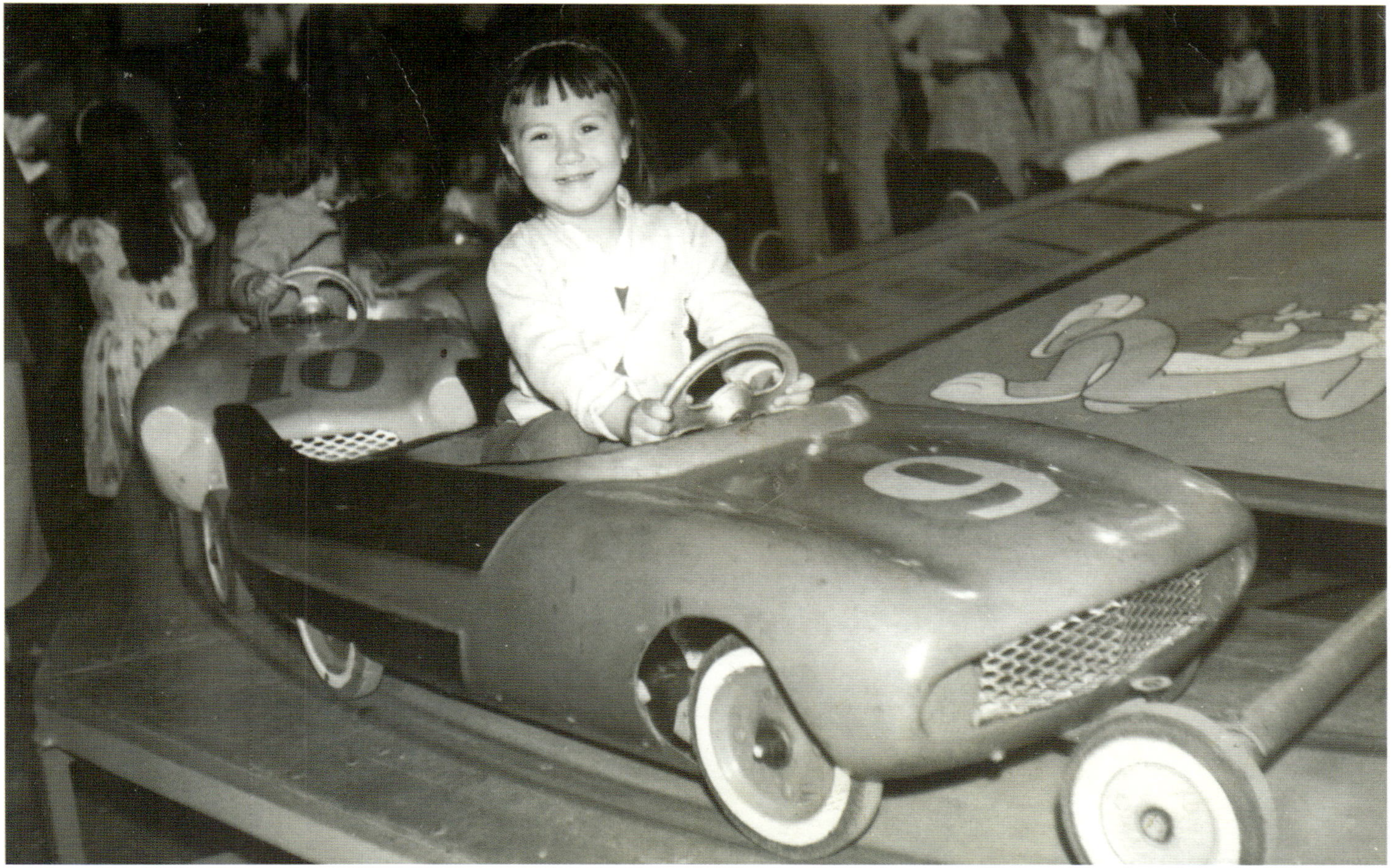

A toda velocidad, una sonriente
niña mira a la cámara sin soltar el volante
de su auto de feria.

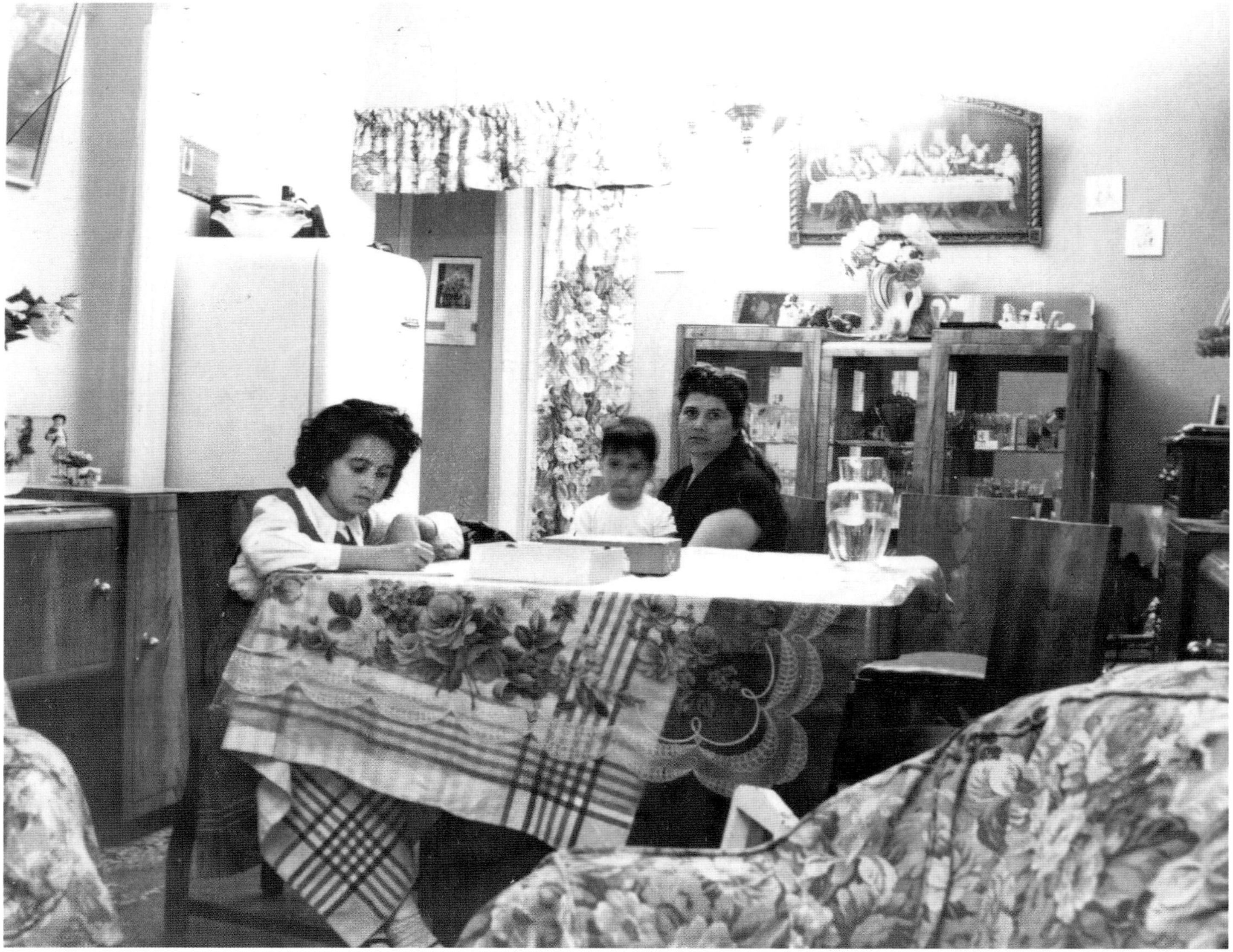

AÑOS SESENTA
LD, Ciudad de México

Desde 1960, el libro de texto gratuito formó parte de la vida cotidiana de los mexicanos. El secretario de Educación Jaime Torres Bodet creó la Comisión Nacional de los Libros de Texto Gratuitos un año antes, de acuerdo con el principio de que este material escolar era un derecho social. El gobierno aprovechó los 150 años de la Independencia y los 50 de la Revolución para lanzar los primeros ejemplares. La portada más famosa es de Jorge González Camarena, que apareció en 1962. | AR

Las interminables tardes de tareas escolares, un mal necesario.

1950 1960 1970 1980

En los años veinte, la moda aún era conservadora y hasta elegante. No importaba el trabajo o el giro comercial, los hombres invariablemente vestían de traje no solo en la oficina, sino para ir al cine, a los toros o al futbol; siempre se les veía impecablemente vestidos y con sombrero. Las mujeres, por su parte, usaban vestido por debajo de las rodillas, pero con los tobillos descubiertos, además de tacones, y también podían llevar sombrero. | AR

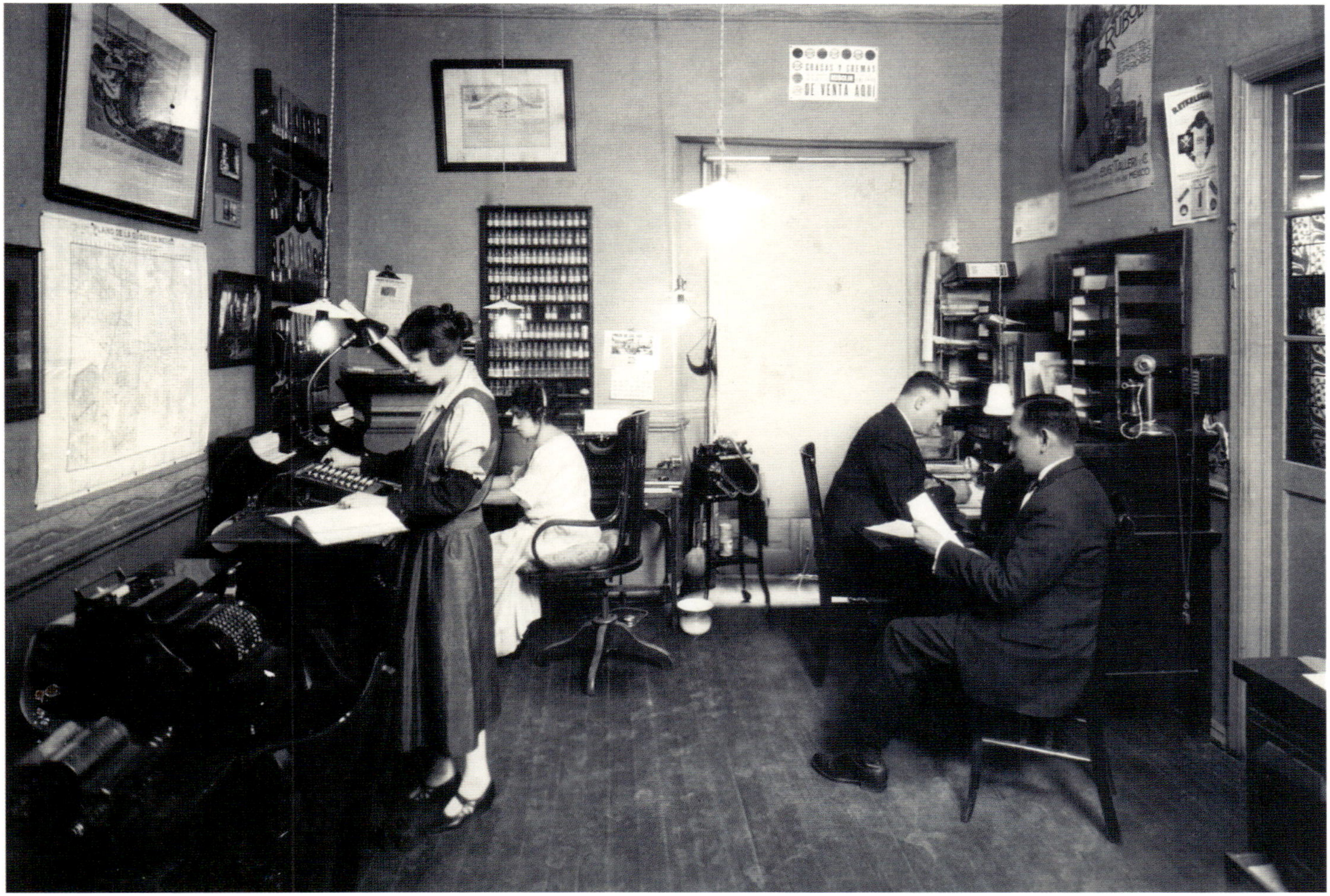

Trabajadores de una fábrica de barnices, cada uno concentrado en su labor. En los muros no podía faltar un plano de la Ciudad de México.

Una mujer elegante con una pistola de juguete camina sobre la avenida de los Insurgentes, a unos pasos del Monumento a la Madre, ubicado entre las calles Sullivan y Villalongín.

1950 1960

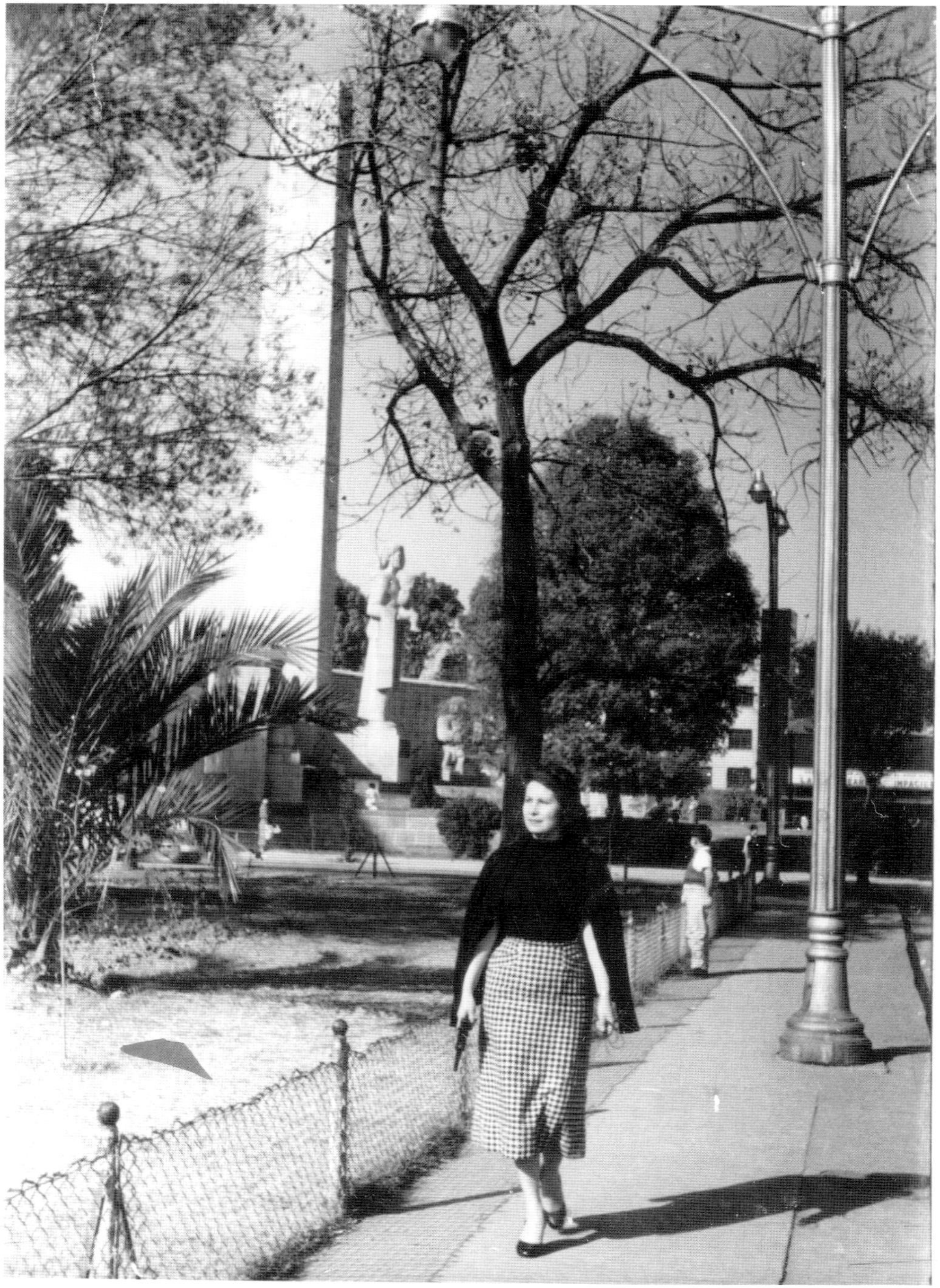

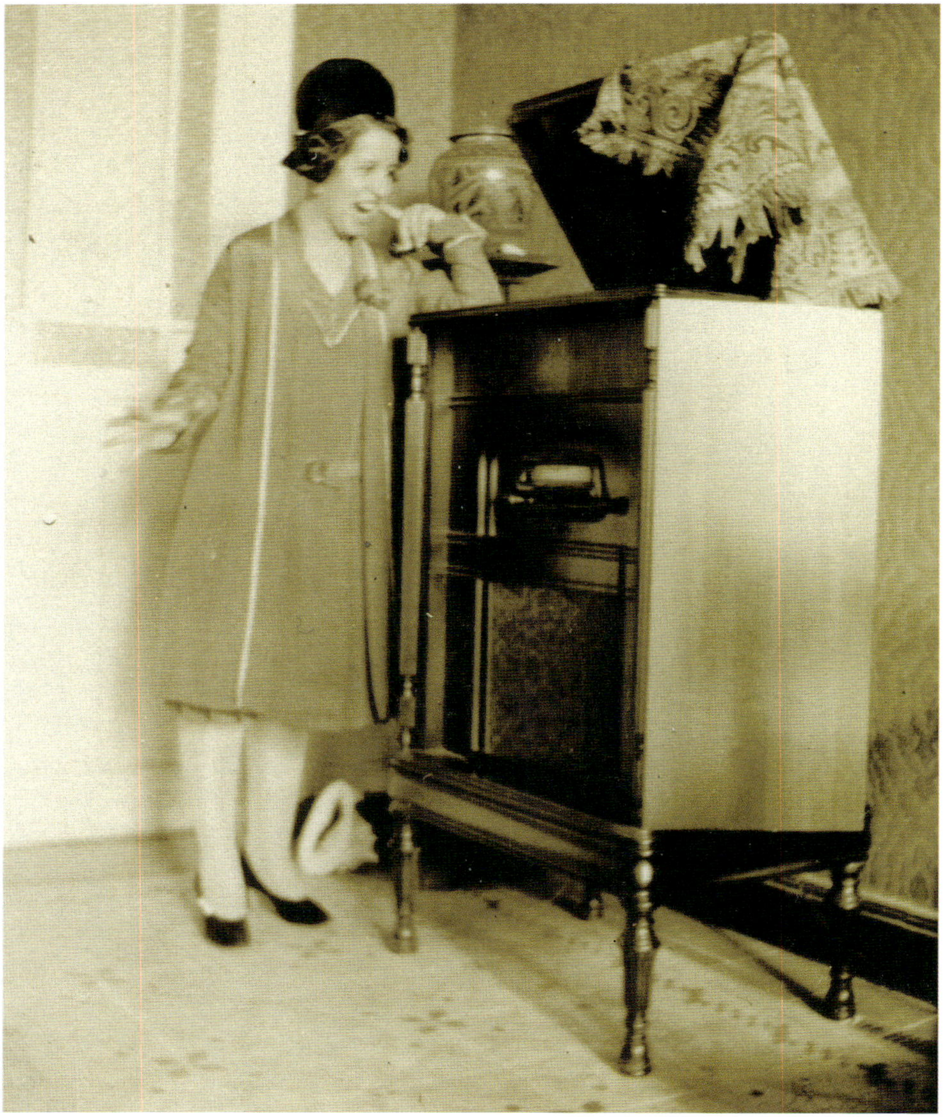

Un nuevo integrante ha
llegado a la casa: el radio.

AÑOS CUARENTA
LD, Ciudad de México

El radio llegó a la vida de los mexicanos en 1921; una de las primeras transmisiones se realizó durante la visita del presidente Álvaro Obregón a Córdoba, Veracruz, para conmemorar el centenario de la consumación de la Independencia. En 1923 nació la XEB —por entonces bajo las siglas CYB—, estación radiofónica de la cigarrera El Buen Tono; fue la primera estación que comenzó a transmitir música mexicana. Pero el verdadero despegue de la radio comenzó con la creación de la XEW, que comenzó sus transmisiones el 18 de septiembre de 1930, a las ocho de la noche. | AR

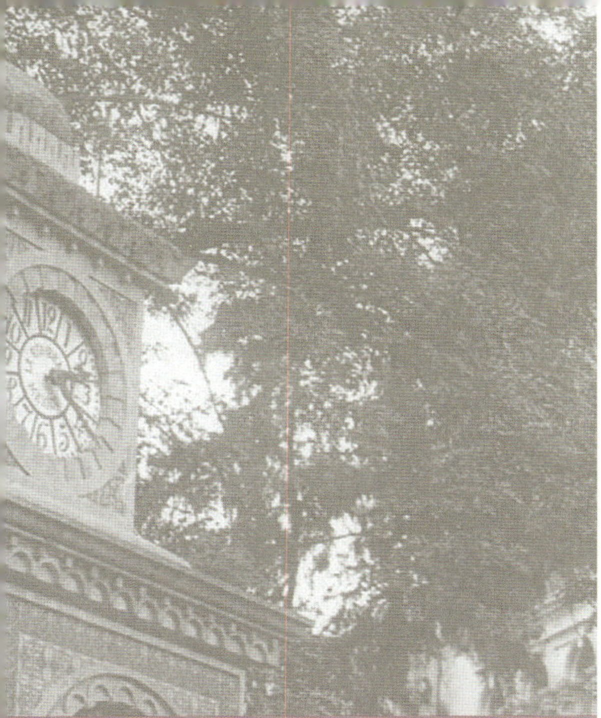

Una postal del Banco Internacional e Hipotecario de México en la década de los veinte. El reloj otomano a la izquierda nos sirve de referencia para ubicarlo en la actual esquina de Bolívar y Venustiano Carranza, antes Colegio de Niñas y Cadena. Este edificio fue reemplazado décadas más tarde por el Centro Bancario Bolívar.

1920 1930 1940

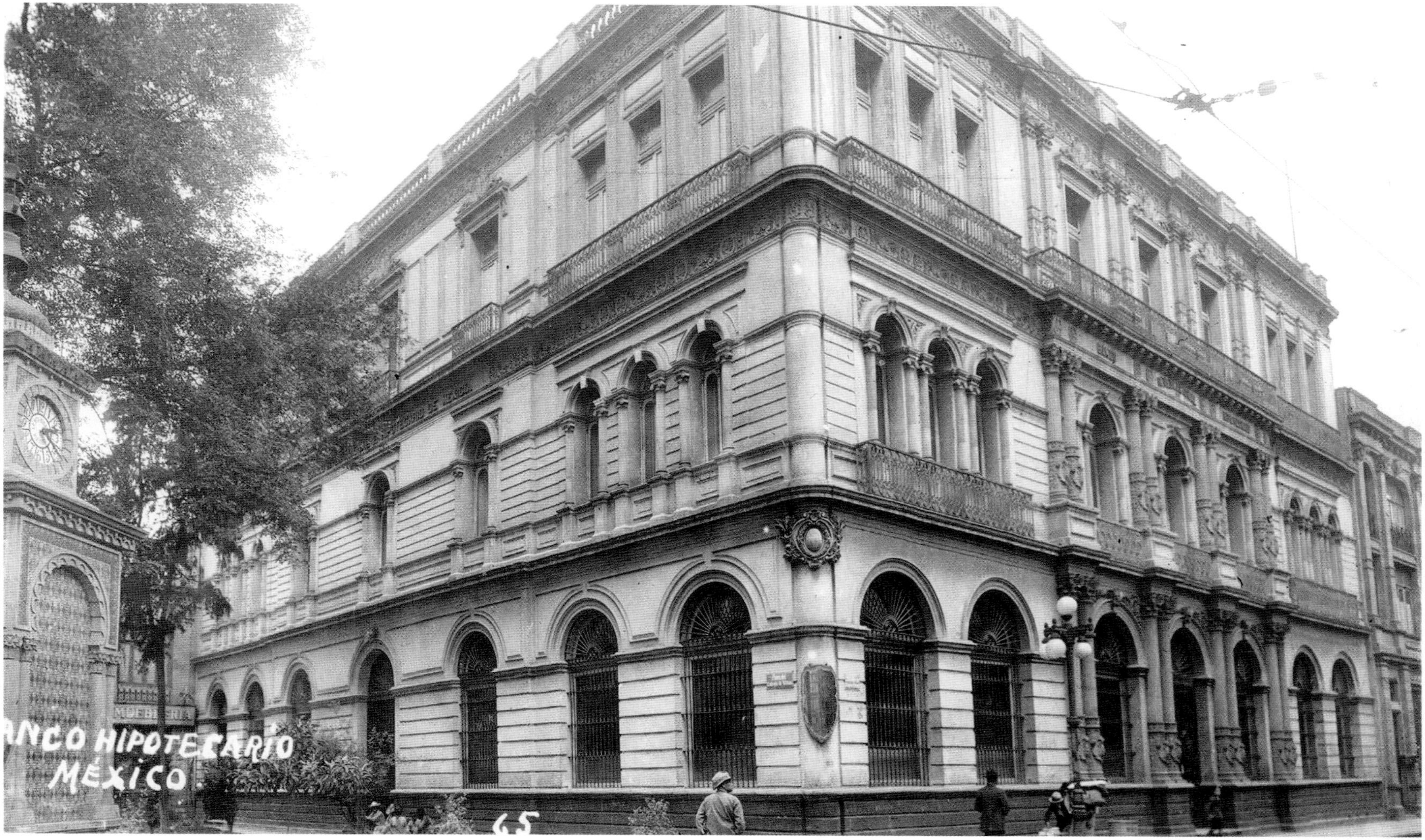

1950 1960 1970 1980

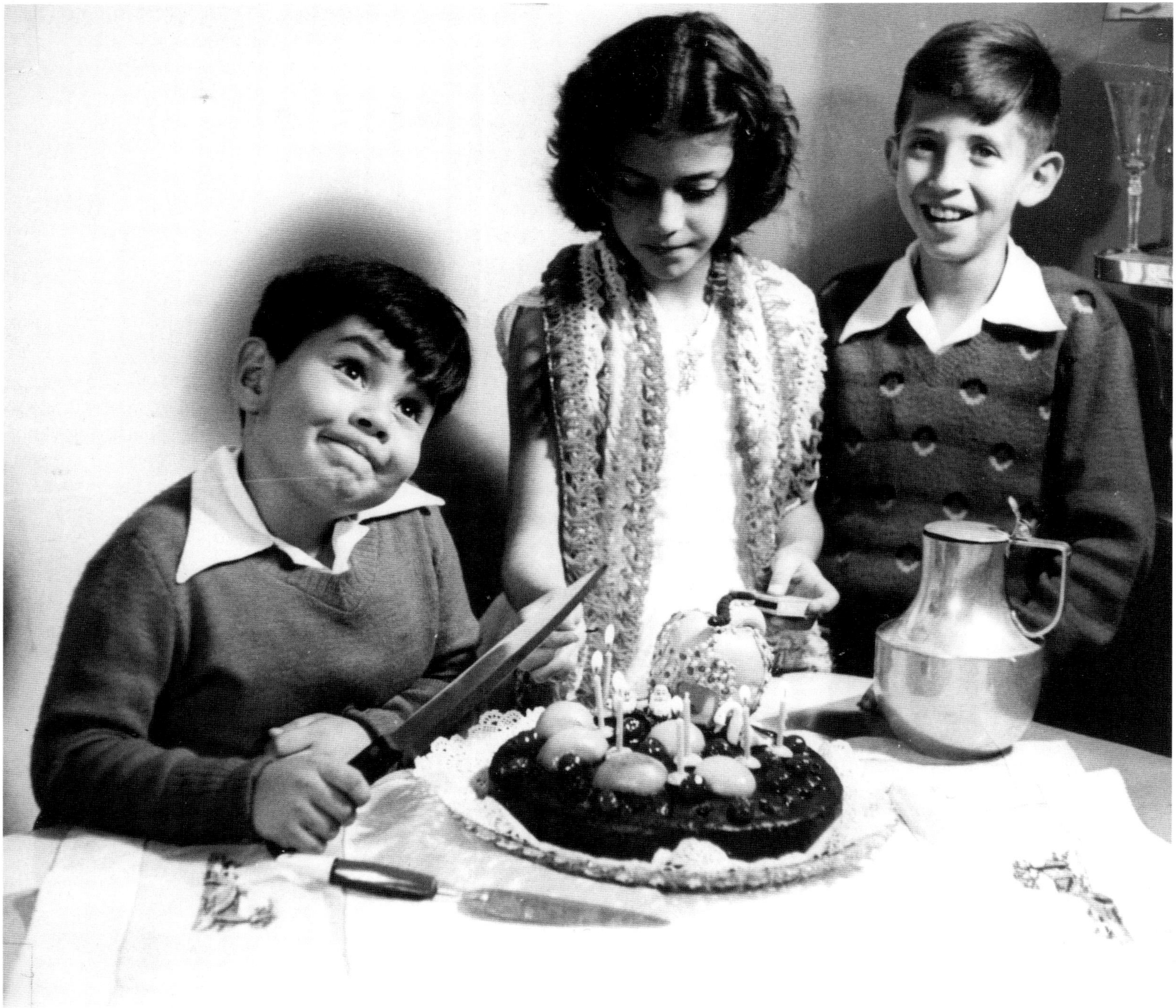

AÑOS SESENTA
LD, Ciudad de México

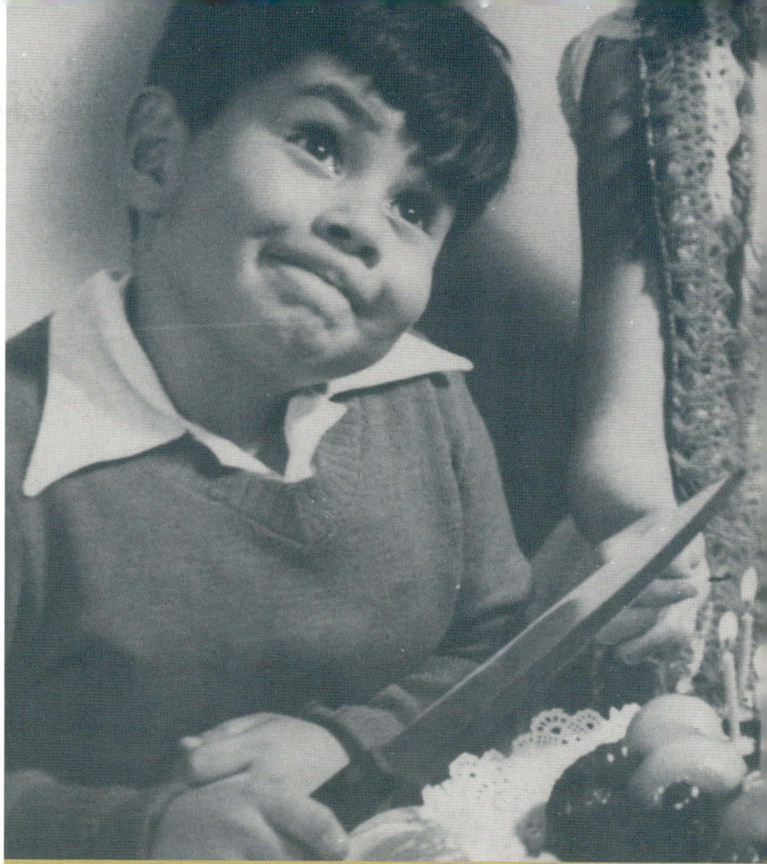

La magia del momento exacto en que un niño piensa en un deseo.

1950 1960 1970 1980

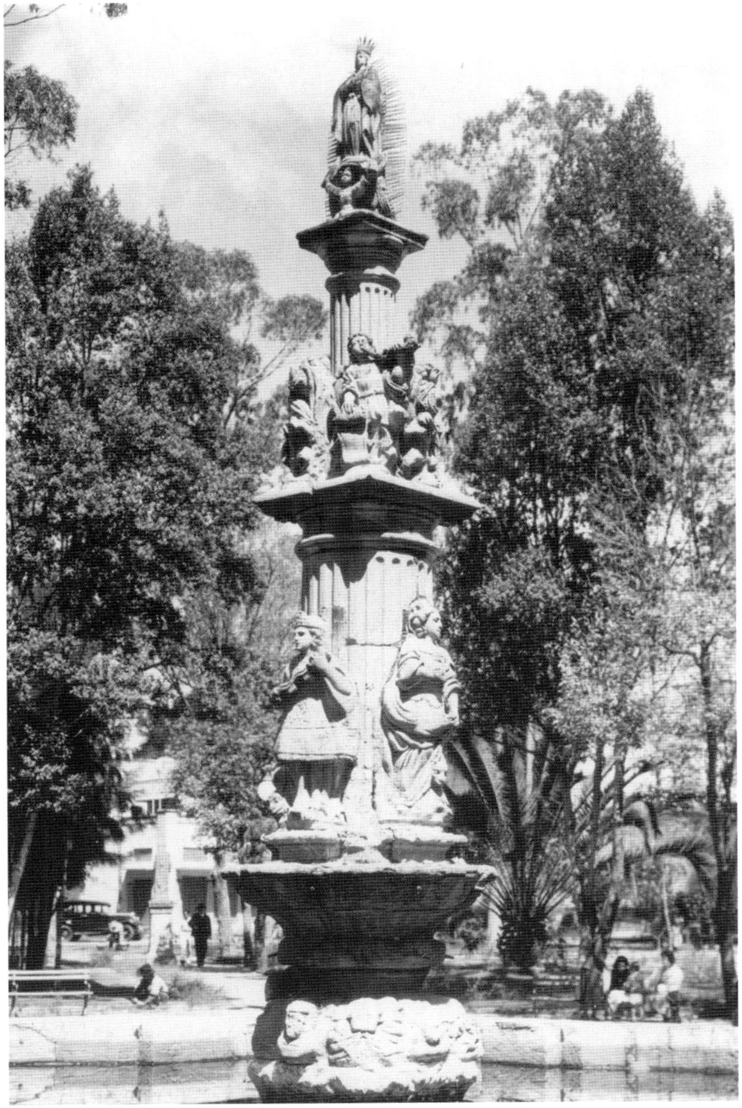

La fuente colonial de Villa de Guadalupe en una imagen de los años veinte. Esta singular estructura se encontraba hasta hace unas décadas en un jardín ubicado a un costado de la antigua basílica de Guadalupe. Sin embargo, hasta la fecha se desconoce su paradero.

1920 1930 1940

Con las transformaciones de la Ciudad de México muchas fuentes que en algún momento fueron célebres desaparecieron o cambiaron de lugar, tal fue el caso de la del Salto del Agua, que se encuentra en el Museo Nacional del Virreinato en Tepotzotlán, aunque hay una réplica sobre Izazaga; la fuente del Cutzamala, conocida como las sombrillas, desapareció para dejar su lugar a la fuente de la Diana Cazadora, que originalmente no estaba en Paseo de la Reforma. | AR

La afición por el automovilismo nació en México a mediados del siglo XX, con la organización de la Carrera Panamericana, en la que los pilotos recorrían todo el territorio nacional y cuya primera edición fue en 1950. En 1959 se inauguró el autódromo de la Ciudad de México y en 1962 llegó la Fórmula 1 al país. A pesar de que el último gran premio de la primera etapa se corrió en 1970, las nuevas generaciones siguieron fieles al automovilismo y se multiplicaron las carreras de *go-karts* en la Ciudad de México y La Marquesa. | AR

AÑOS SETENTA
LD, Ciudad de México

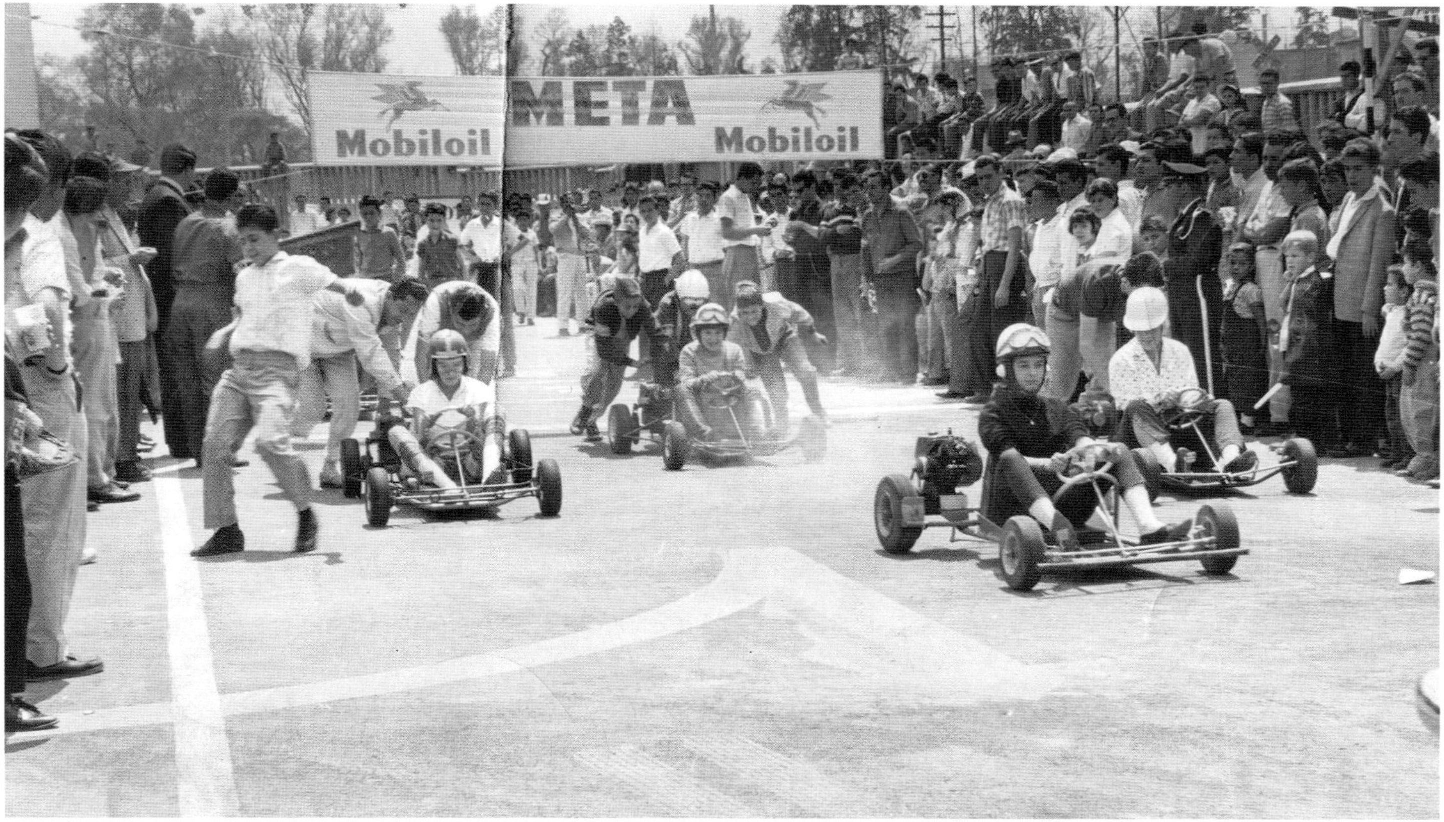

Aspirantes a pilotos de carreras:
un sueño de la infancia.

1950 1960 1970 1980

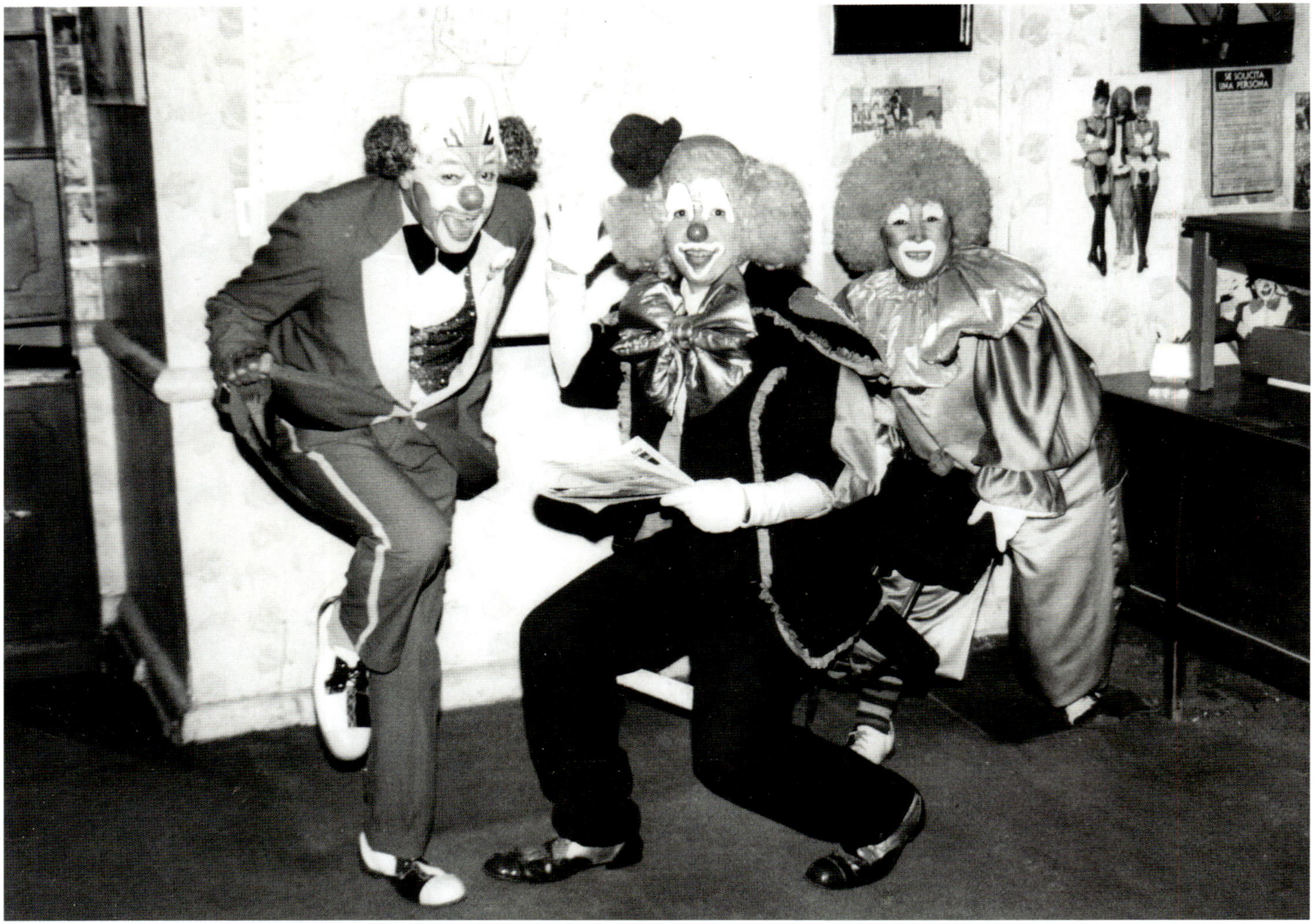

Fotografía promocional de tres payasos. De aquellos que llevaban alegría, y a veces terror, a las inolvidables fiestas infantiles.

AÑOS SETENTA
LD, Ciudad de México

Fue durante el porfiriato, con el auge de tres importantes circos –el Chiarini, el Orrín y el Atayde–, que los payasos se ganaron el reconocimiento del público. Durante el siglo XX, los payasos mexicanos conformaron un verdadero gremio y celebran su día el 10 de diciembre. La figura del payaso nació en el circo, luego le entró a las tandas y pasó por las carpas, hasta establecerse como parte de un espectáculo más grande o como un oficio individual que presta sus servicios en las fiestas infantiles e incluso en las de adultos. | AR

1950 1960 1970 1980

«Parece que va a llover / el cielo se está nublando / parece que va a llover / ¡Ay, mamá, me estoy mojando!» fue la canción que interpretaron Pedro Chávez (Pedro Infante) y Luis Macías (Luis Aguilar) en la cinta *A toda máquina* (1951), mientras conducen sus motocicletas. La película de Ismael Rodríguez puso de moda al Escuadrón de Motociclistas de la Policía de Tránsito de la Ciudad de México, porque ambos personajes formaban parte de él. A partir de entonces, los motociclistas de tránsito se ganaron el reconocimiento de la sociedad capitalina. | AR.

«Apúrese, pareja».

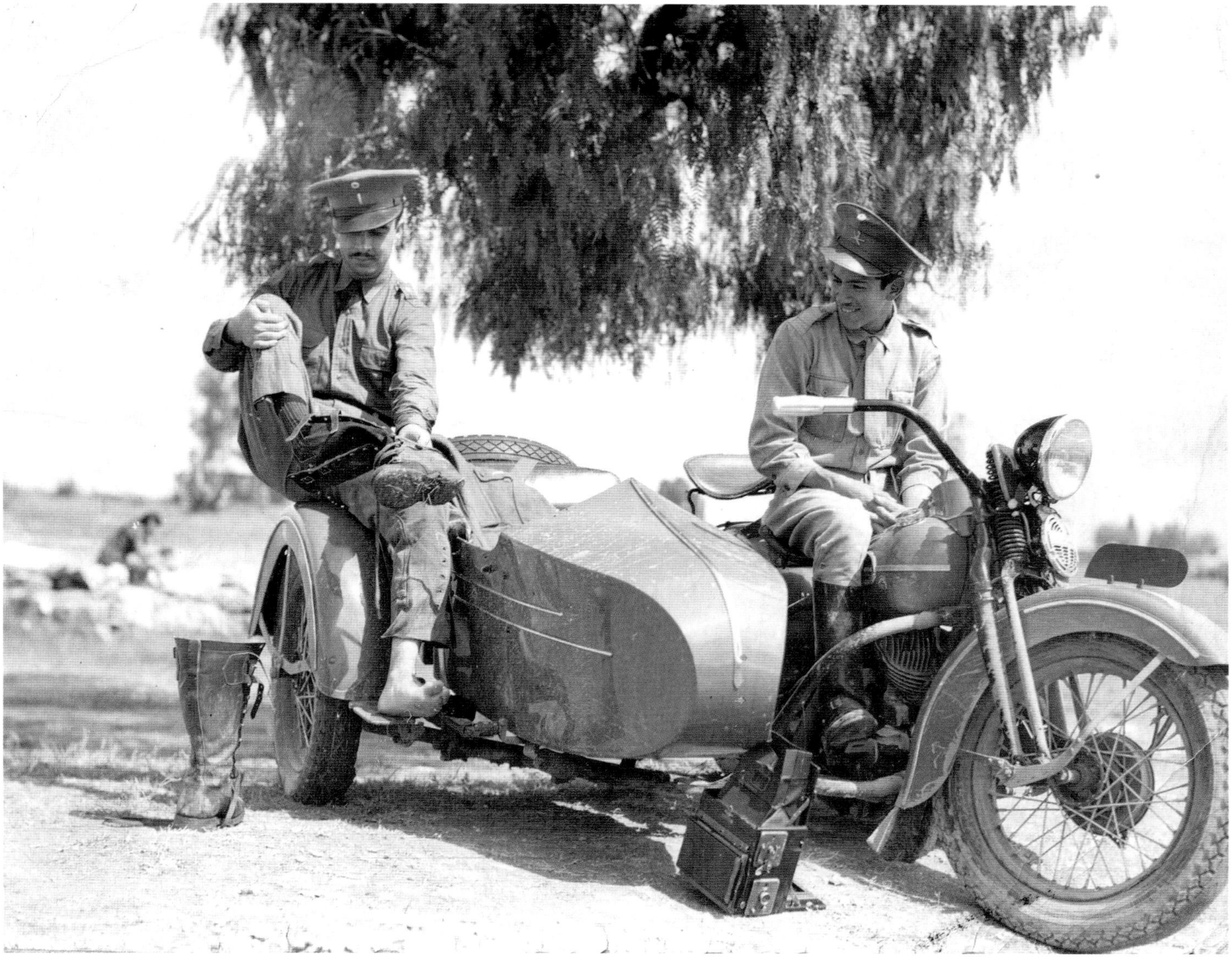

1950 1960 1970 1980

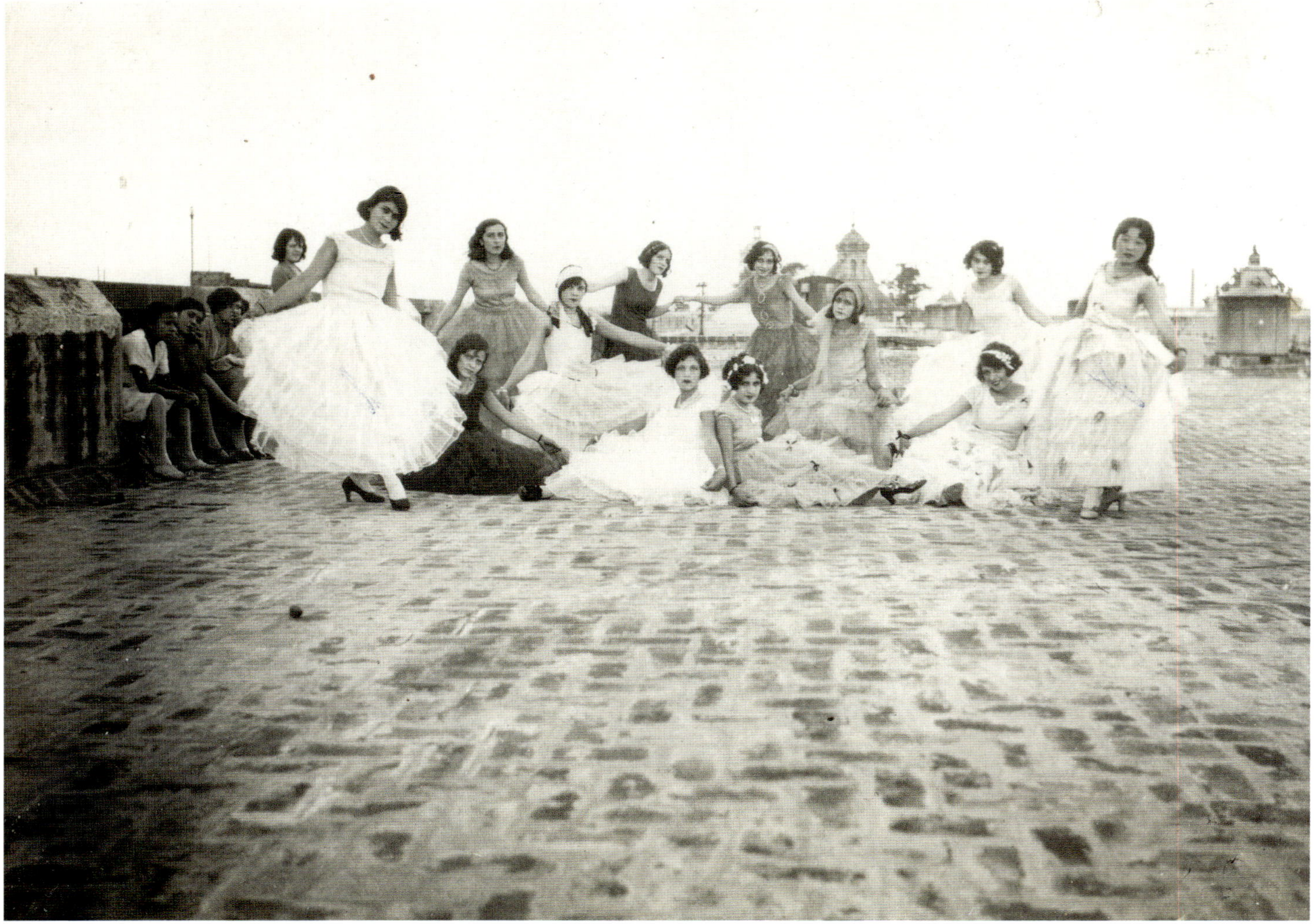

Las abuelitas de algunos de nosotros
poco antes de irse al bailongo.

1920 1930 1940

AÑOS TREINTA
LD, Ciudad de México

Al comenzar la década de 1930, México dejó atrás, de manera definitiva, la violencia armada. La cultura y el arte en la vida cotidiana fueron impulsados por el nacionalismo revolucionario y la reivindicación de los tipos mexicanos. Los bailes populares tenían ese toque nacionalista. En las tardeadas, las kermeses y las fiestas de vecindad, el baile era parte de la diversión, que en ese entonces se apoyaba en la radio. | AR

1950 1960 1970 1980

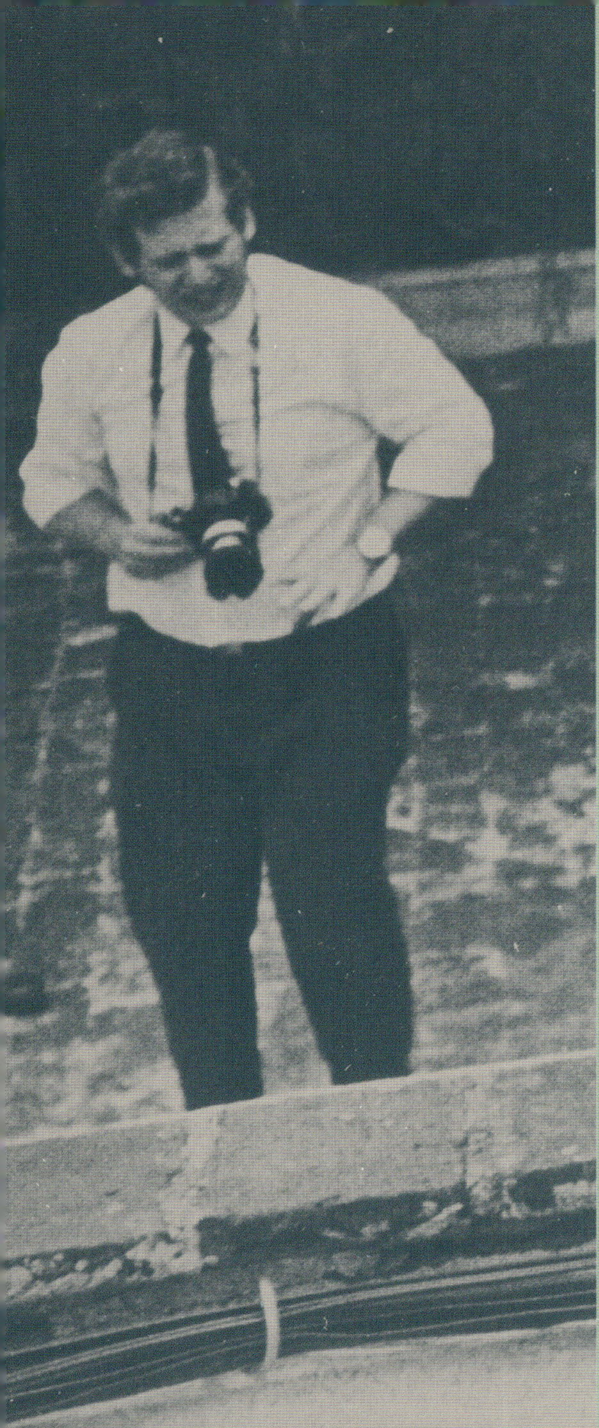

Una de las innovaciones de los Juegos Olímpicos de 1968 fue la incorporación de jóvenes que auxiliaban a las delegaciones de los países participantes, quienes fueron elegidas por el Comité Organizador con base en sus conocimientos culturales, su porte y los idiomas que hablaran. Esa fue la primera aparición de edecanes en un evento deportivo y las elegidas recibieron vestidos con estampados relativos a las distintas disciplinas o con el logotipo de los Juegos Olímpicos. Cuando terminó la justa olímpica, muchas fueron contratadas como edecanes para la Fórmula 1. | AR

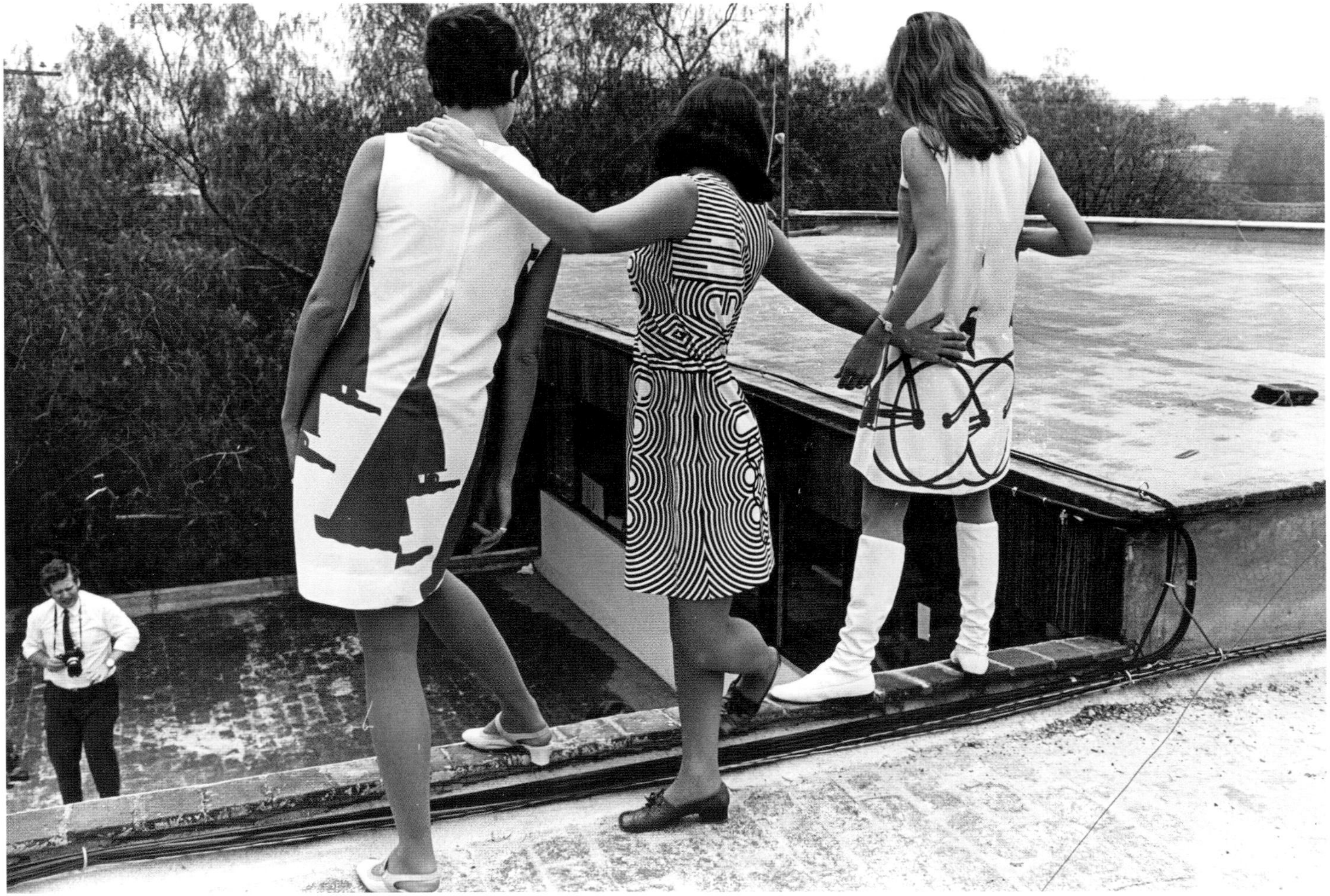

Tres modelos posan con algunas de las prendas diseñadas en el marco de los Juegos Olímpicos de 1968.

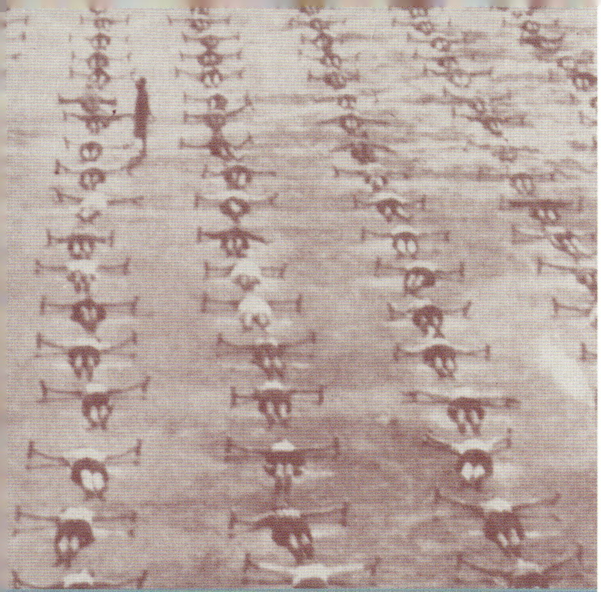

Esta enorme tabla gimnástica, acompañada de un ensamble musical, requería una sincronización total. Escena recurrente en el desaparecido Estadio Nacional, en la colonia Roma.

1920 1930 1940

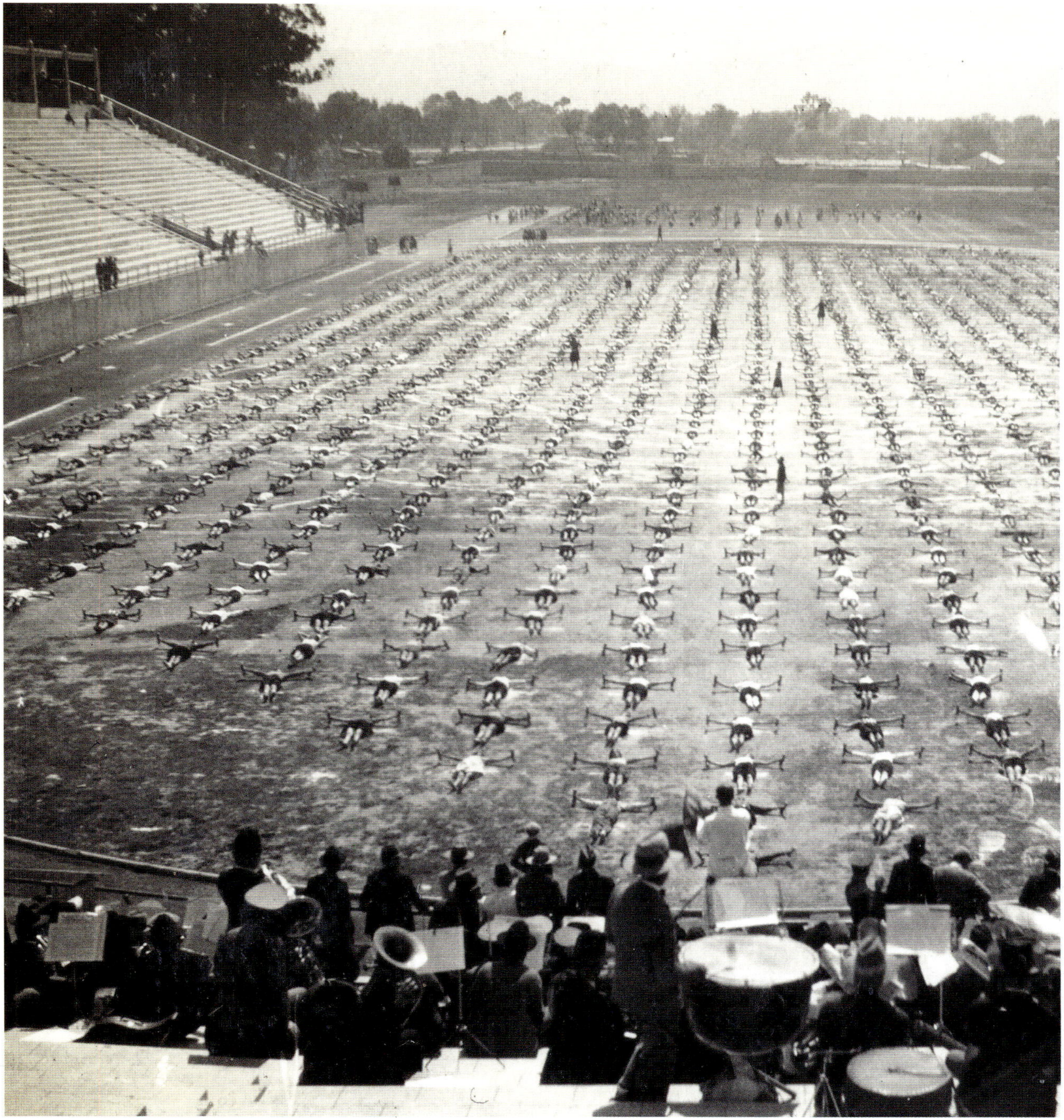

1950

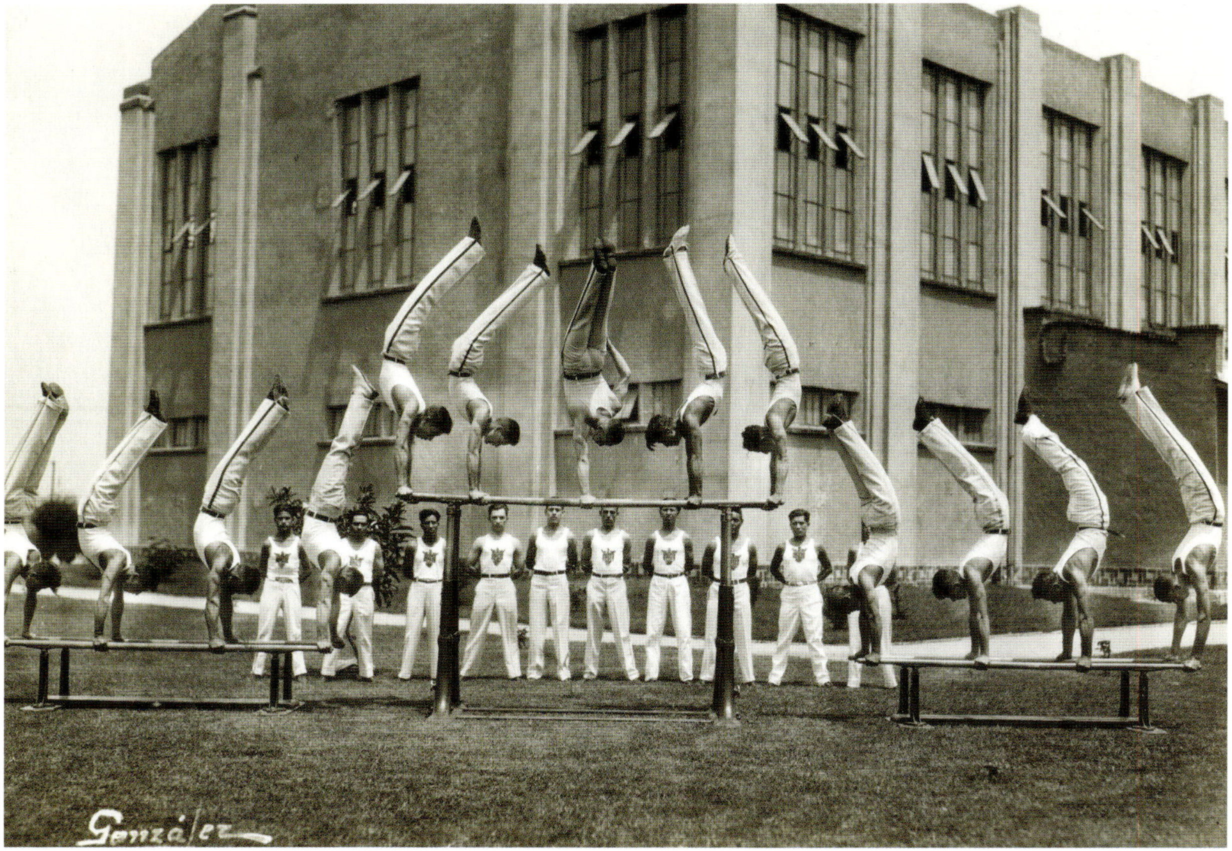

Un grupo de atletas muestra sus habilidades ante la cámara.
El Deportivo Venustiano Carranza fue por años el mayor
de América Latina.

1920 1930 1940

Inaugurado el 20 de noviembre de 1929, el Deportivo Venustiano Carranza fue el primero de la Ciudad de México y en 1936 se convirtió en la sede de la primera escuela de educación física en América Latina. Cuando el país entró a la Segunda Guerra Mundial en 1942, lo adaptaron como centro de adiestramiento militar. Pocos años después, la gente iría para ver los entrenamientos de Rodolfo *el Cavernario* Galindo, gran protagonista de la lucha libre nacional. | AR

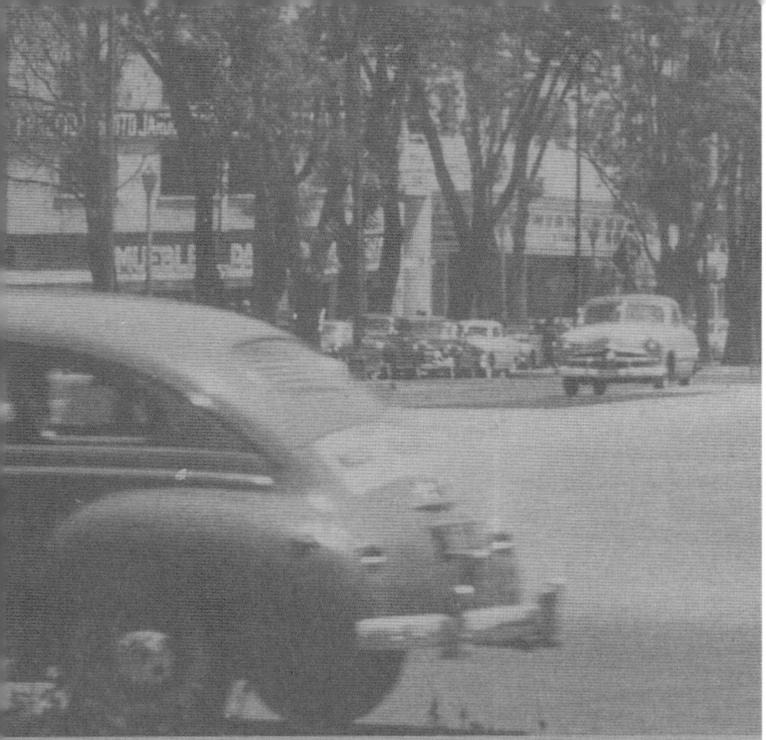

Una toma del Paseo de la Reforma en la que destaca el Edificio El Roble, propiedad del Banco Capitalizador de Ahorros, S. A. En este edificio se encontraba el famoso cine Roble, uno de los más emblemáticos de la época. El inmueble fue demolido y en su lugar se encuentra la actual sede del Senado de la República.

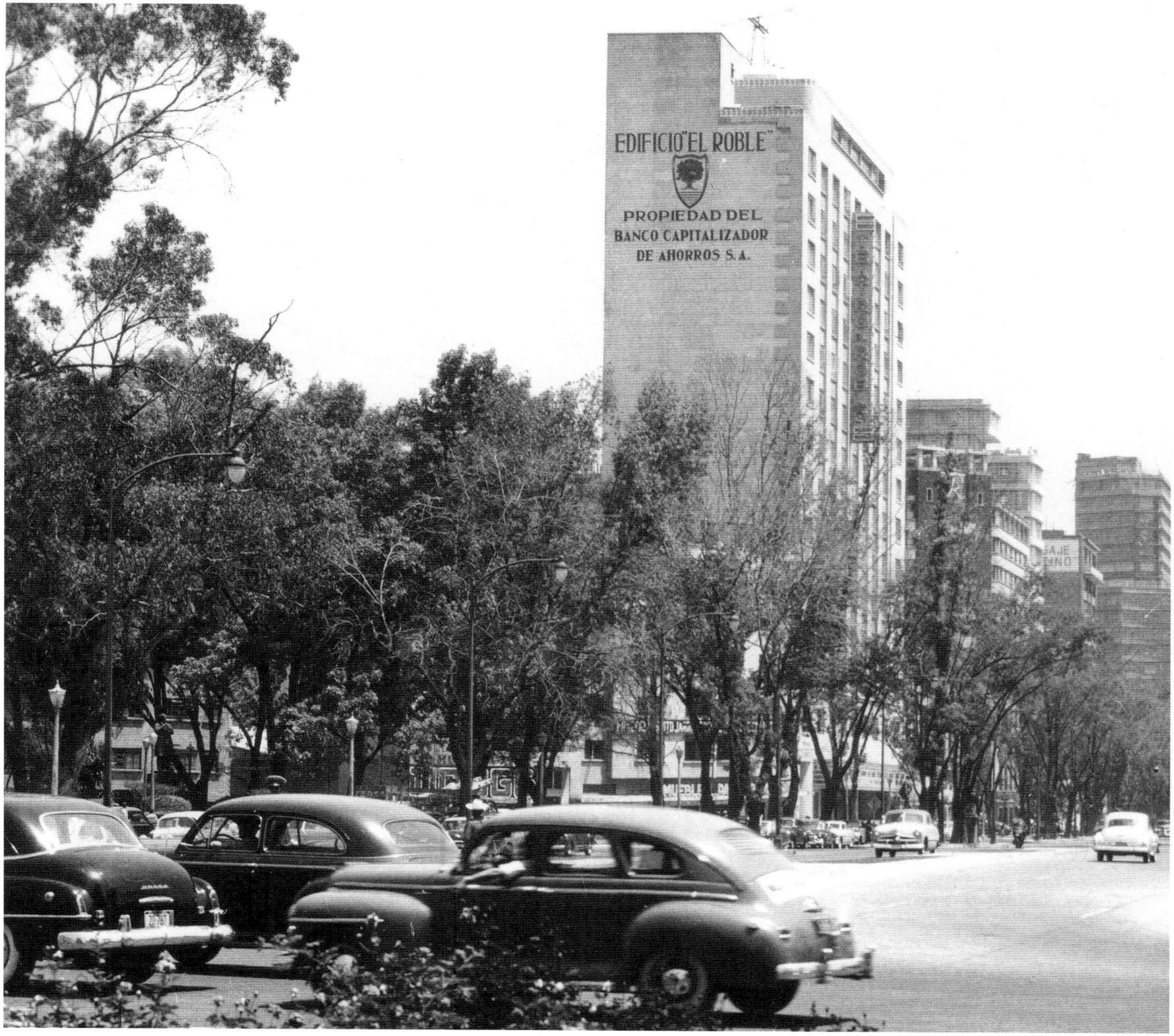

1950 1960 1970 1980

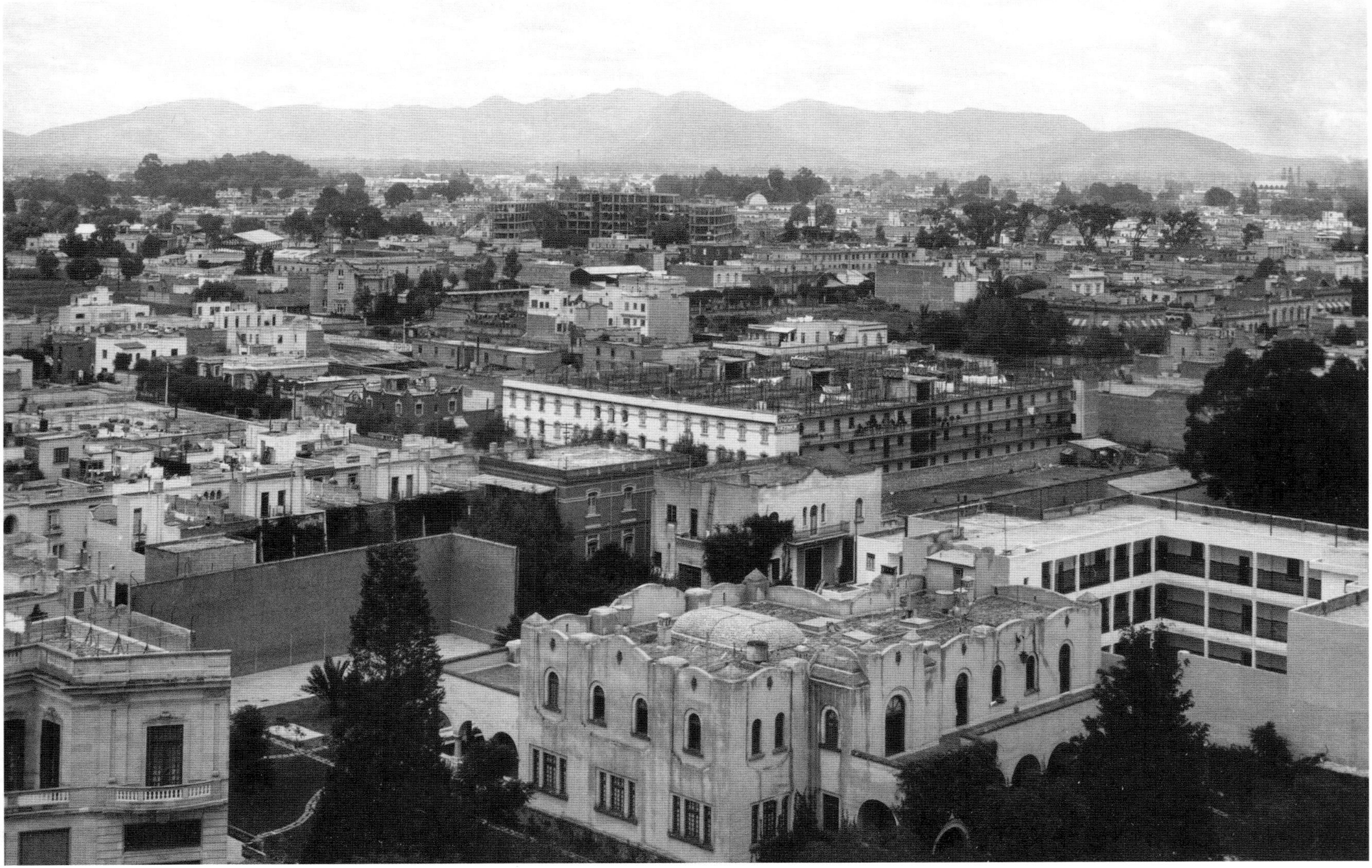

Una panorámica de la colonia Cuauhtémoc, desde lo alto del Monumento a la Independencia. Al fondo, del lado derecho, se alcanza a distinguir la parte superior del actual Museo Universitario del Chopo. Los cerros, mención aparte.

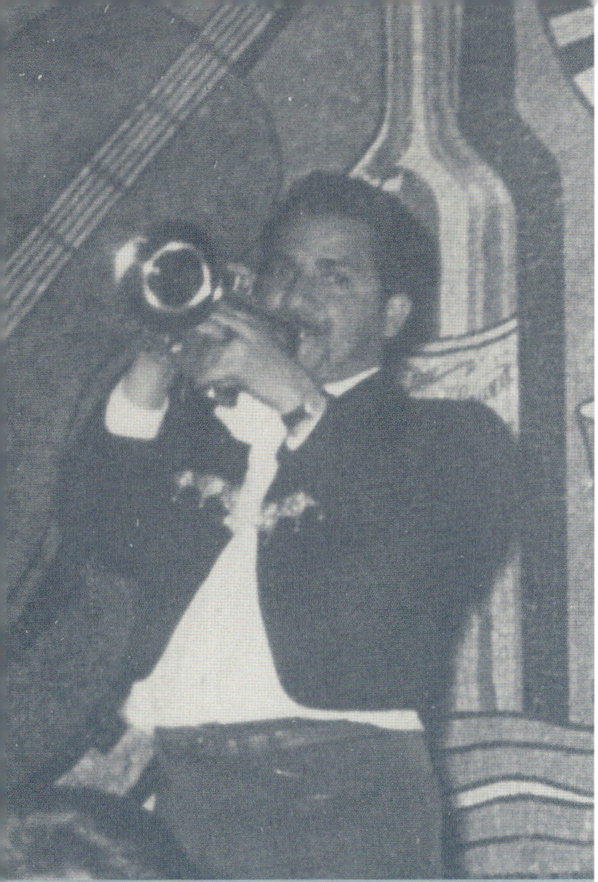

«Y nos dieron las diez y las once, las doce y la una, y las dos y las tres» en el Amanecer Tapatío, en la glorieta de Niño Perdido y Obrero Mundial. Hoy es un estacionamiento.

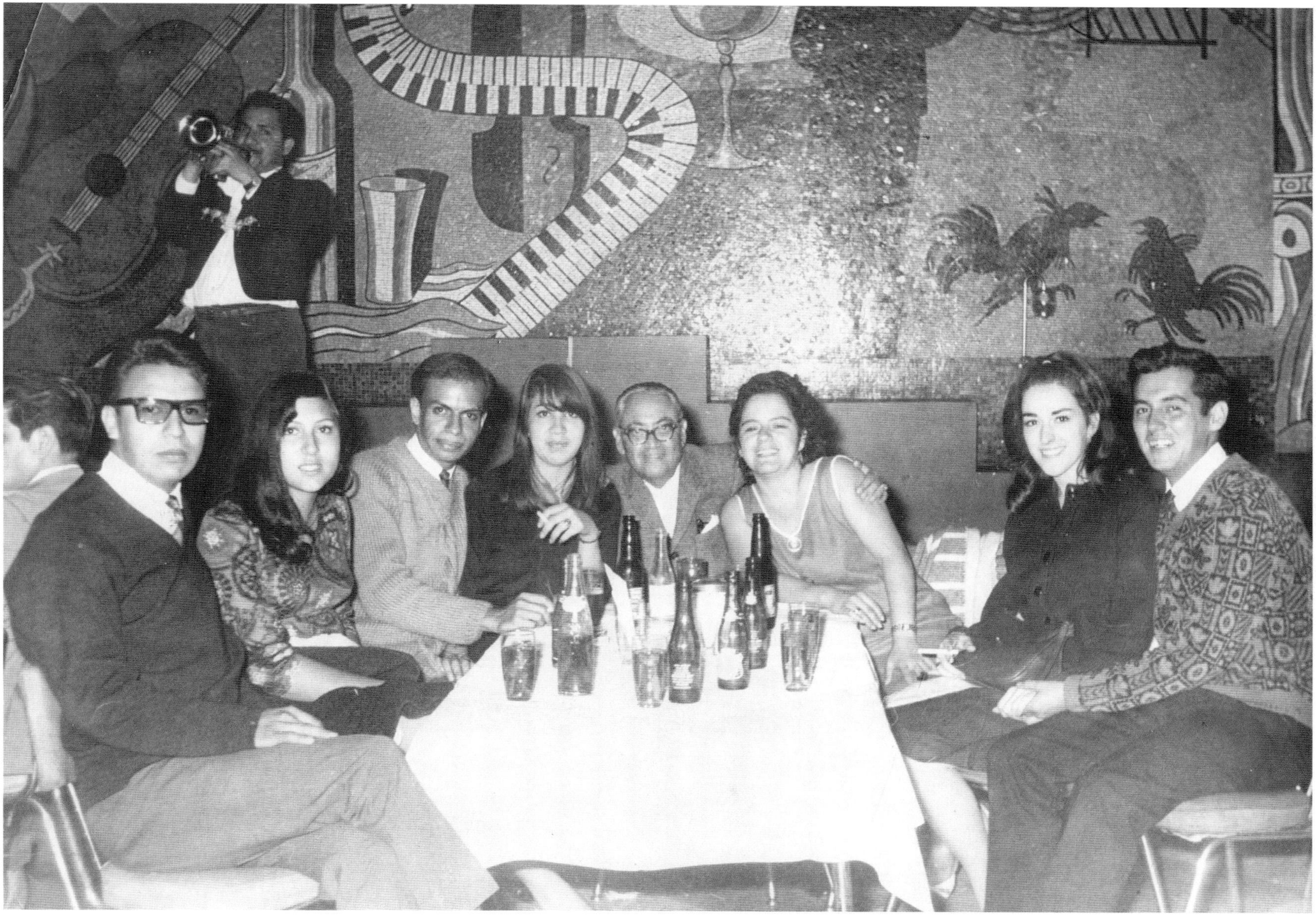

1950 1960 1970 1980

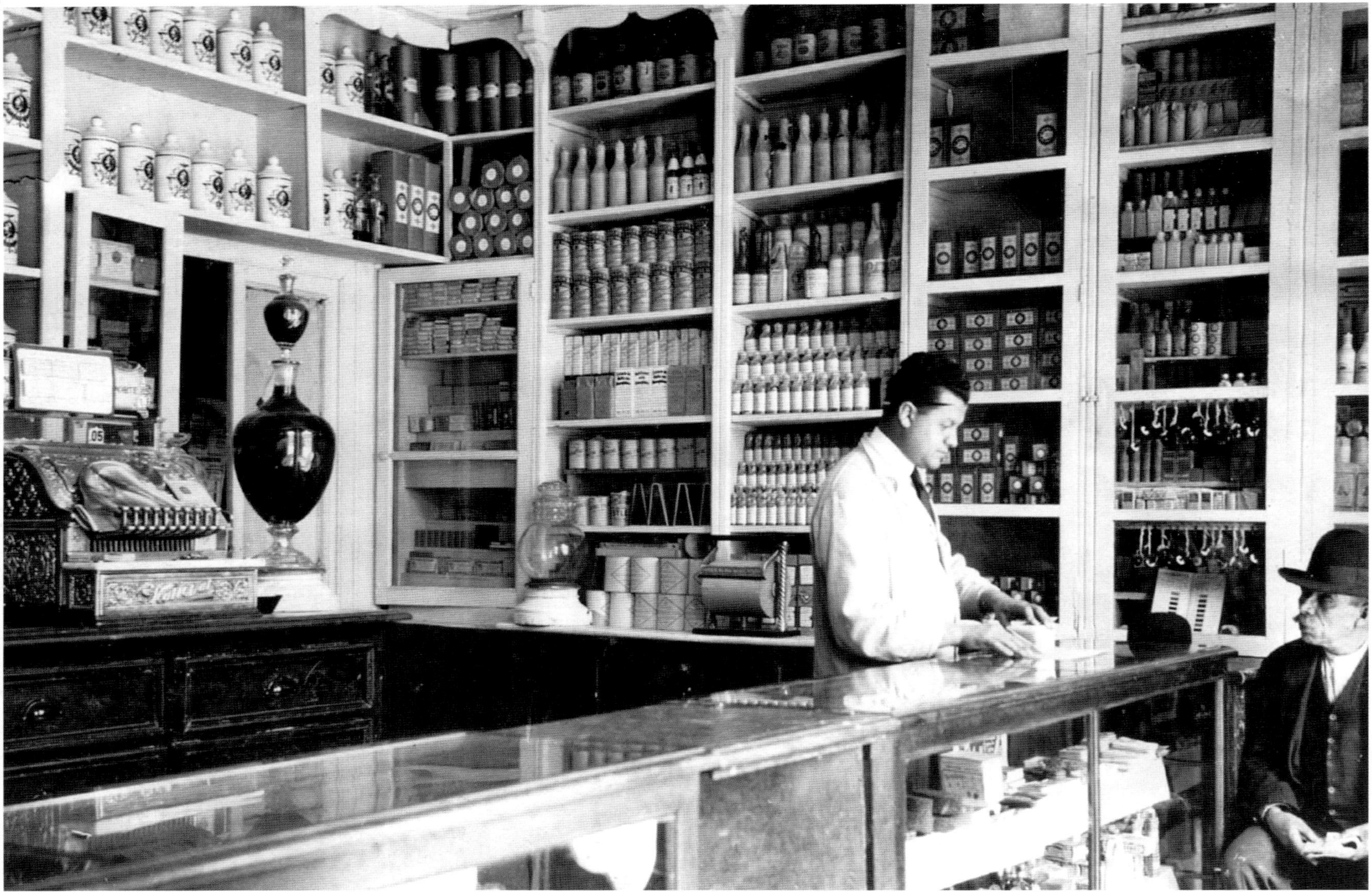

AÑOS CUARENTA
LD, Ciudad de México

Para todo mal, solo bastaba con ir a la botica de confianza. Si no tenían algo, lo preparaban.

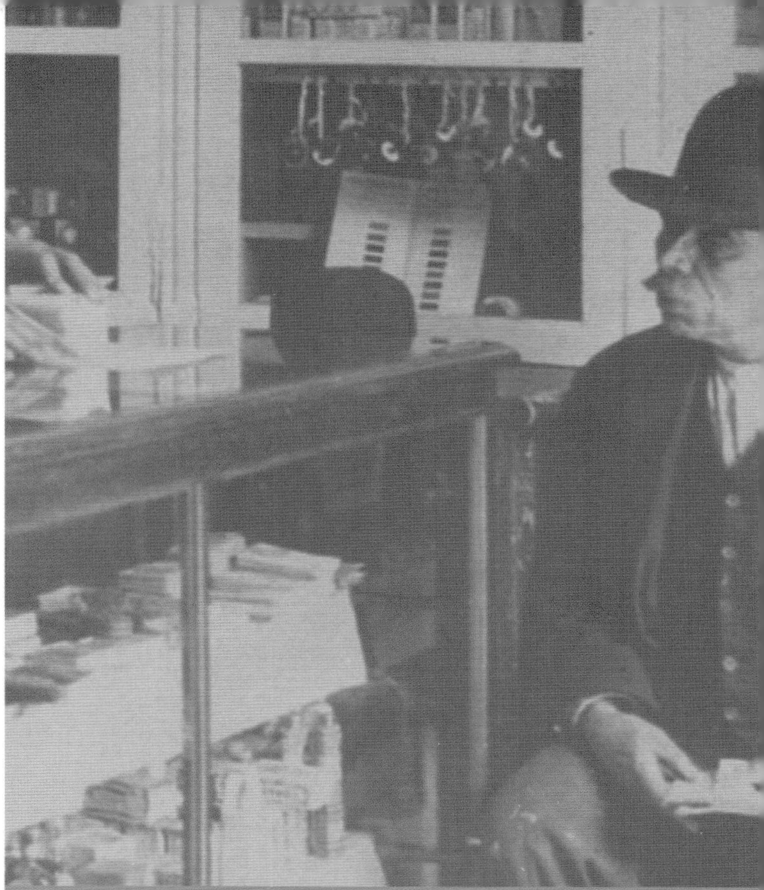

1950 1960 1970 1980

El telégrafo fue introducido en México por el comerciante español don Juan de la Granja el 10 de mayo de 1849. La primera demostración fue el 13 de noviembre de 1850, entre Palacio Nacional y el Colegio de Minería. El 5 de noviembre de 1851 se estableció la primera central telegráfica de México, con servicio del Distrito Federal a Nopalucan, Puebla. Entre 1877 y 1882, durante el gobierno de Porfirio Díaz, se instalaron 16 mil kilómetros de líneas y 264 oficinas de telégrafos, las cuales permitían el envío de 500 mil mensajes anuales, y para 1910 ya se contaba con más de 40 mil kilómetros de líneas. Con el desarrollo de la radiotelegrafía o telegrafía inalámbrica se logró la ampliación de la red de comunicaciones más importante en su tiempo. | AR

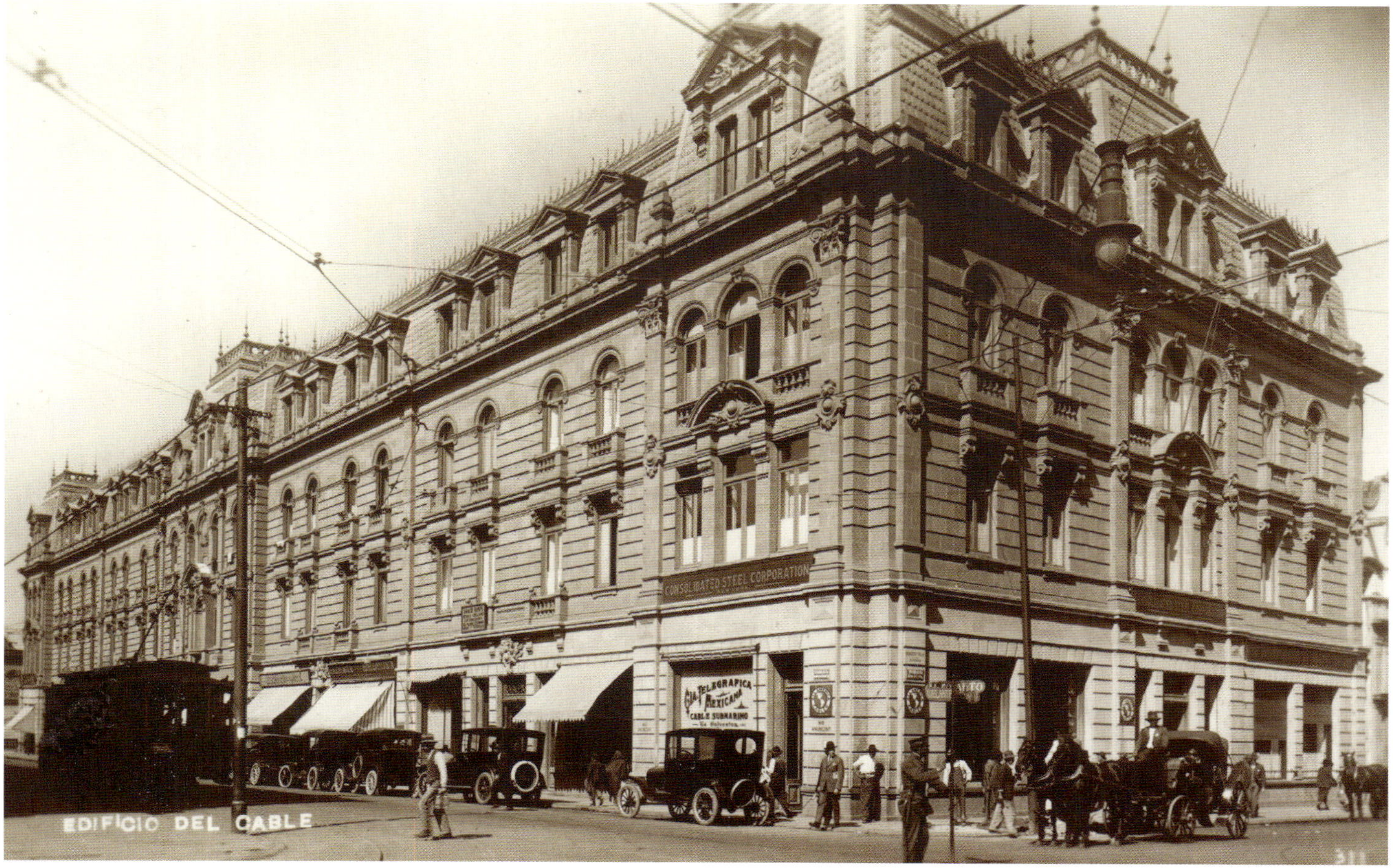

El imponente edificio ubicado en la avenida Independencia, entre la calle López y la avenida San Juan de Letrán (hoy Eje Central), en los años veinte. Por un tiempo fue sede de las oficinas de la Compañía Telegráfica Mexicana, por lo que era conocido como «el edificio del Cable»; fue recortado con la ampliación de San Juan de Letrán en los años treinta y demolido a inicios de los años cincuenta.

1950 1960 1970 1980

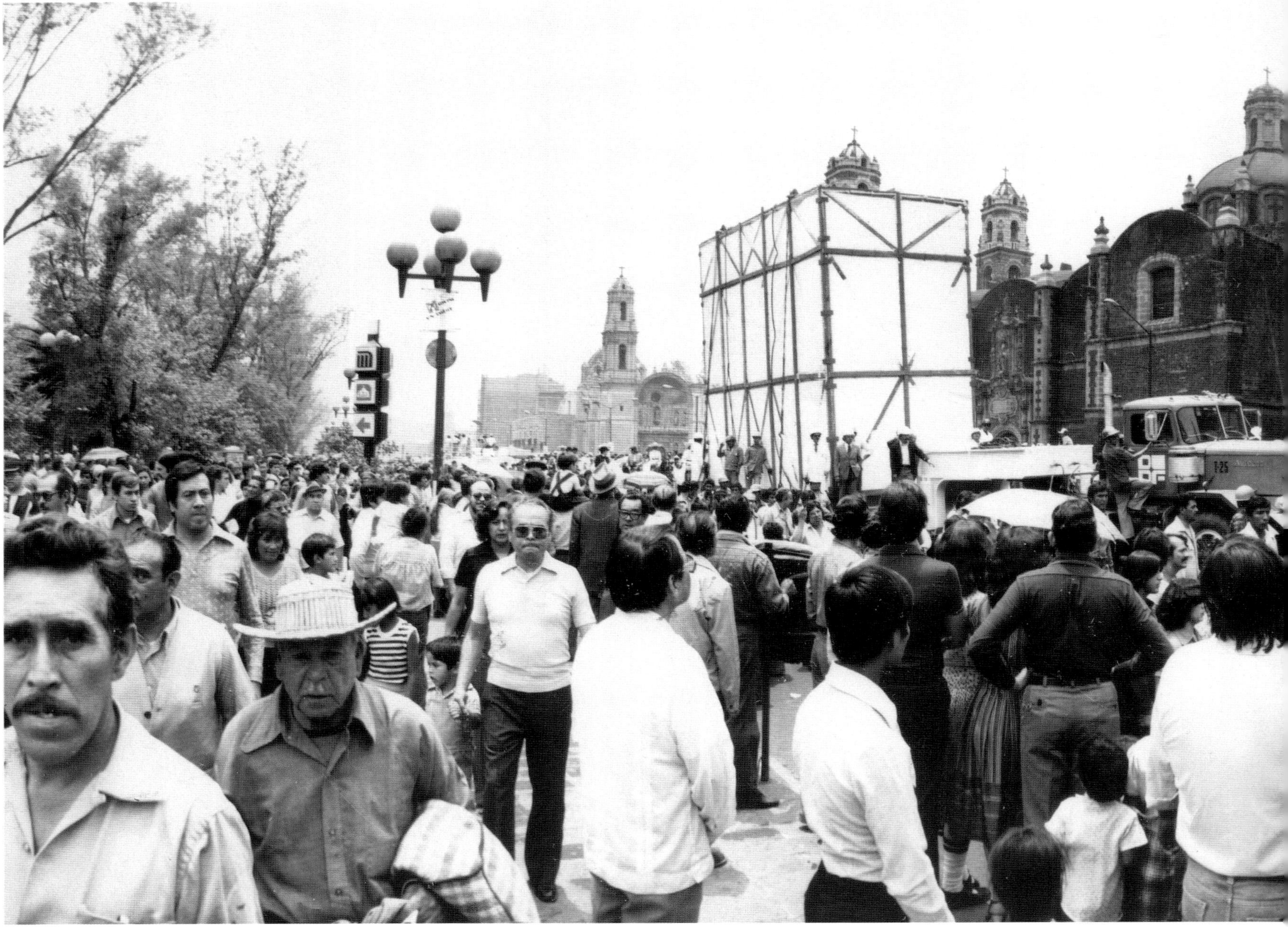

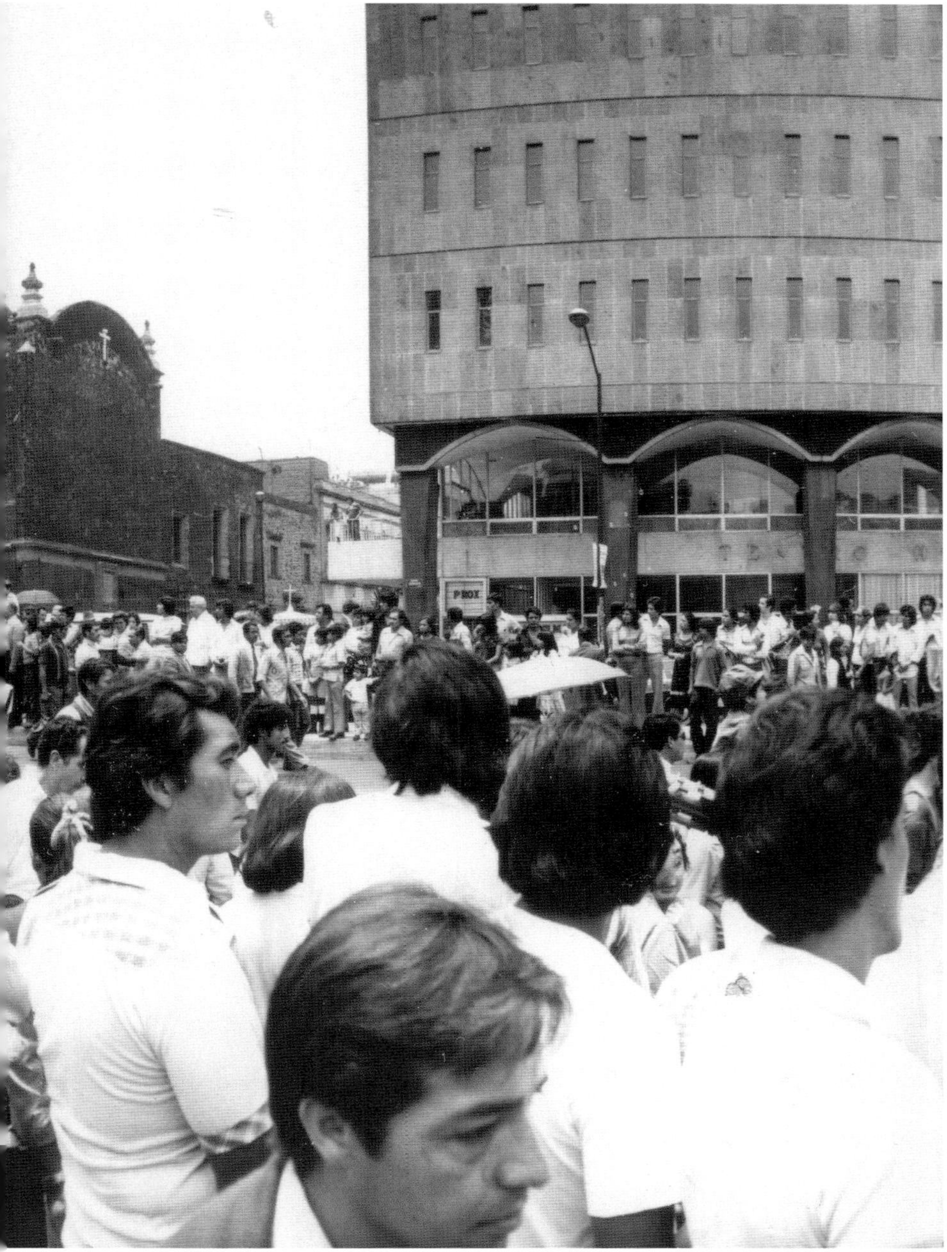

La multitud se reúne en la avenida Hidalgo para acompañar el recorrido de la estatua ecuestre de Carlos IV, conocida como El Caballito, a la calle de Tacuba. En 1979, la escultura fue trasladada del cruce de Paseo de la Reforma y Bucareli, donde había permanecido por más de cien años, a su nueva ubicación, la plaza Manuel Tolsá, frente al antiguo Palacio de la Secretaría de Comunicaciones y Obras Públicas, que actualmente alberga al Museo Nacional de Arte. Pocas veces se verá una congregación similar para acompañar el viaje de una estatua de un lugar a otro.

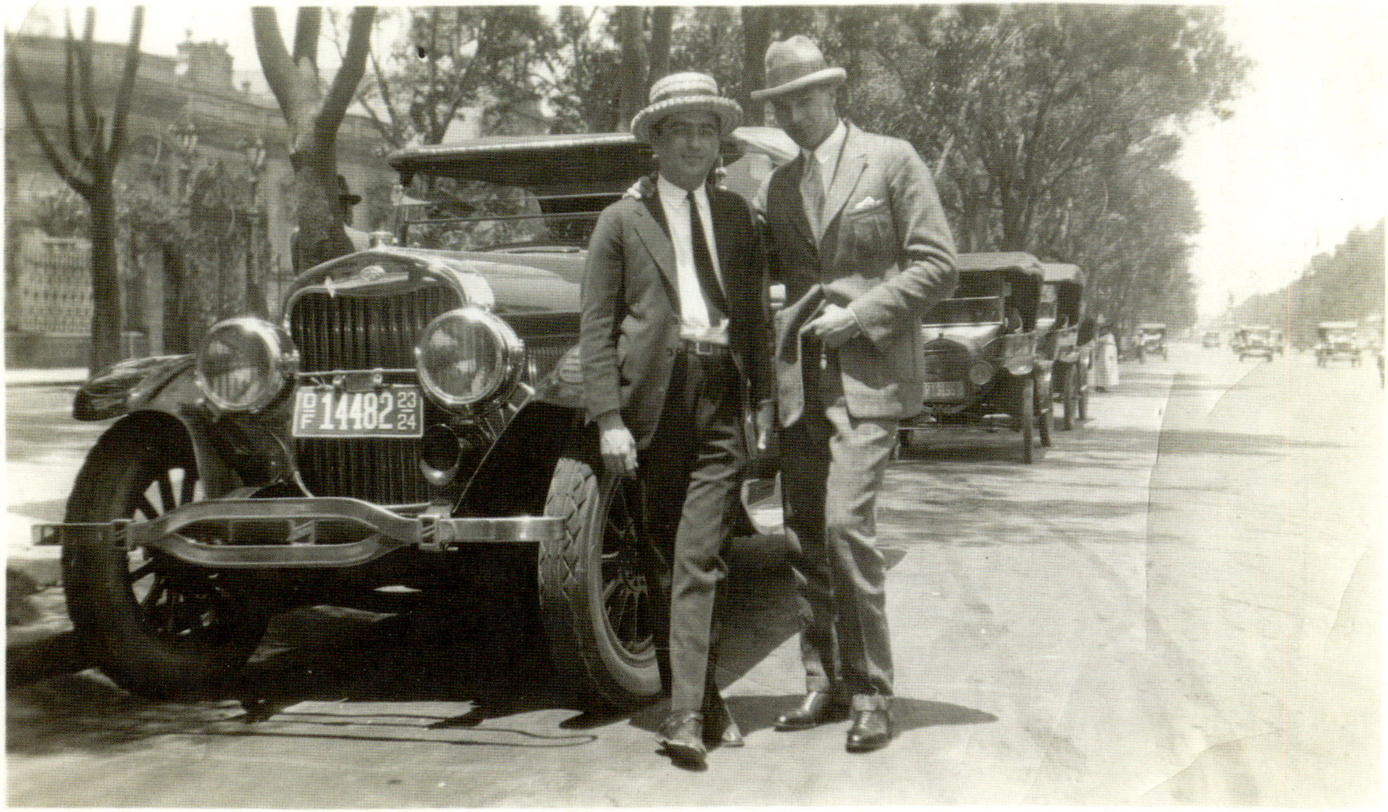

Los *fifís* de antaño *echando rostro*
en Paseo de la Reforma.

1920 1930 1940

Cuando Maximiliano llegó a México en 1864, quiso europeizar la capital e imaginó un amplio bulevar para unir Chapultepec con el inicio de Paseo de Bucareli, donde se encontraba «el Caballito». La nueva avenida fue trazada con una extensión de 12 kilómetros y recibió el nombre de Paseo de la Emperatriz. Carlota nunca la vio concluida; con el triunfo de la república cambió su nombre por Paseo de la Reforma. Fue durante el porfiriato que adquirió su afamada belleza, con la construcción de la columna de la Independencia, inaugurada en 1910. | AR

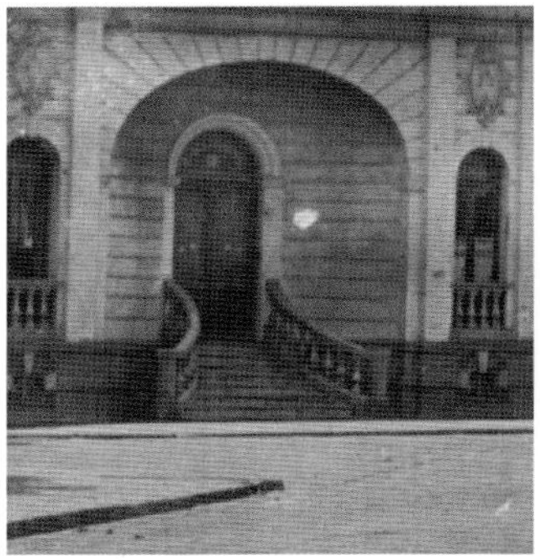 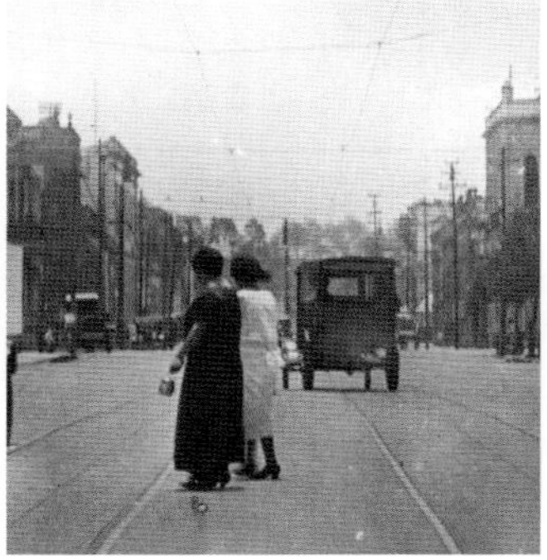 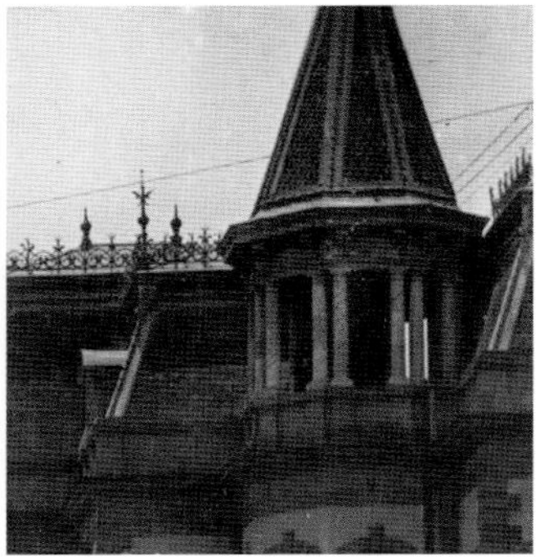

La San Rafael es una colonia que tuvo sus orígenes hacia 1864. Su nombre original fue Colonia de los Arquitectos y era una zona campestre cuyo desarrollo y auge comenzó a partir de 1891. Tuvo problemas con la nomenclatura numérica, por lo cual se usaron los nombres de intelectuales y escritores de finales del siglo XIX y principios del XX, como Guillermo Prieto (escritor, historiador y político), Ignacio M. Altamirano (escritor, profesor y político), Gabino Barreda (médico, filósofo y político), José Rosas Moreno (poeta y fabulista mexicano) y Manuel María Contreras (matemático y político). | AR

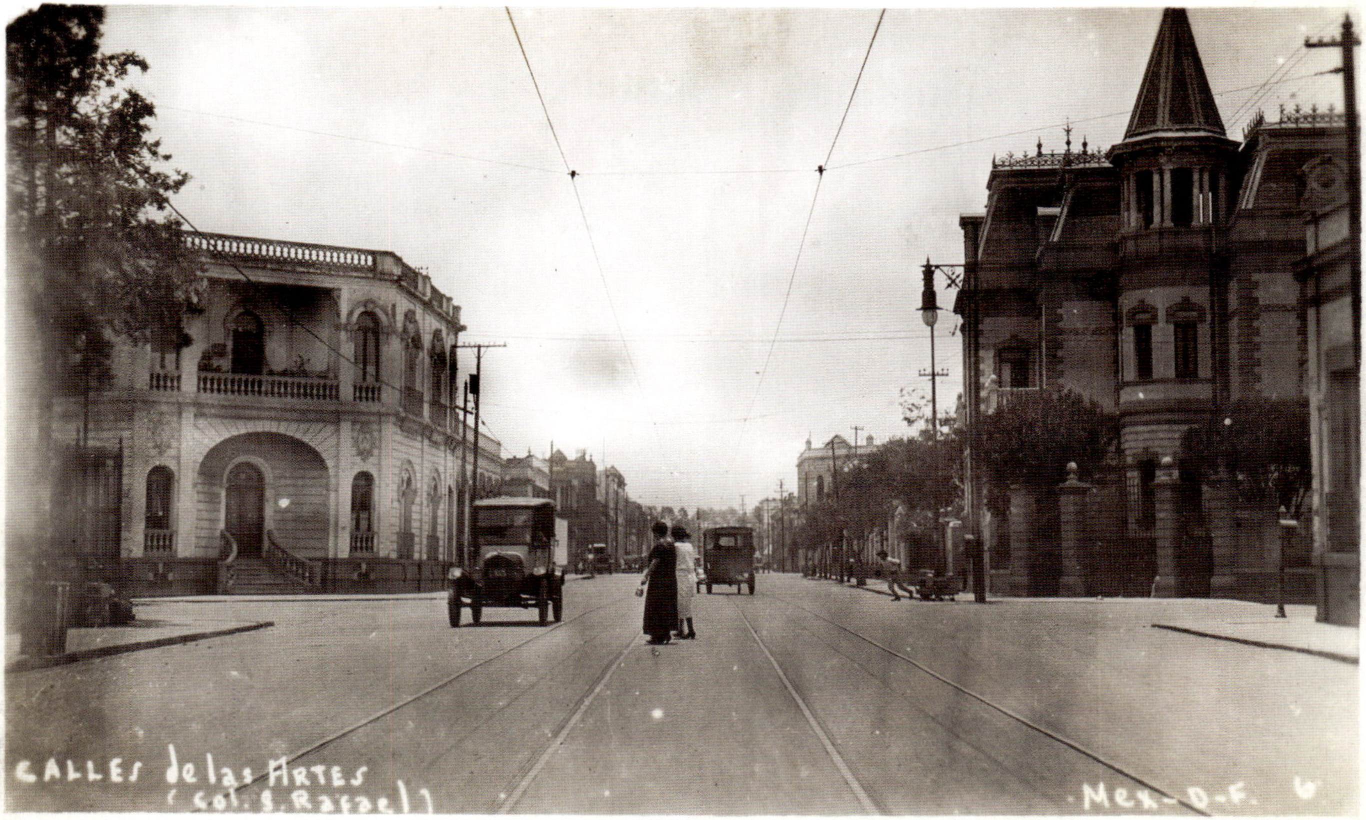

El cruce de Ignacio Manuel Altamirano y Antonio Caso, antes llamada Artes, en la colonia San Rafael. En el sitio que ocupó la residencia del lado derecho hoy se encuentra la escuela The Anglo San Rafael; la casa del lado izquierdo también fue demolida.

1950 1960 1970 1980

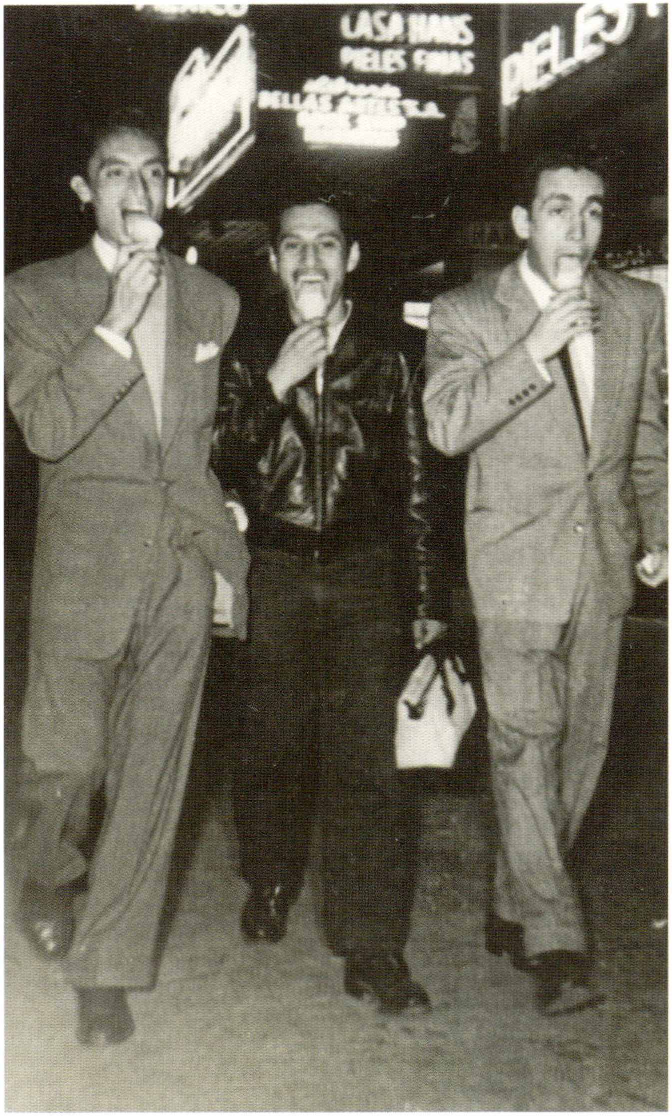

Con mucho estilo y galanura, tres amigos disfrutan la noche y un helado en la avenida San Juan de Letrán.

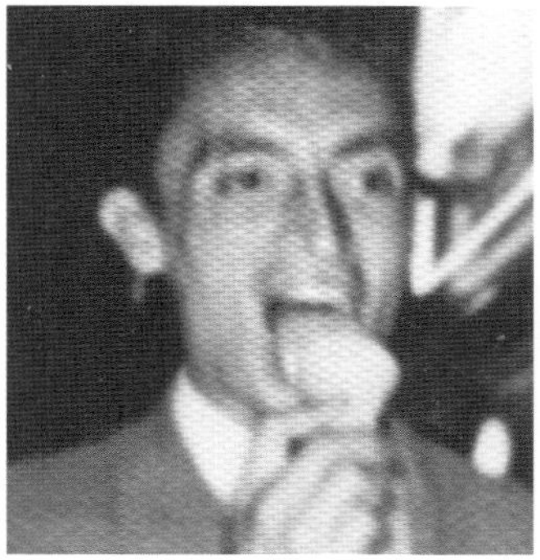 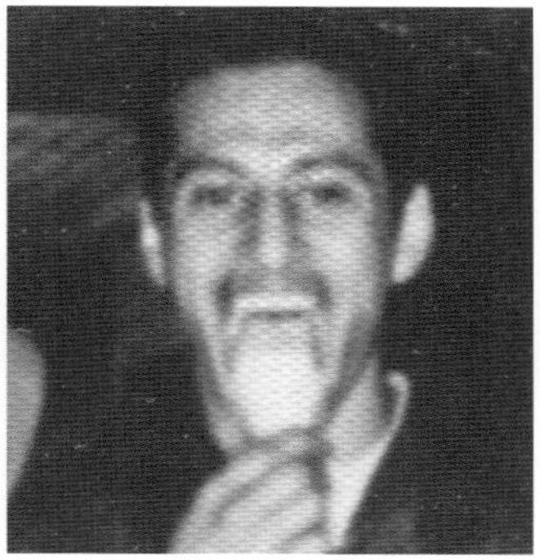 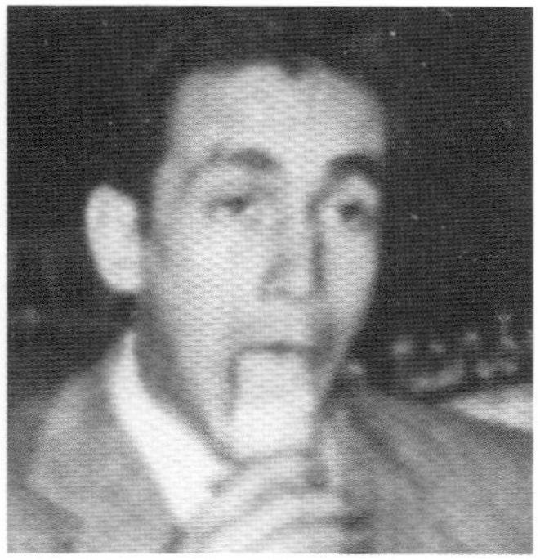

Hoy se le conoce popularmente como Eje Central Lázaro Cárdenas, nombre que recibió durante el sexenio de José López Portillo, cuando fueron trazados los famosos ejes viales —proyecto de Carlos Hank González, regente del entonces Departamento del Distrito Federal—, pero por varios siglos este eje estuvo conformado por las calles Niño Perdido (que corría desde la colonia Portales hasta Salto del Agua), San Juan de Letrán (de Izazaga a Madero) y Ruiz de Alarcón (de Madero a Tacuba). | AR

El 4 de septiembre de 1969 el presidente Gustavo Díaz Ordaz inauguró la línea 1 del Servicio de Transporte Colectivo Metro, la primera en entrar en servicio y que corría desde avenida Chapultepec hasta avenida Zaragoza. La estación de la Glorieta de los Insurgentes, cuyo símbolo es la campana de Dolores, es parte de la primera línea y fue una obra de ingeniería de vanguardia, pues se construyó bajo las calles, con lo que se creó un espacio peatonal donde solían organizarse eventos culturales. La glorieta alcanzó fama mundial en 1990, cuando fue utilizada como locación para la película *El vengador del futuro*, con Arnold Schwarzenegger. | AR

En pleno apogeo de la música disco, unos oficinistas son captados en la Glorieta de los Insurgentes.

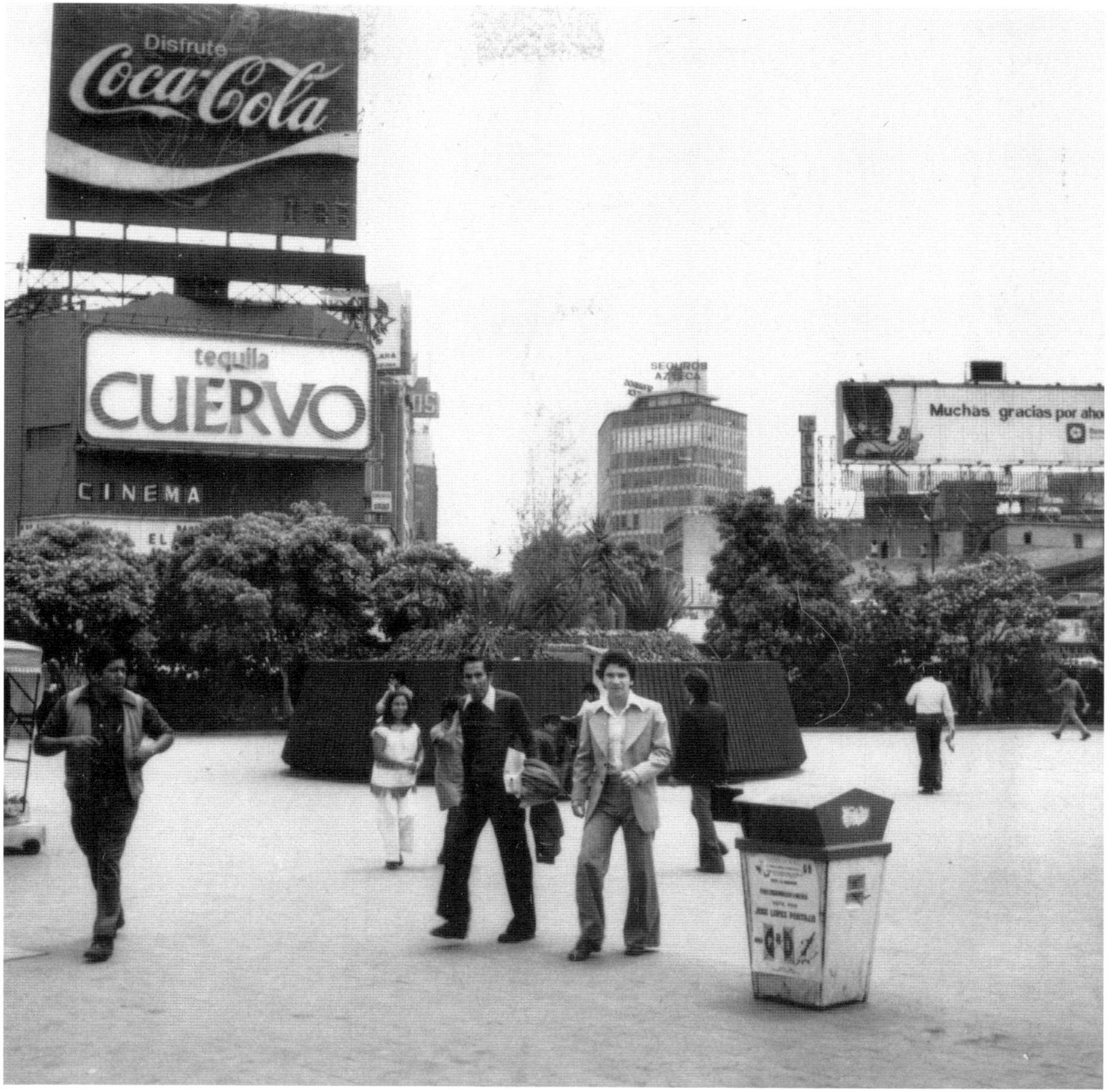

1950 1960 1970 1980

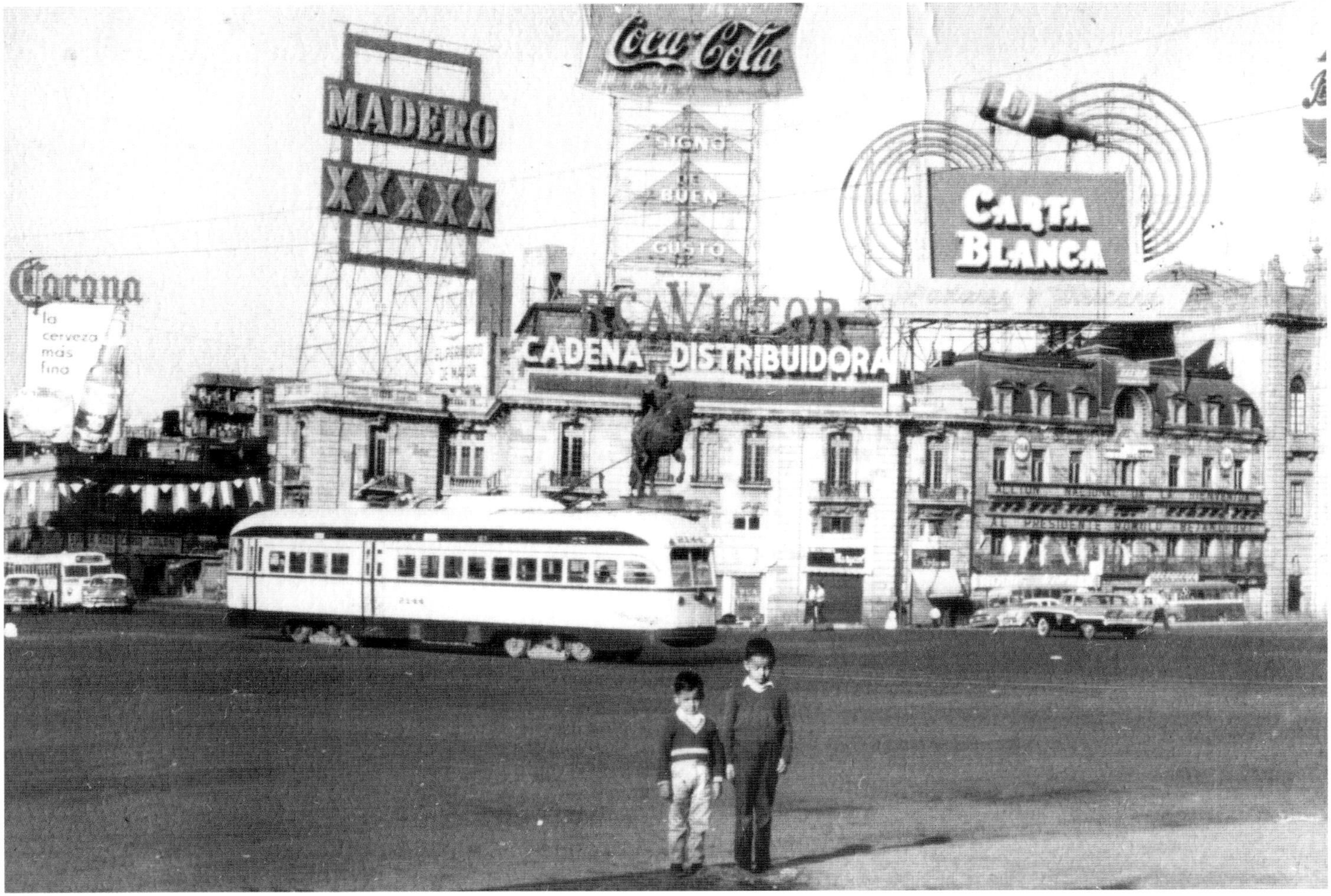

Dos niños posan frente a los antiguos inmuebles, anuncios y el tranvía que la ampliación de Paseo de la Reforma se llevó. Todo en aras del progreso, decían.

1920 1930 1940

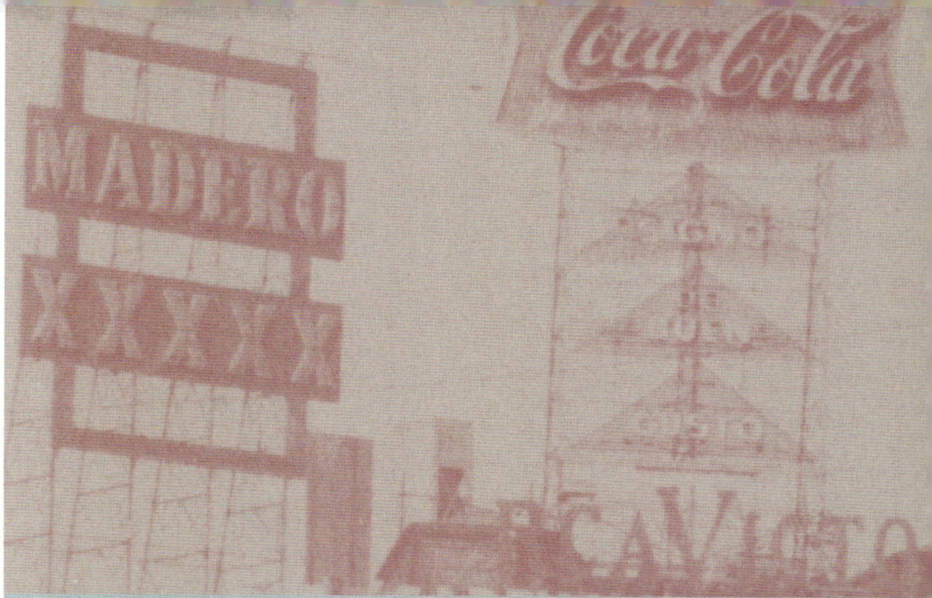

En la glorieta donde comenzaban Paseo de Bucareli y Paseo de la Reforma se encontraba la estatua ecuestre de Carlos IV, conocida desde 1852 como «el Caballito». Fue una de las glorietas más hermosas de la ciudad, pues durante el porfiriato se levantaron ahí las mansiones más lujosas de la capital, entre ellas la del yerno de don Porfirio Díaz, Ignacio de la Torre. Con el crecimiento urbano, la glorieta fue perdiendo su encanto y en 1979 el Caballito fue trasladado a la plaza Tolsá, en la calle de Tacuba, debido a que comenzó la construcción de los ejes viales. | AR

1950 1960 1970 1980

AÑOS SETENTA
LD, Ciudad de México

Aunque para la década de 1960 los automóviles eran parte de la vida cotidiana de la Ciudad de México, y en 1968 se creó el impuesto conocido como Tenencia para financiar los Juegos Olímpicos, no mucho tiempo antes el auto había coexistido con los animales de carga y transporte. El primer reglamento de automóviles de 1903 para la Ciudad de México estableció lo siguiente: «Todo conductor de un automóvil deberá moderar y, en caso necesario, detener la marcha si observa que los animales de tiro o silla que circulen a su proximidad se asustan o se encabritan por causa del vehículo. La detención durará hasta que cese todo el peligro». | AR

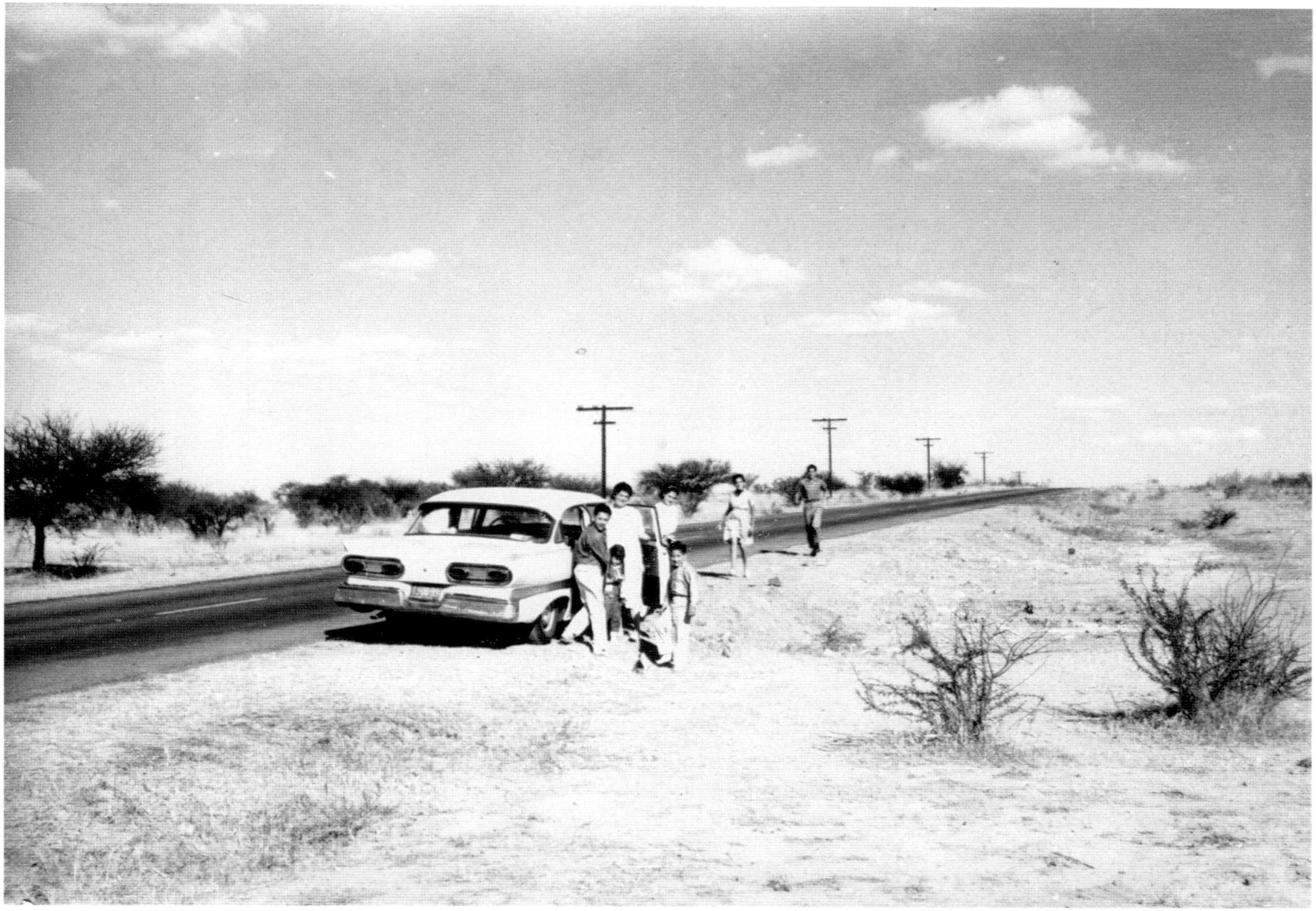

Estrenando el coche familiar
a las afueras de la ciudad.

1950 1960 1970 1980

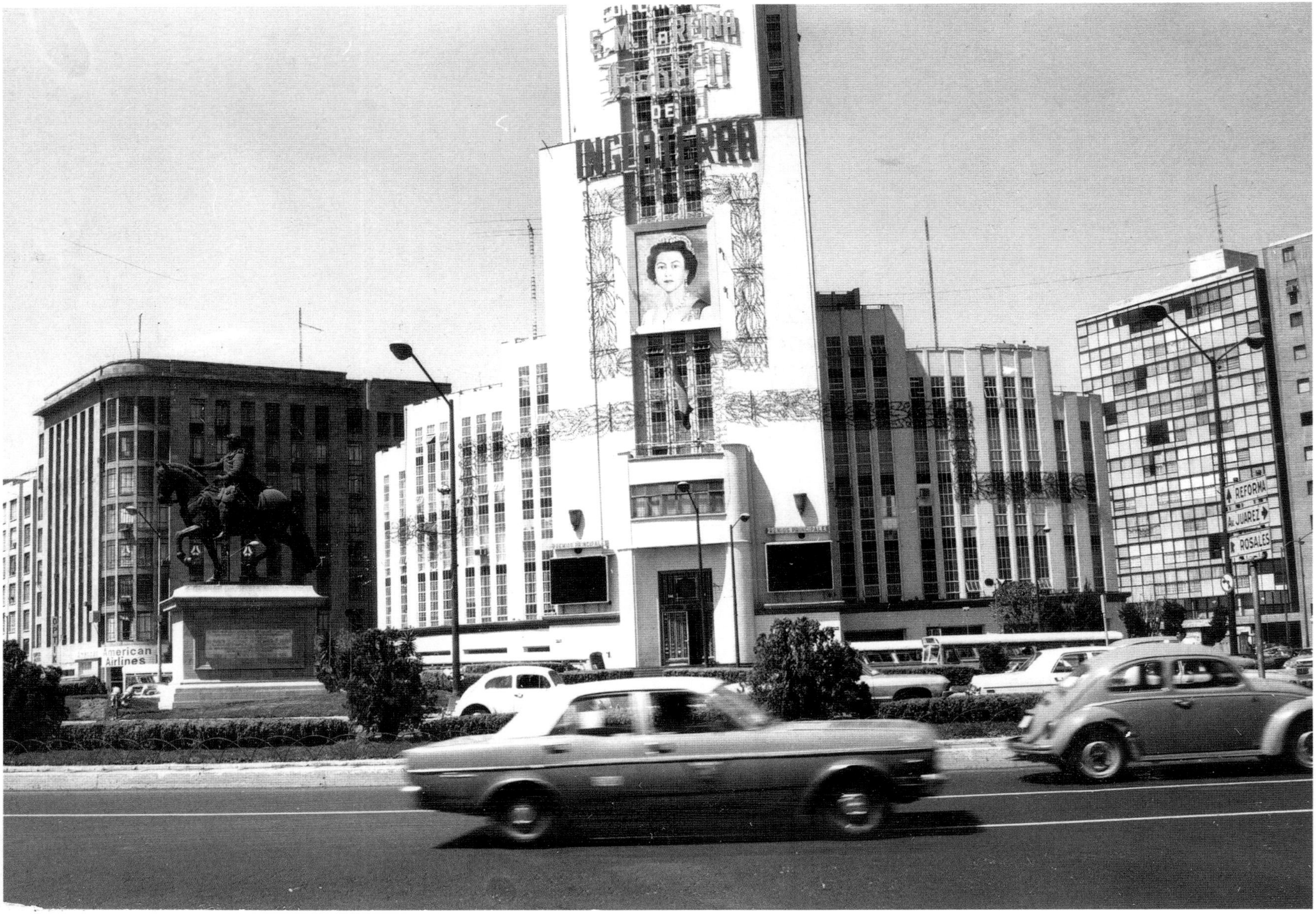

1920 1930 1940

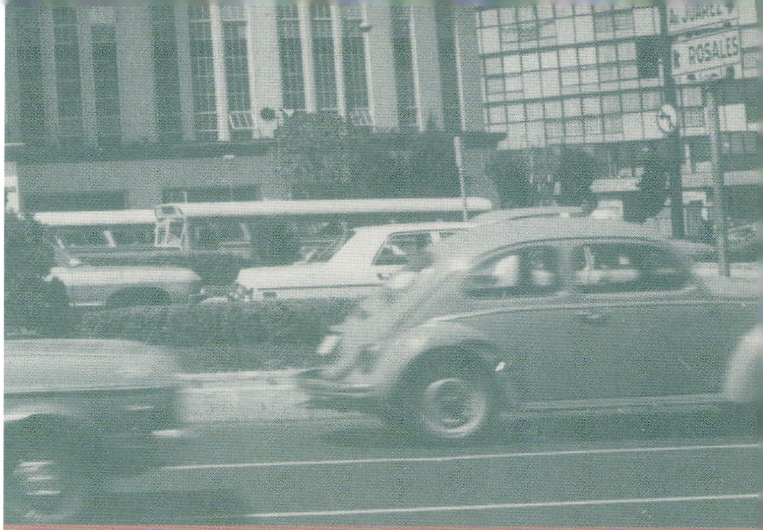

Cuando el edificio de la Lotería Nacional anunciaba la llegada de visitantes distinguidos, en este caso la reina Isabel II.

1950 1960 1970 **1975** 1980

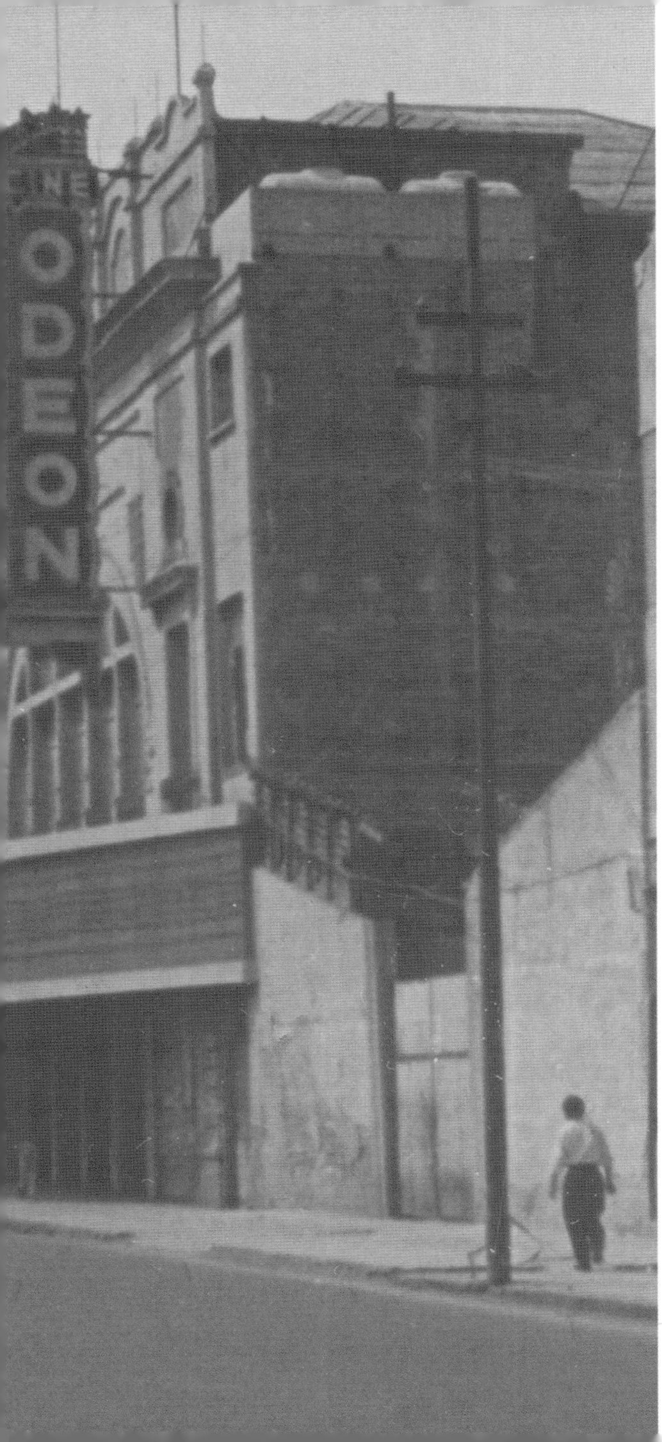

El desaparecido cine Odeón que se encontraba en la calle Mosqueta, en la colonia Guerrero, durante la época de oro de las enormes salas y los edificios emblemáticos que dejaron una profunda huella en la memoria de la capital.

1930

1940

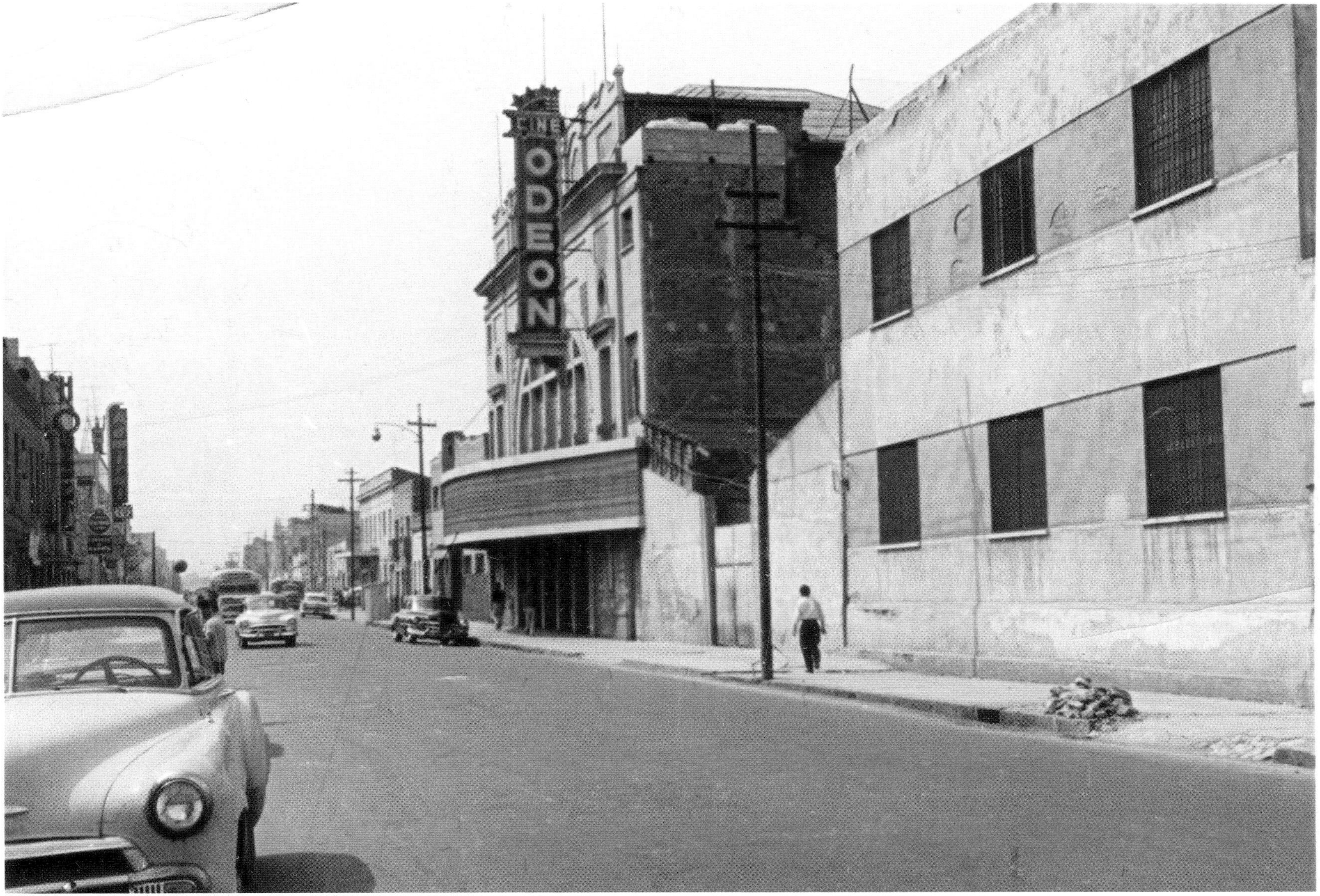

1950 1960 1970 1980

A don Antonio Rivas Mercado lo apodaban *el Oso*; su corpulencia y el hecho de que durante sus años de estudiante hubiera derrotado a un oso en una feria parisina le otorgaron el mote. Sin embargo, era mejor conocido como el arquitecto del porfiriato y alcanzó celebridad eterna al proyectar la columna de la Independencia. Entre sus obras podía presumir la restauración de la Hacienda de Chapingo, una magistral morada en la calle Londres (hoy Museo de Cera); la restauración de la Hacienda de Tecajete, en Hidalgo; la casa del presidente Manuel González, en Peralvillo, y el edificio para la Aduana, en Tlatelolco. | AR

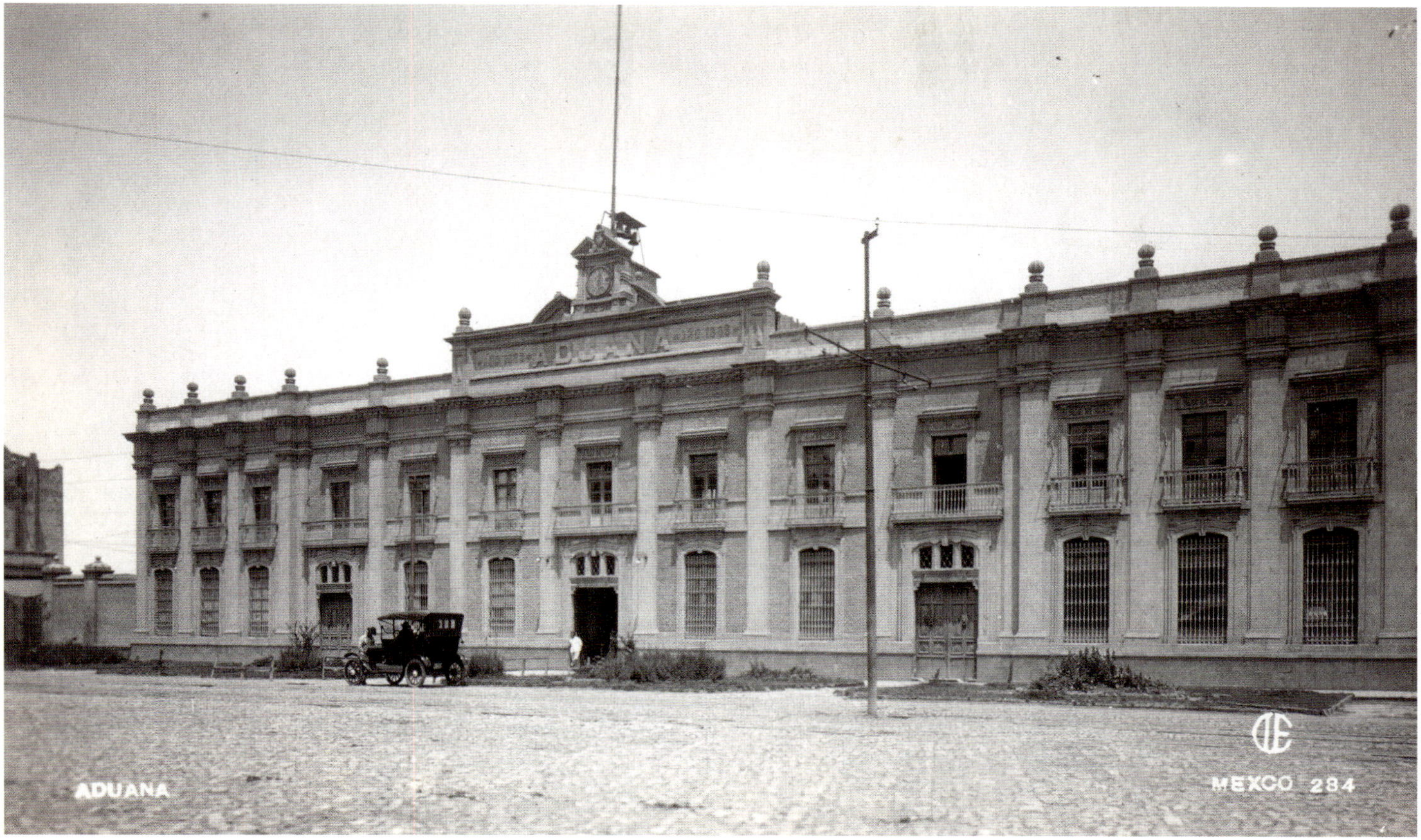

El imponente edificio de la Aduana de Santiago, que se ubicaba al norte de la Alameda de Santiago, en Tlatelolco, en una postal de los años treinta. Este inmueble, diseñado por Antonio Rivas Mercado, desapareció durante la ampliación de Paseo de la Reforma y la construcción de la conocida unidad habitacional.

1950 1960 1970 1980

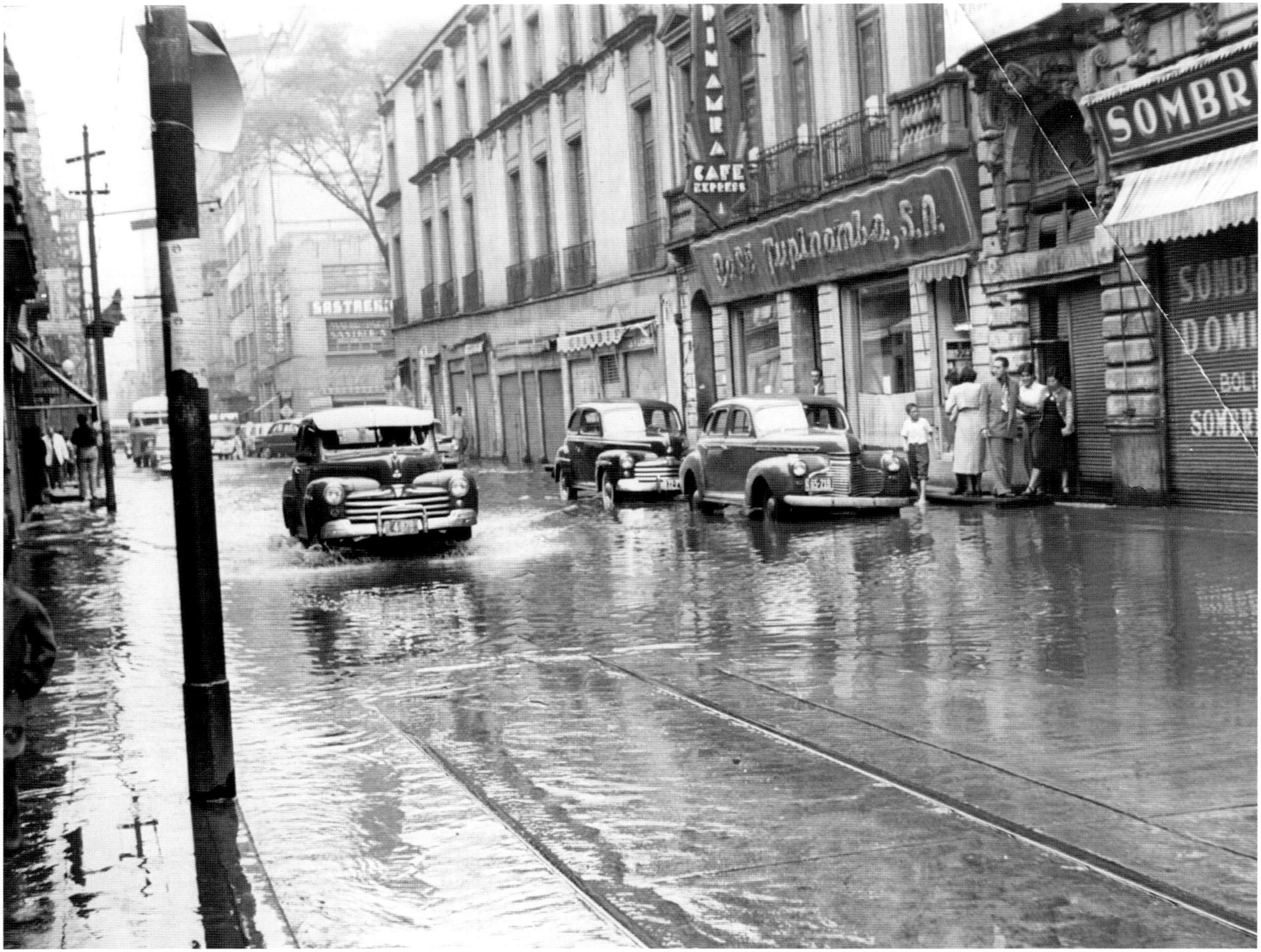
CAFE
EXPRESS
Café Tupinamba, S.A.

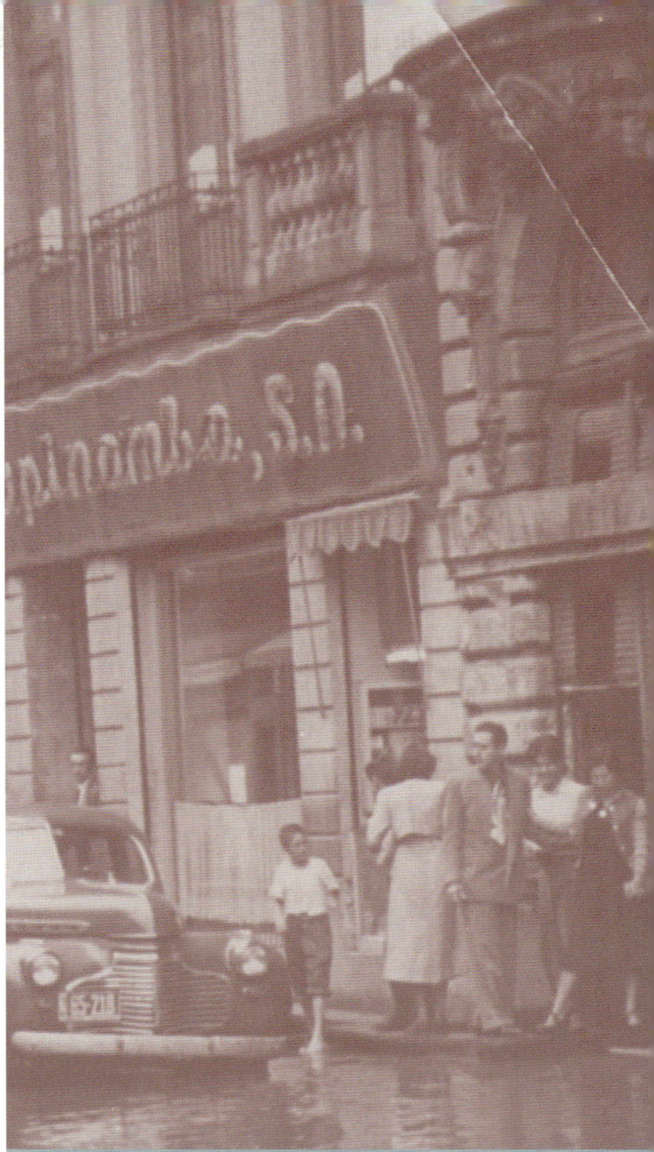

El centro después de un fuerte chubasco: inundación segura. Del lado derecho se aprecia el famoso café Tupinamba, en el número 44 de la calle Bolívar.

1950 1960 1970 1980

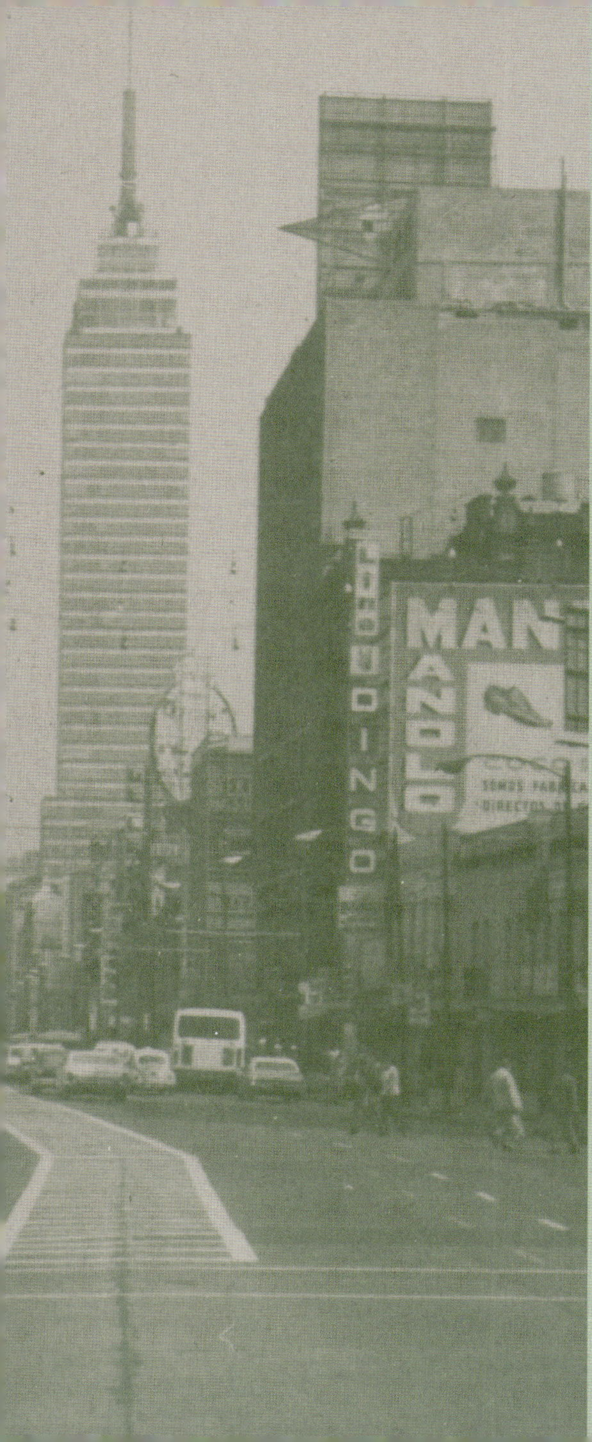

Avenida San Juan de Letrán, poco antes de convertirse en el Eje Central.

1930

1940

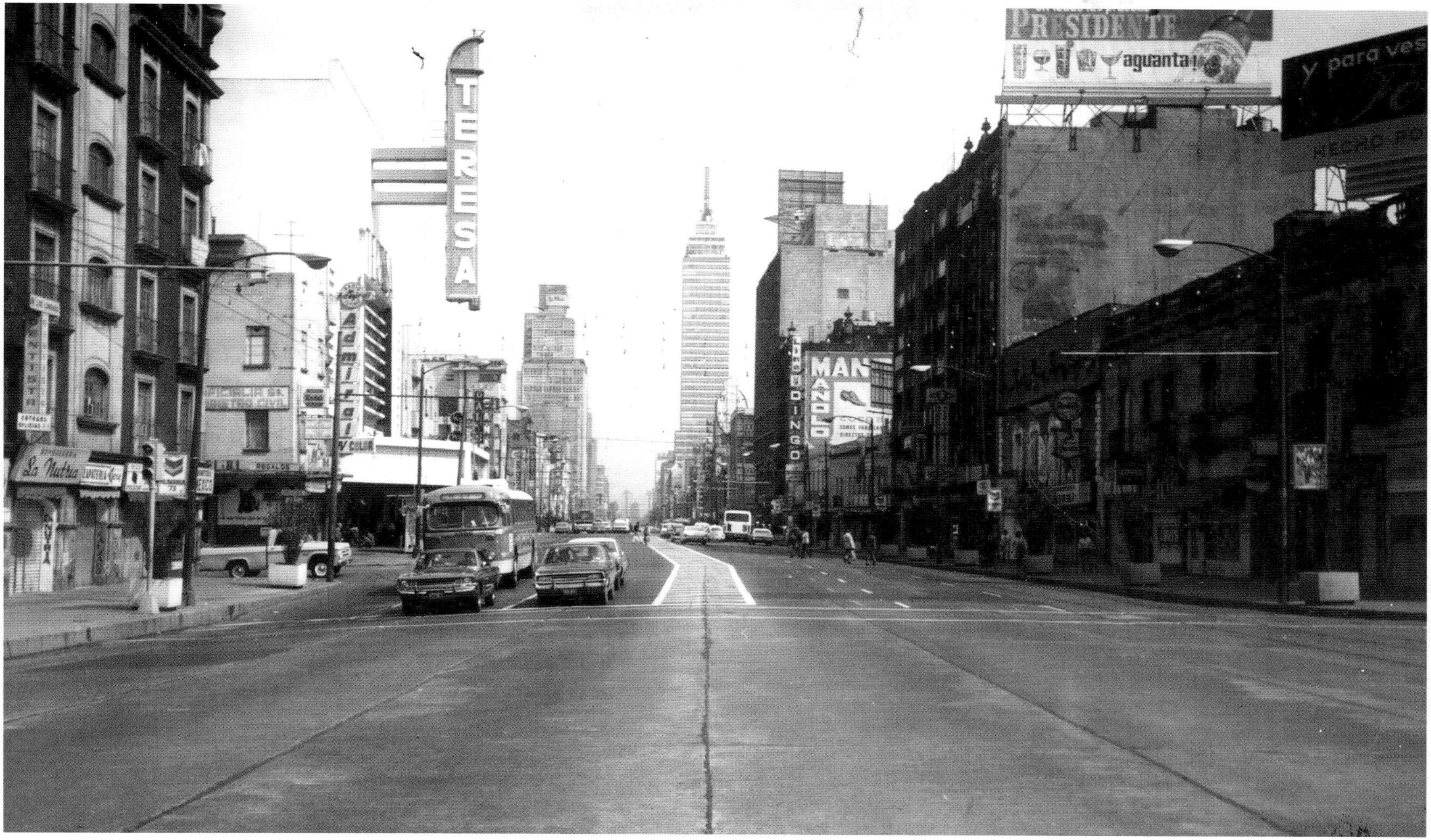

1950 1960 1970 1980

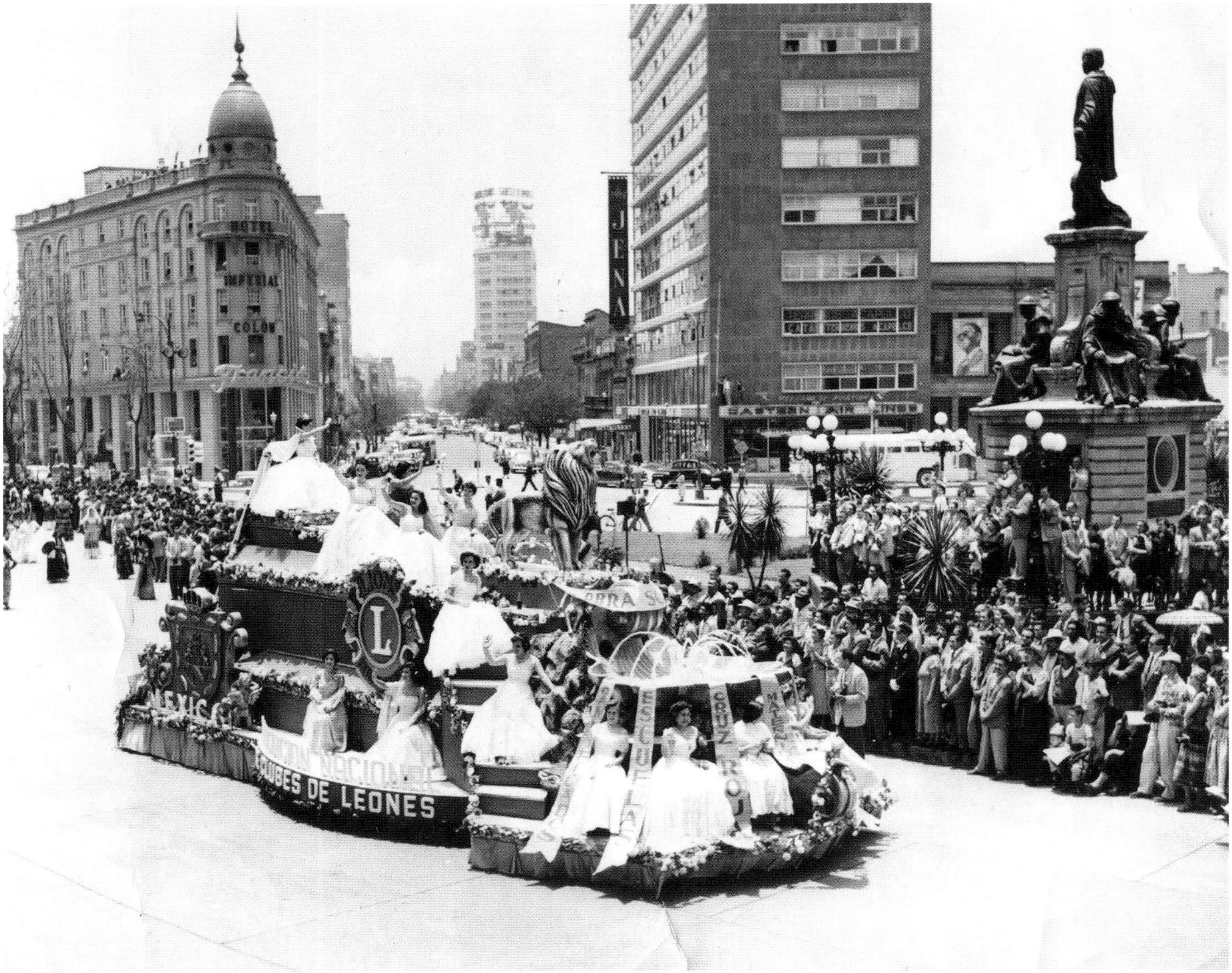
HOTEL
IMPERIAL
COLON
JENA
L
CLUBES DE LEONES
ESCUELA

Un espectacular carro alegórico durante un desfile sobre Paseo de la Reforma.

1950 1960 1970 1980

Carros alegóricos, combates florales, desfiles militares, carreras de bicicletas, demostraciones deportivas, globos aerostáticos, la Fórmula 1, carreras de autos, carreras atléticas, exposiciones de arte, ferias del libro, conciertos, de todo ha visto Paseo de la Reforma desde 1877, cuando fue colocada la estatua de Cristóbal Colón —como se ve en la imagen— y a partir de ahí comenzó su historia como uno de los paseos más importantes, célebres, reconocidos y concurridos de la Ciudad de México. | AR

La primera piedra de la columna de la Independencia se colocó el 2 de enero de 1902. Cinco años más tarde, cuando la obra había alcanzado los 20 metros de altura —de los 45 totales— y se habían colocado aproximadamente 2 400 piedras, la cimentación comenzó a mostrar fallas, por lo que fue necesario desmontarla y cimentar nuevamente. En 1908 se realizó una segunda ceremonia de colocación de la «primera» piedra. A pesar de los retrasos, fue terminada el 16 de septiembre de 1910 e inaugurada por el presidente Díaz durante las fiestas del Centenario de la Independencia. | AR

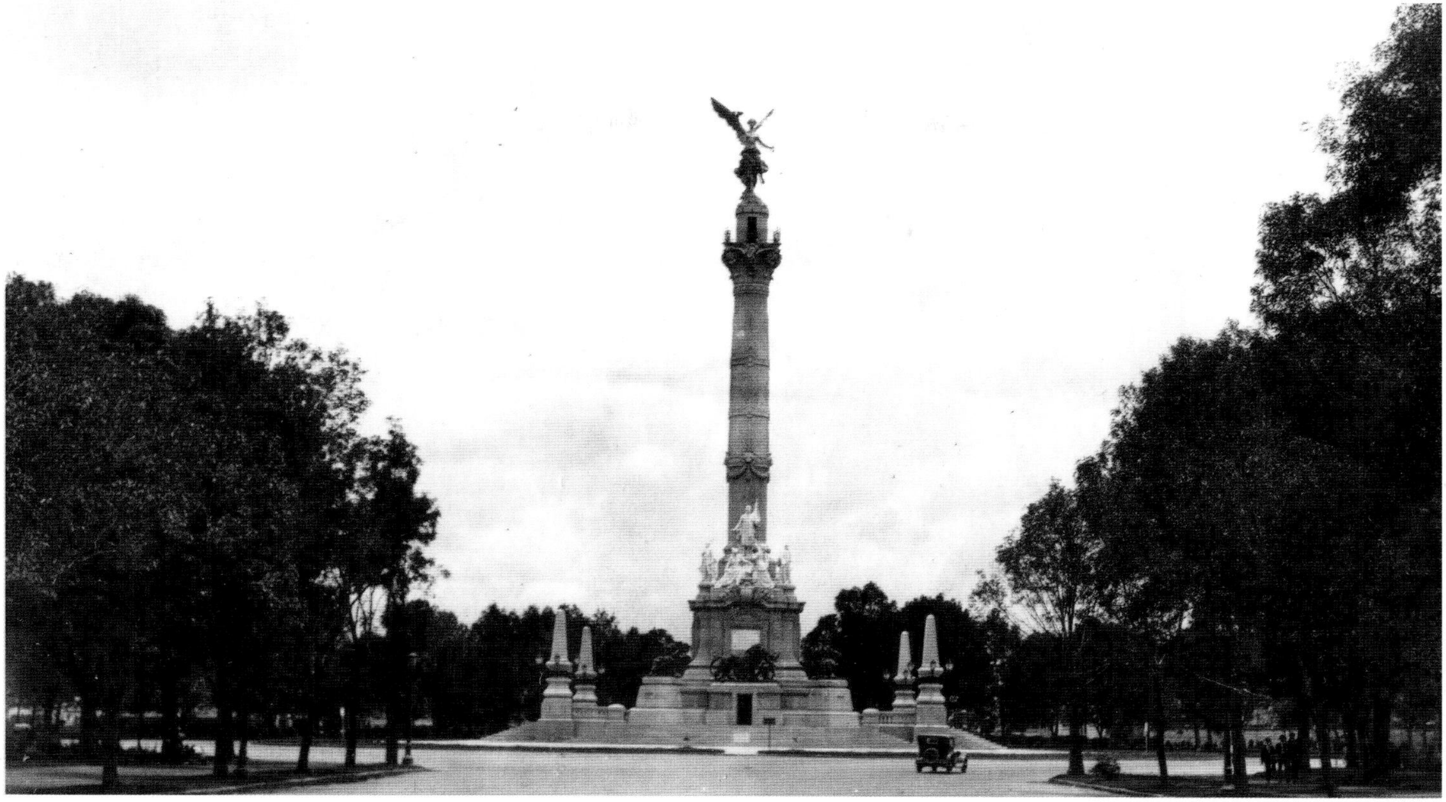

Una apacible vista de Paseo de la Reforma y el Monumento a la Independencia en los años treinta. Los alrededores lucen solitarios y también es notorio que la glorieta ahora tiene más escalones, debido al hundimiento de la ciudad.

1950 1960 1970 1980

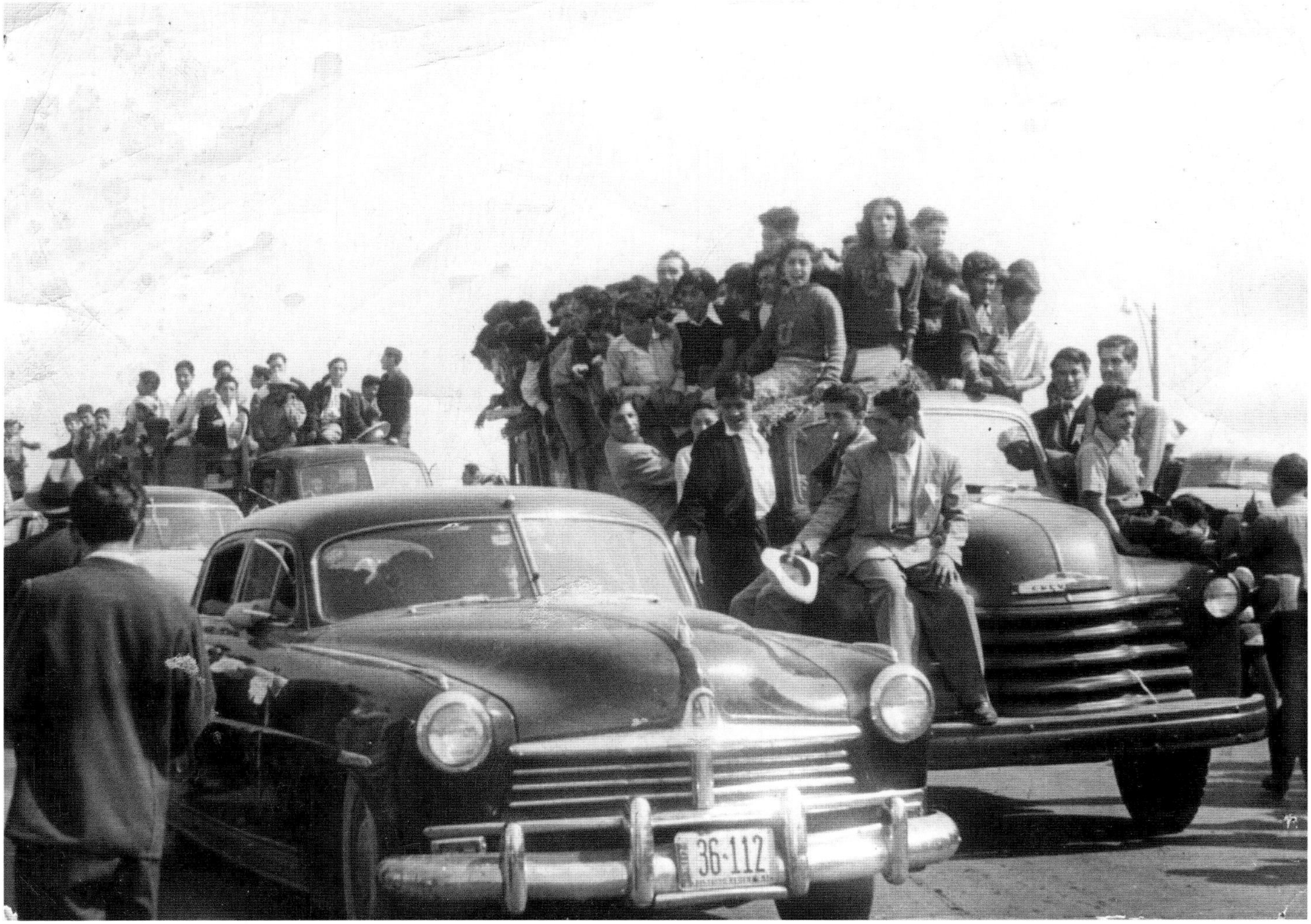

«¡Goya, Goya!», gritaban los jóvenes
rumbo al estadio.

El 7 de agosto de 1950 se colocó la primera piedra de lo que sería el Estadio Olímpico Universitario, inaugurado por Miguel Alemán el 20 de noviembre de 1952. Era un foro deportivo diseñado para el futbol americano y que durante los años cincuenta era abarrotado cada vez que se realizaba el clásico UNAM contra IPN. El primer encuentro con motivo de la inauguración tuvo un final cardiaco: el juego lo ganó la Universidad Nacional en los últimos segundos, por 20-19, al grito de «¡Goya, Goya, Universidad!». | AR

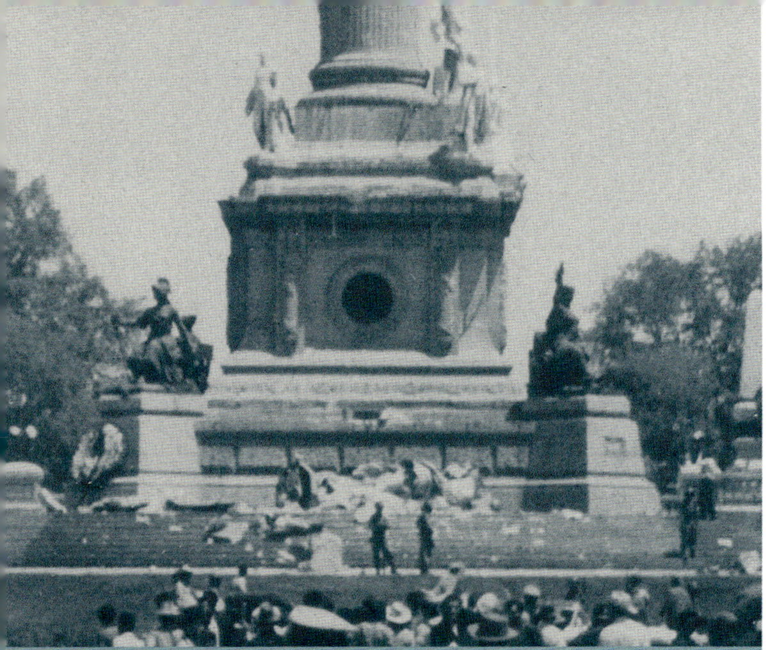

Una imagen del Monumento a la Independencia, horas después del terremoto del 28 de julio de 1957. A los pies de la columna se observan los restos de la escultura de la Victoria Alada, que cayó de su base durante el sismo. Varios curiosos se reúnen sobre el Paseo de la Reforma para mirar la columna sin el Ángel.

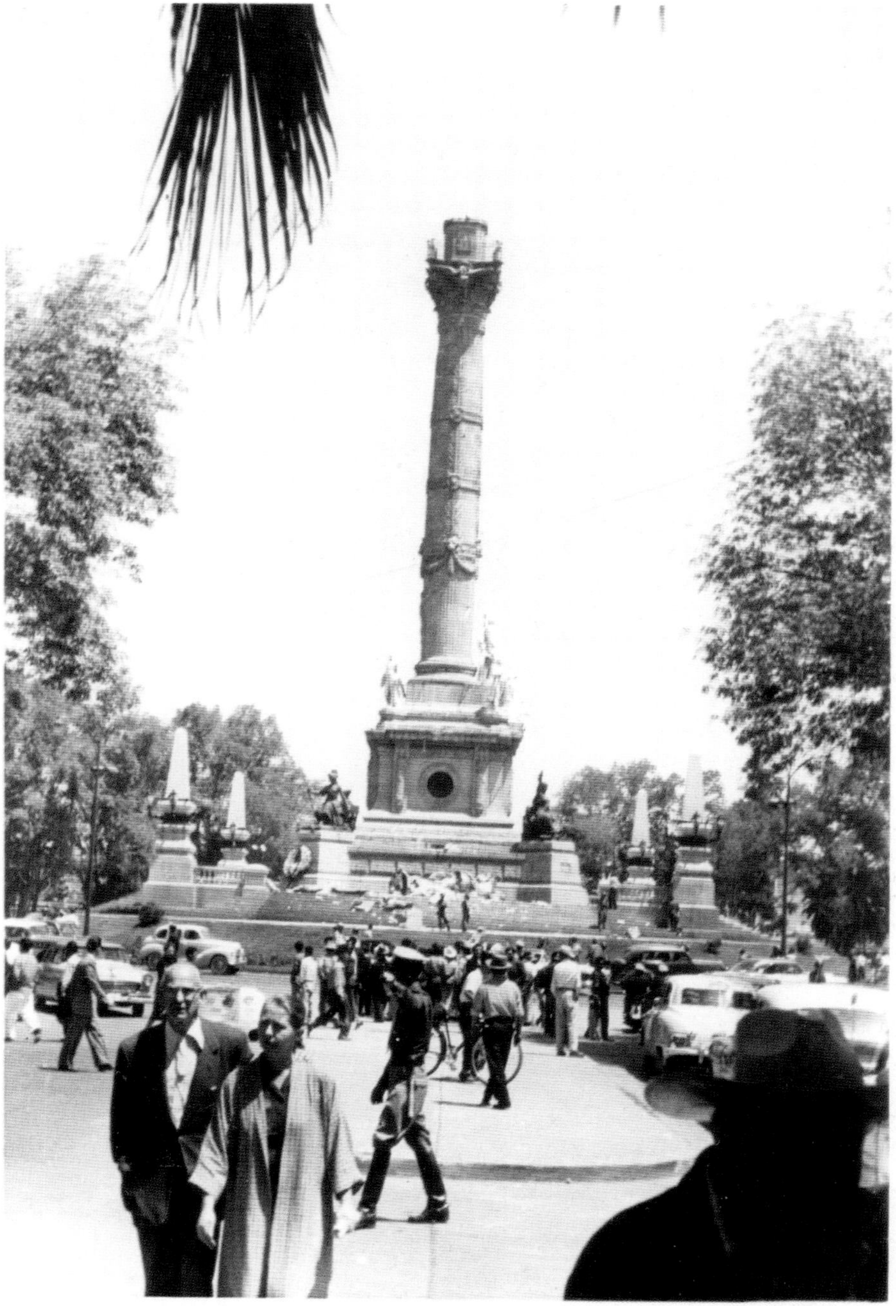

1950 1960

Dos importantes acontecimientos ocurrieron en la estación Colonia en tiempos de la Revolución. El 7 de junio de 1911, Francisco I. Madero llegó en ferrocarril a la Ciudad de México, luego de la caída de Porfirio Díaz, y fue recibido por más de 100 mil personas. Años después, el 7 de mayo de 1920, Venustiano Carranza dejó la capital ante el inminente avance de la rebelión de Agua Prieta y en el trayecto rumbo a Veracruz fue asesinado; su cadáver fue recibido en la estación Colonia y trasladado a su casa en Río Lerma 35, a unas cuadras de la estación del ferrocarril, donde fue velado. | AR

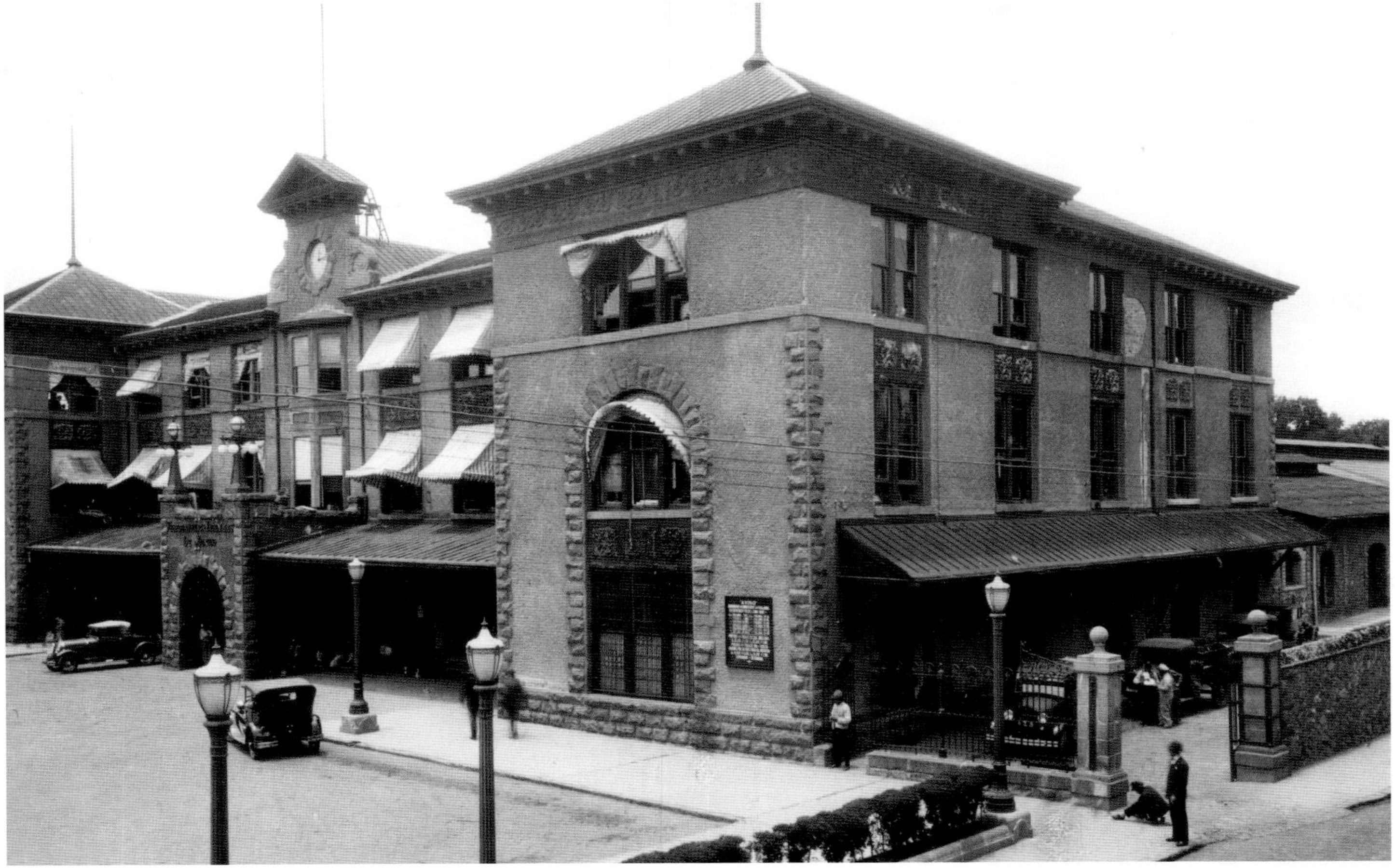

La antigua estación Colonia del ferrocarril, en una postal de los años veinte. Este inmueble se encontraba en lo que hoy es la avenida de los Insurgentes, entre Villalongín y Sullivan. Fue construido a finales del siglo XIX y, luego de caer en desuso, fue demolido en la década de los cuarenta. Hoy, en su lugar está el Monumento a la Madre.

1950 1960 1970 1980

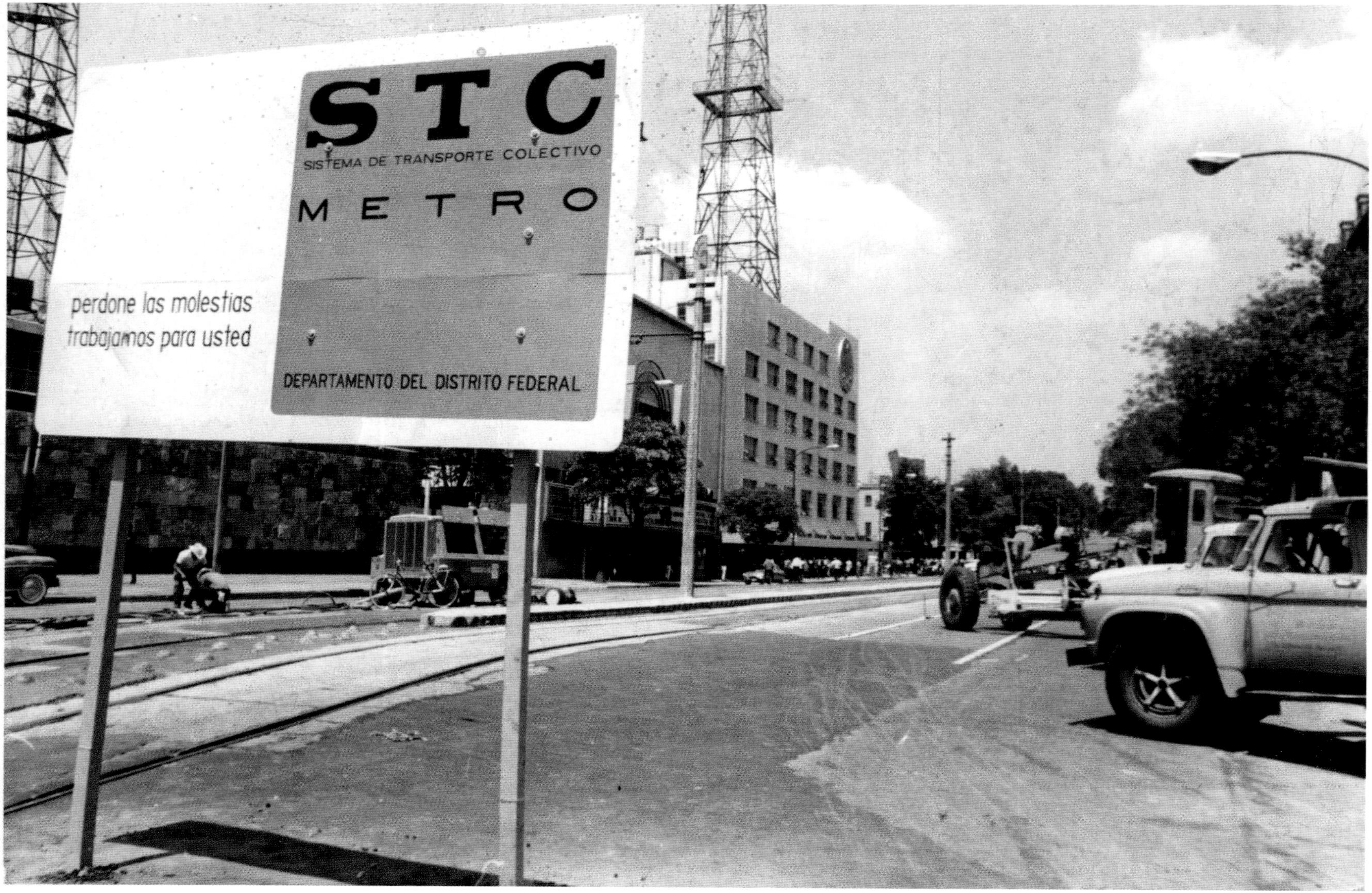

1920

1930

1940

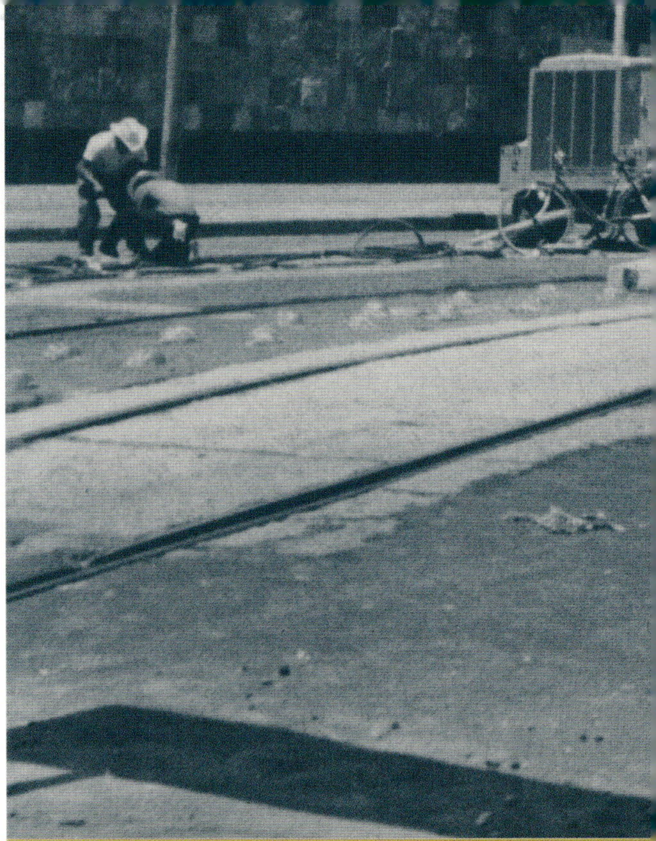

PERDONE LAS MOLESTIAS. TRABAJAMOS PARA USTED: un letrero anunciaba la construcción del metro de la ciudad en su primera etapa.

1967

1950 1960 1970 1980

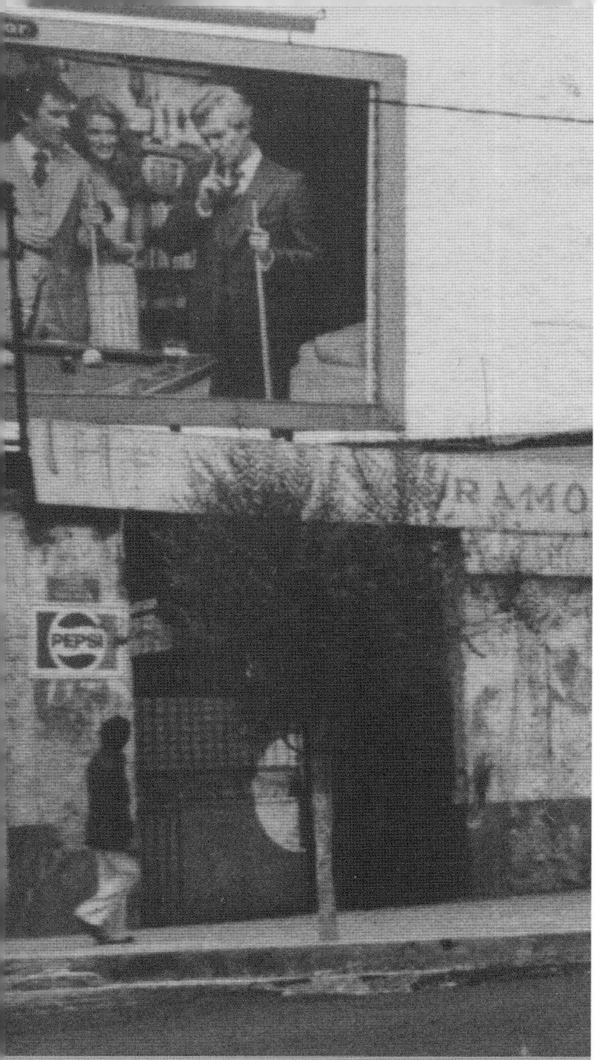

El *delfín*, un clásico
del transporte capitalino.

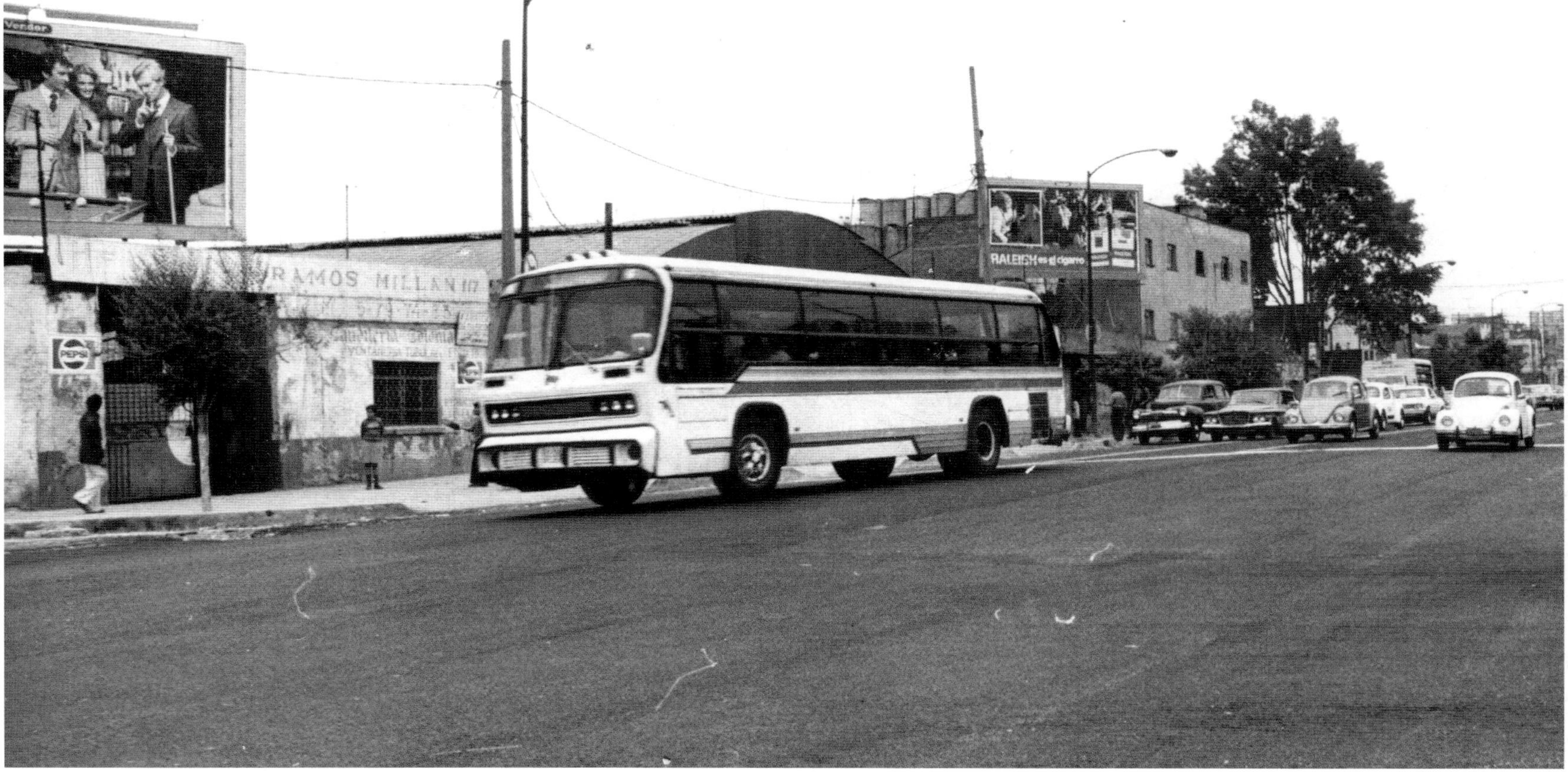

1950 1960 1970 1980

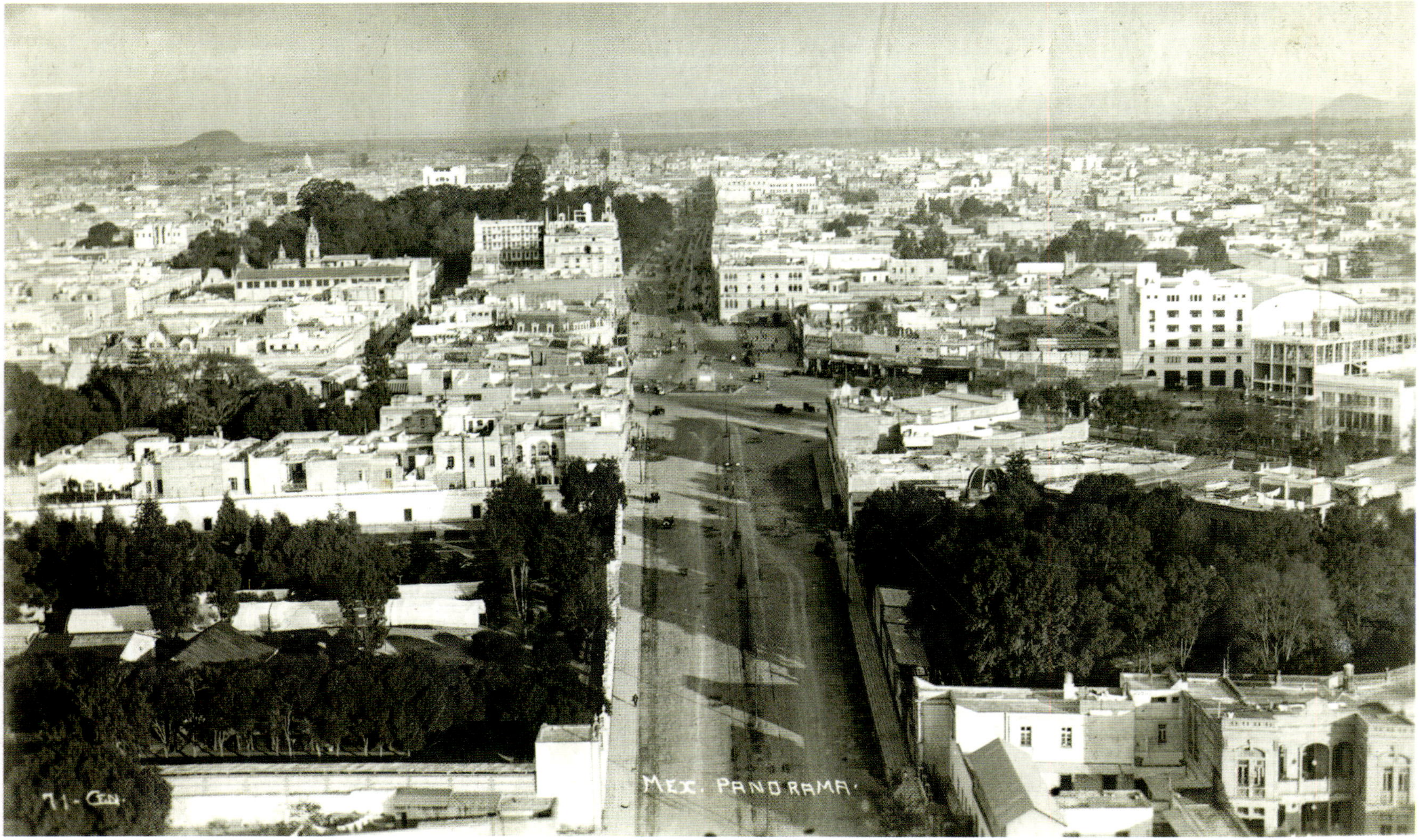

1920 1930 1940

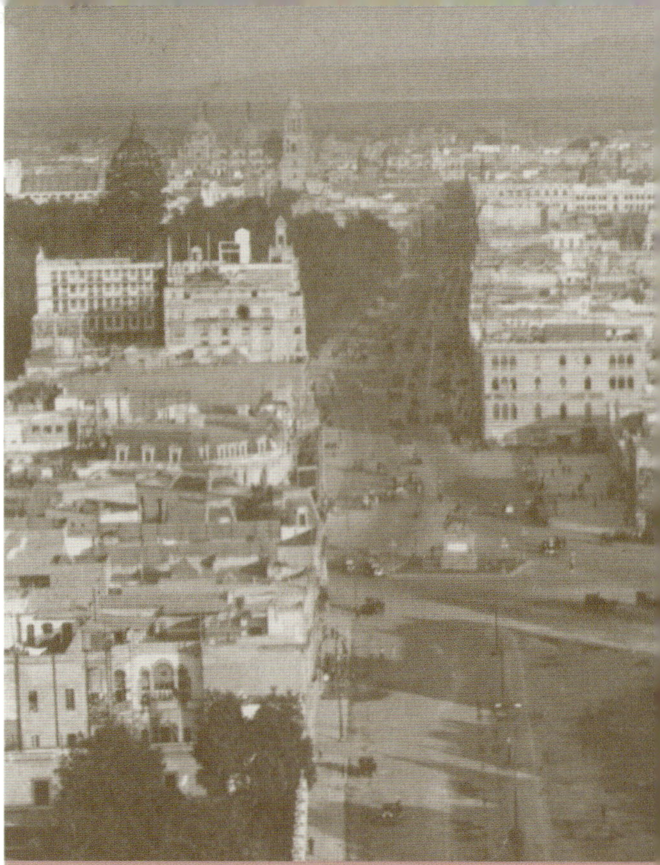

Una panorámica desde el Monumento a la Revolución hacia la avenida Juárez y Paseo de la Reforma.

1950 1960 1970 1980

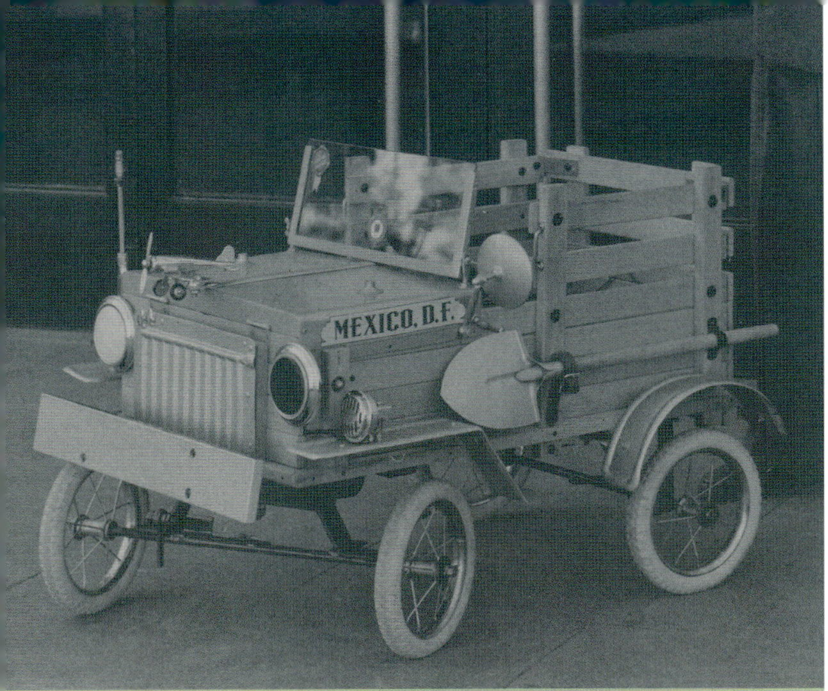

Un hombre posa junto a un curioso auto de madera, a las puertas de la planta de General Motors de México, S. A., que se encontraba en la avenida Ejército Nacional. En las puertas se observa el reflejo de las naves industriales que formaban parte de este complejo.

1920 1930 1940

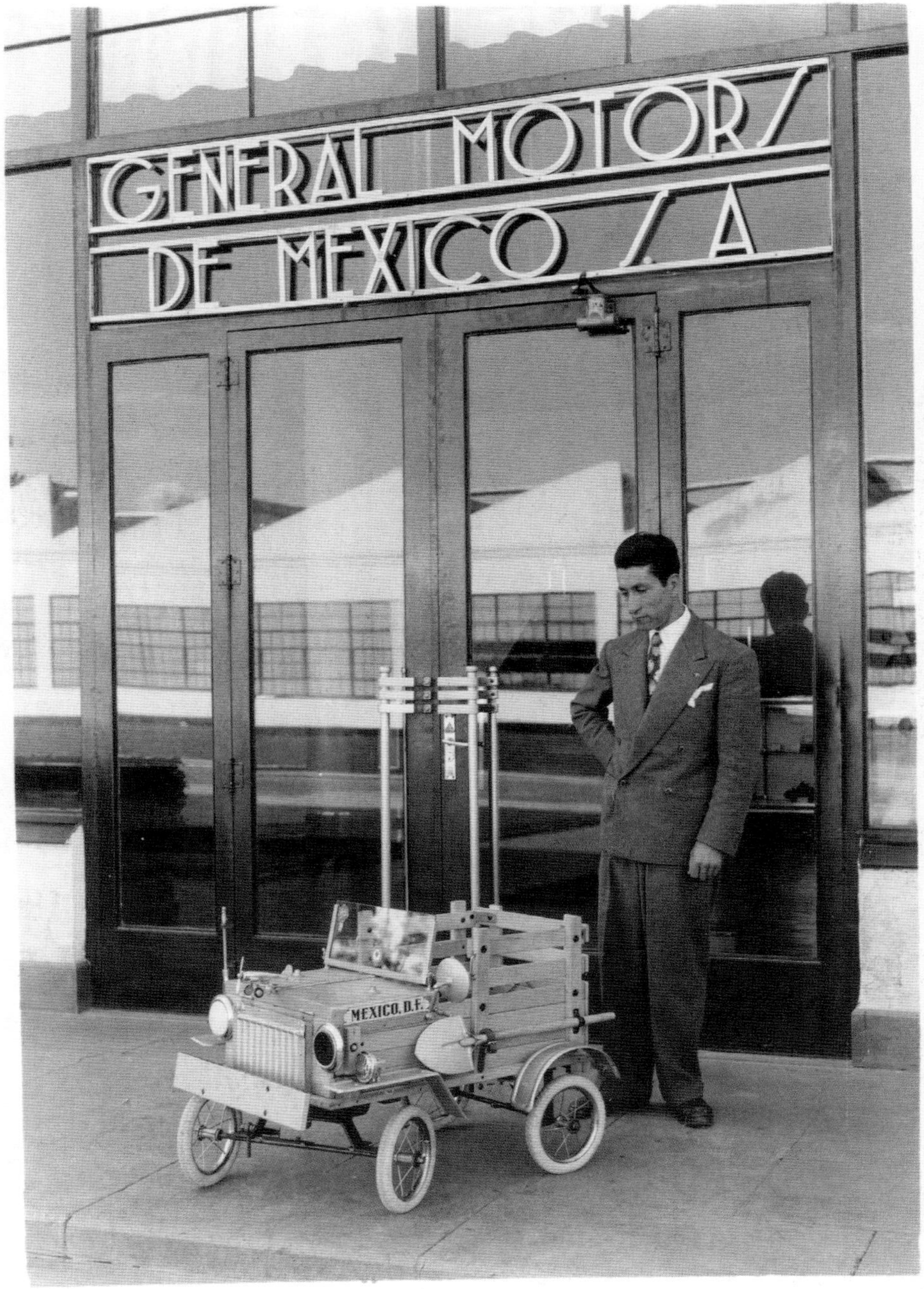

1950

1960

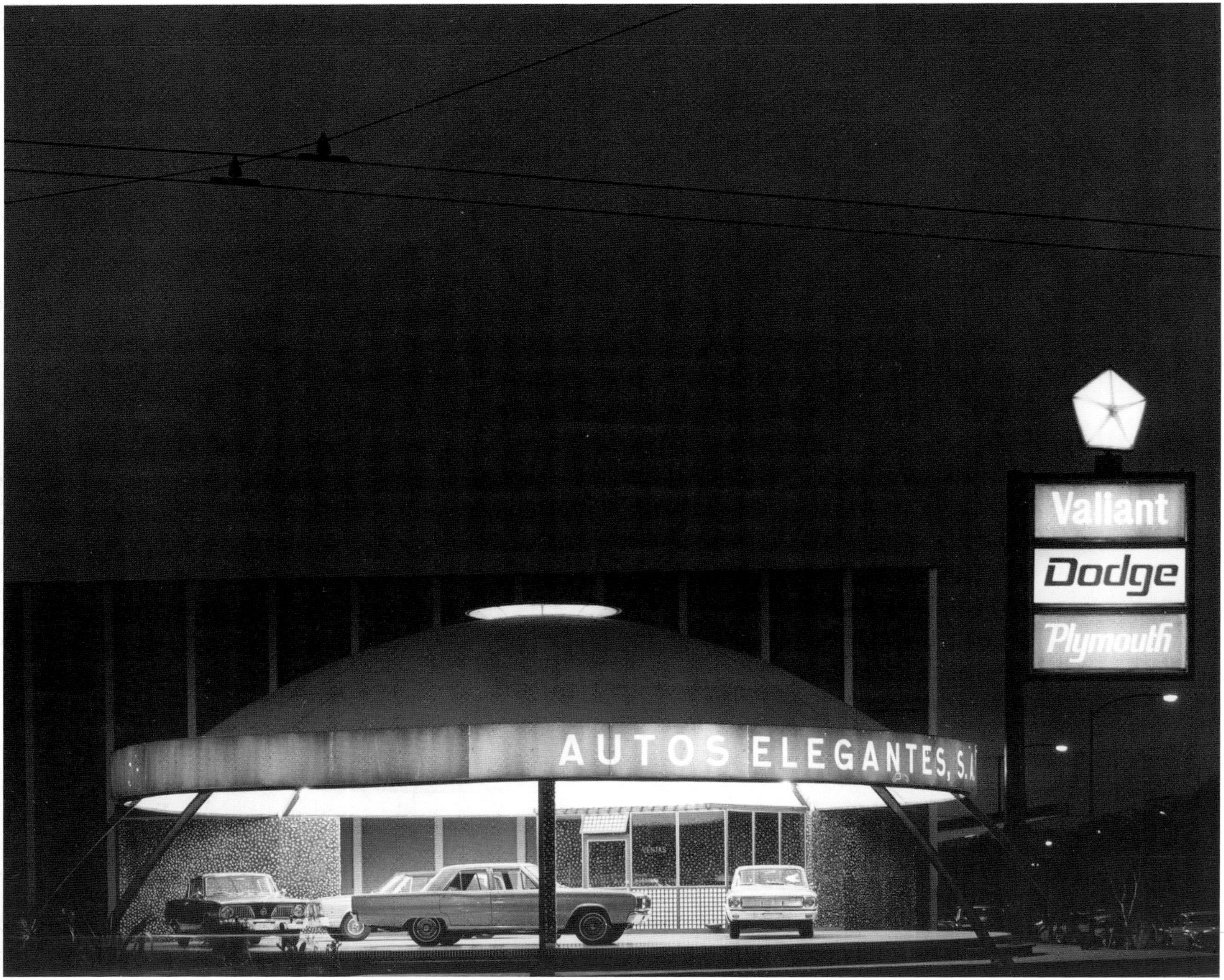
Valiant
Dodge
Plymouth
AUTOS ELEGANTES, S.

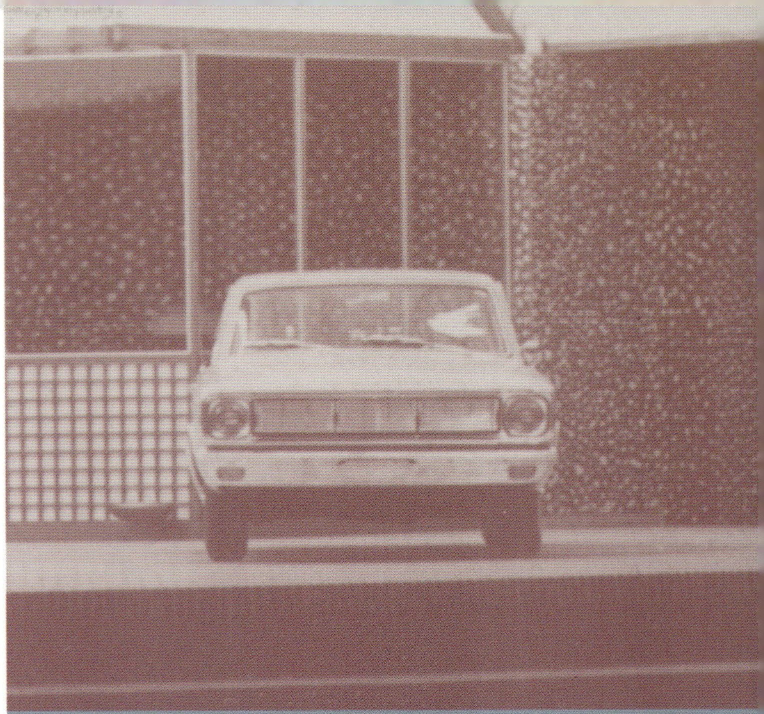

Una toma nocturna de la llamativa iluminación perteneciente a la sala de exhibición de una agencia de coches; cuando tener un vehículo era una de las mayores aspiraciones.

1950 1960 1970 1980

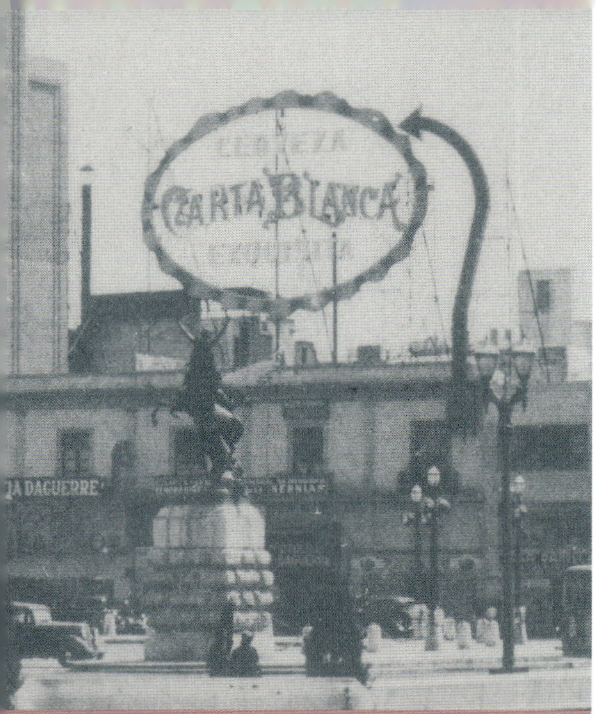

Capturada desde la Alameda Central, una toma de la explanada del Palacio de Bellas Artes en la que destaca el monumento a Beethoven. Al fondo sobresale el edificio de la aseguradora La Nacional, considerado el primer rascacielos de la Ciudad de México; a la izquierda de este inmueble, en la esquina de Madero y San Juan de Letrán, se observa el antiguo edificio de la aseguradora La Latinoamericana, en el espacio donde años después se construiría la torre del mismo nombre. A la derecha del edificio de La Nacional se aprecia el edificio de la famosa Fotografía Daguerre, el cual desapareció para dar paso a un edificio que en la actualidad alberga una tienda departamental.

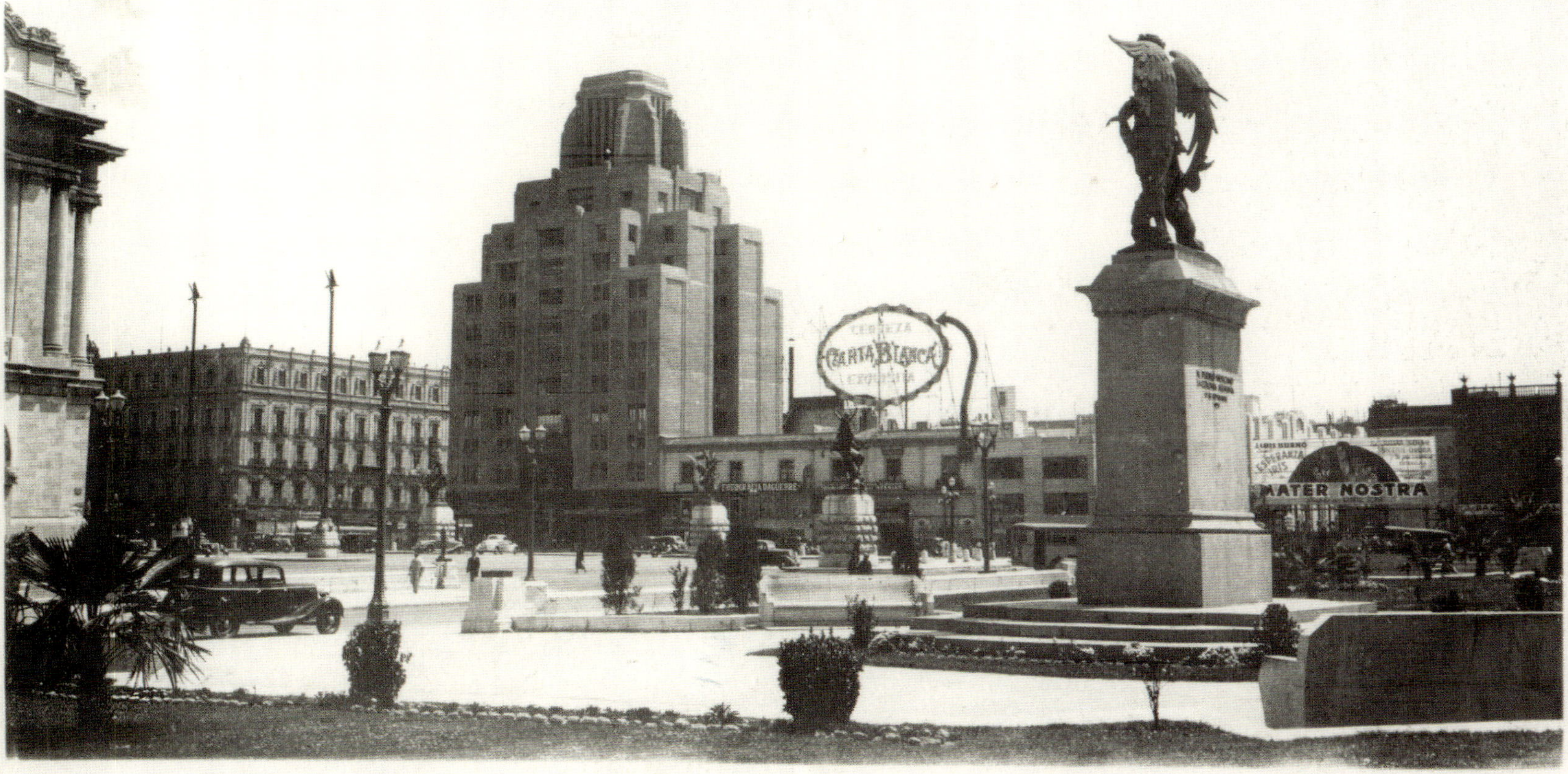

1950 1960 1970 1980

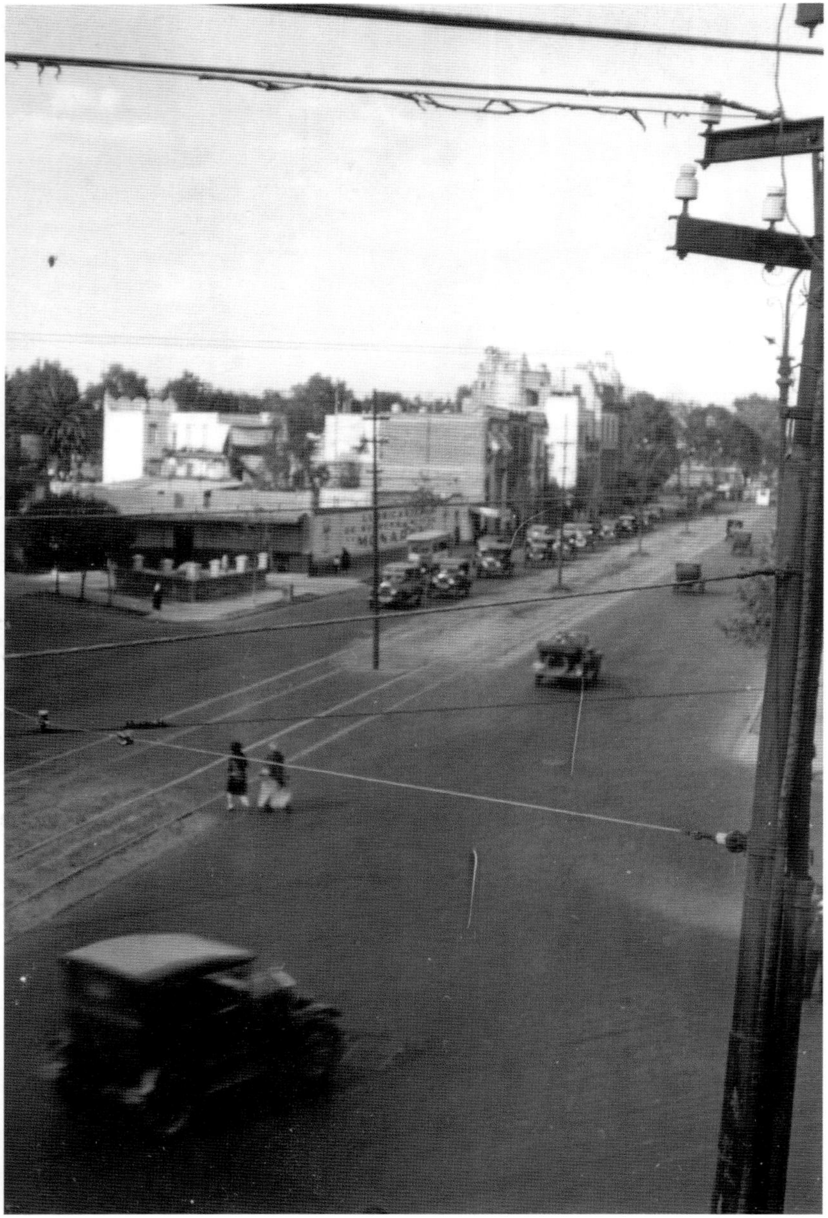

1920 1930 1940

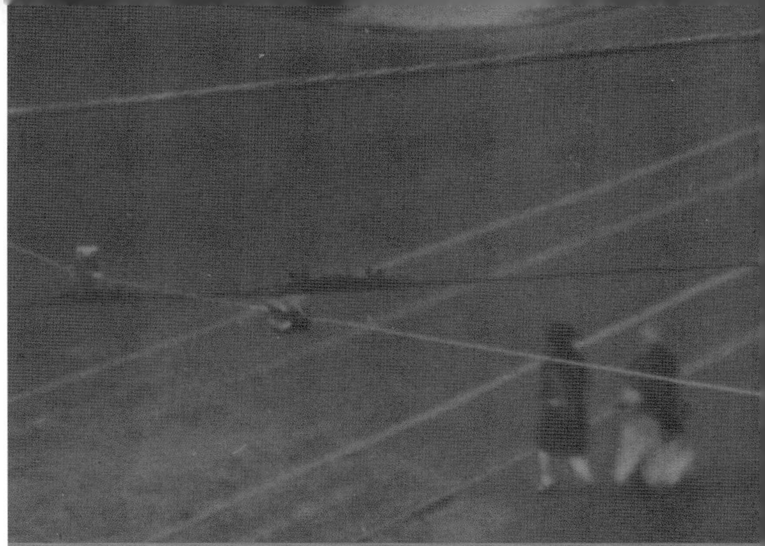

Desde siempre, atravesar Insurgentes ha sido un reto para los transeúntes. Los semáforos vinieron después.

1950 1960 1970 1980

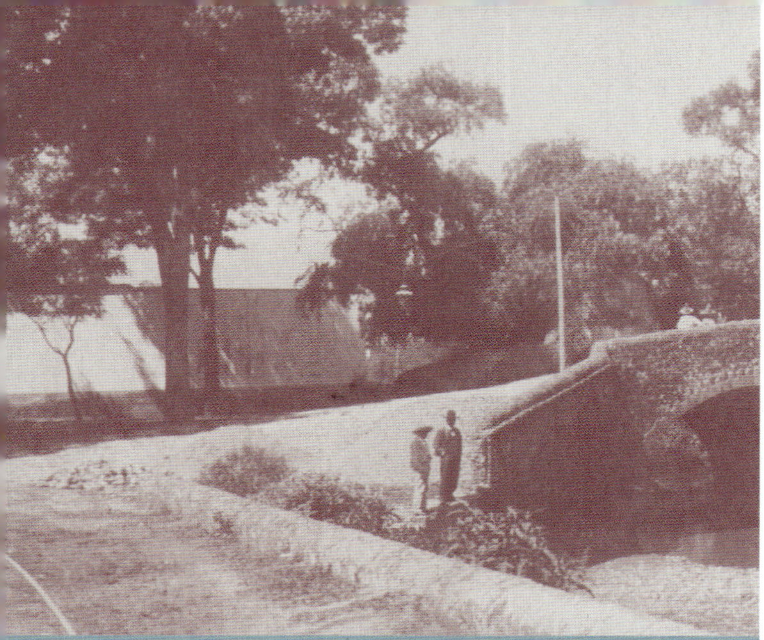

Una escena cotidiana en las inmediaciones de la iglesia de Panzacola, en el antiguo barrio de Coyoacán.

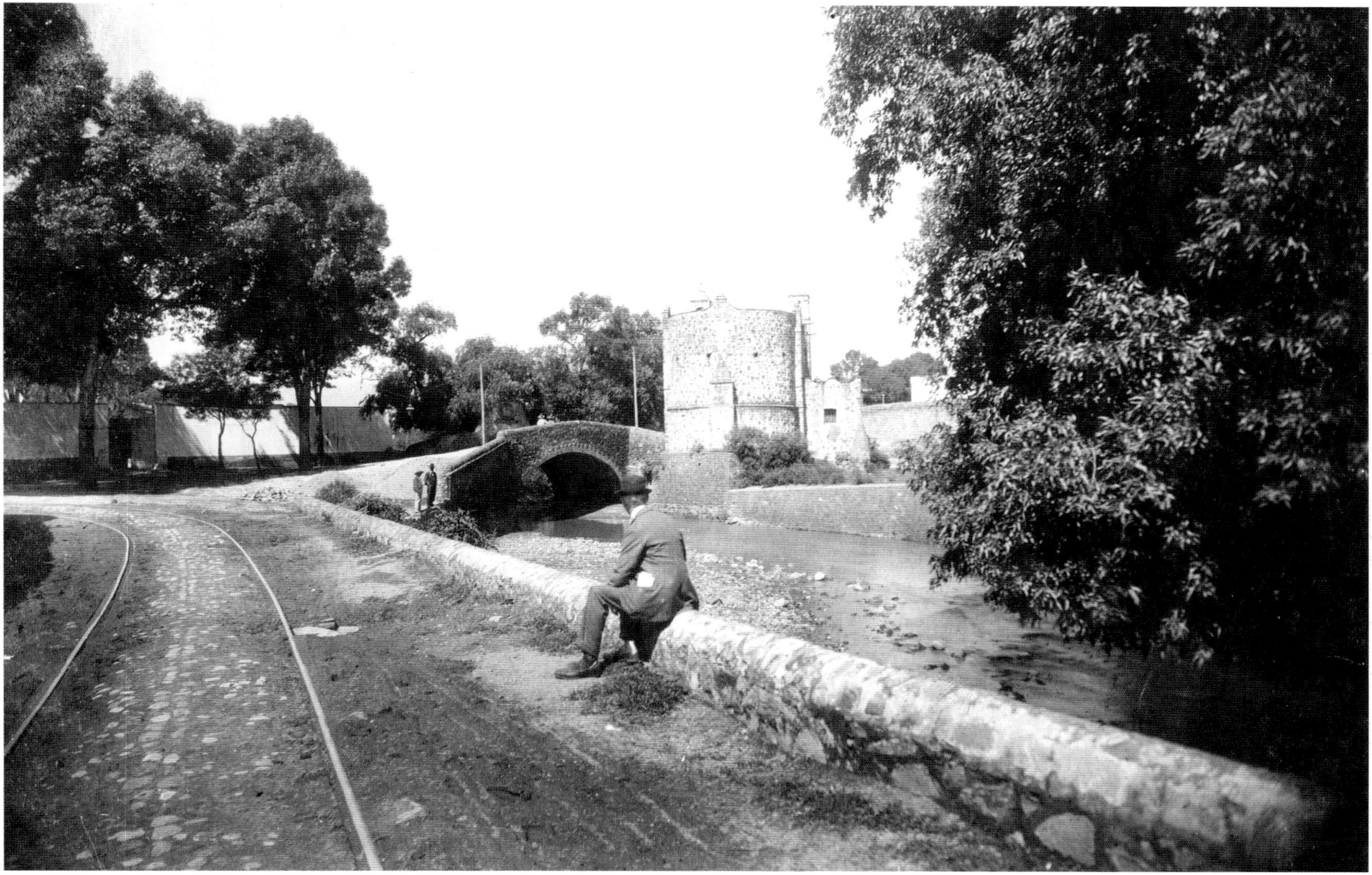

1950 1960 1970 1980

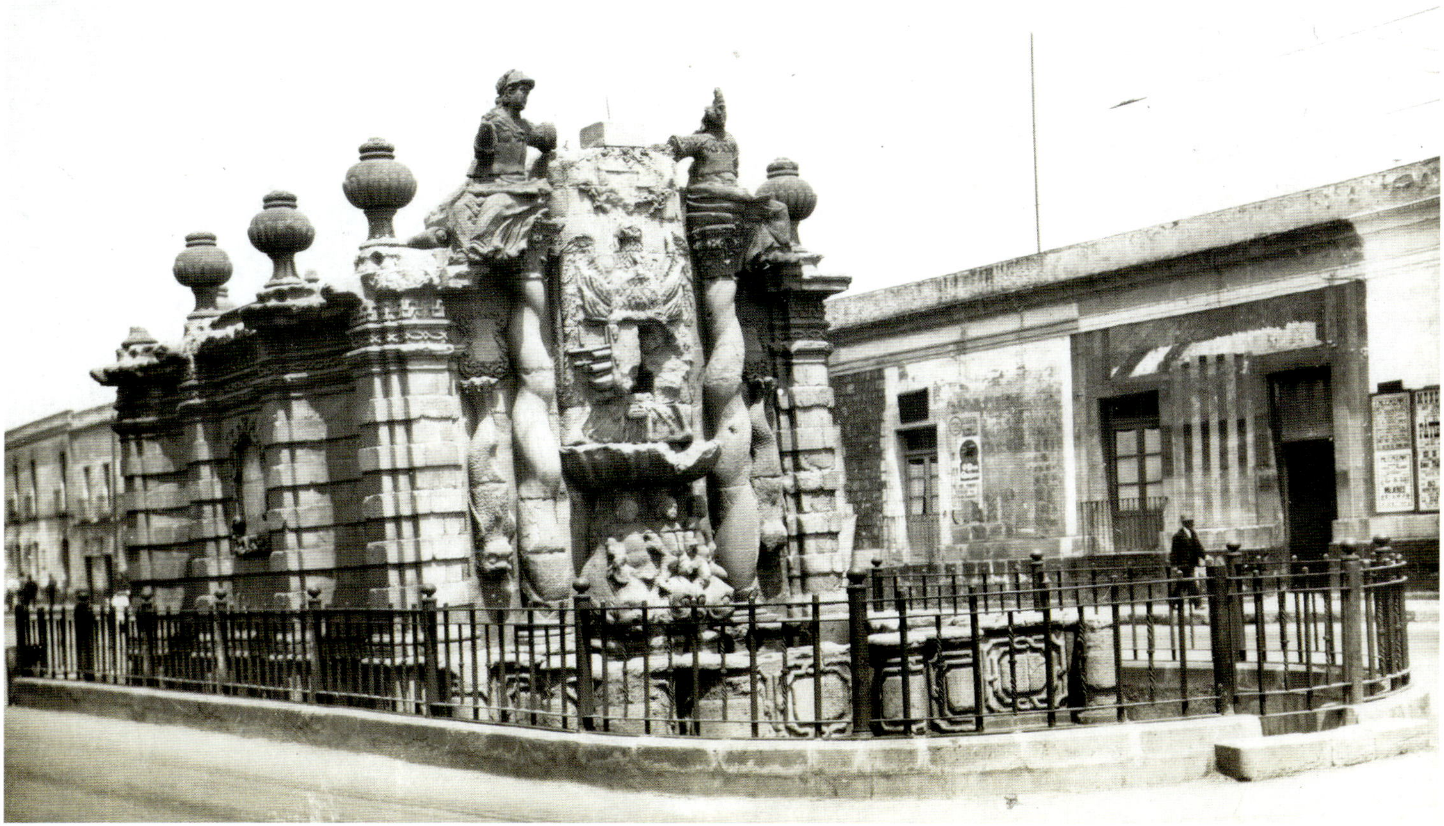

La fuente del Salto del Agua y sus alrededores en una toma de los años treinta. Esta obra, ubicada en el actual cruce de Arcos de Belén y Eje Central, era parte del acueducto de Chapultepec, construido en el siglo XVIII. La que hoy se encuentra en el sitio es una réplica, ya que la original está resguardada en el Museo Nacional del Virreinato, en Tepotzotlán.

Una de las grandes obras públicas para el abastecimiento de agua durante el periodo virreinal fue el acueducto de Belén, inaugurado en 1779. Era una construcción de 904 arcos que transportaba el agua desde Chapultepec y terminaba en la fuente del Salto del Agua.
La sobreexplotación de los recursos acuíferos de Chapultepec marcó su destino: hacia finales del siglo XIX la noble fuente no dio una gota más y las autoridades comenzaron a buscar el preciado líquido fuera de los límites de la ciudad. | AR

El Buen Tono fue la fábrica de cigarros más popular a finales del siglo XIX y principios del XX en México. Fundada en 1875, hacia 1900 producía 3 600 000 cigarrillos al año. El Buen Tono tuvo su propia estación radiofónica en los albores de la radio en México; fue creada en 1923 y era conocida con las siglas XYB; más tarde se convirtió en la XEB. El coronel José Fernando Ramírez, el capitán Guillermo Garza Ramos y el ingeniero José de la Herrán, quienes meses antes habían instalado la emisora JH de la Secretaría de Guerra y Marina, fueron contratados por el gerente de la cigarrera para colocar el equipo técnico de la XYB y dirigir las primeras transmisiones. | AR

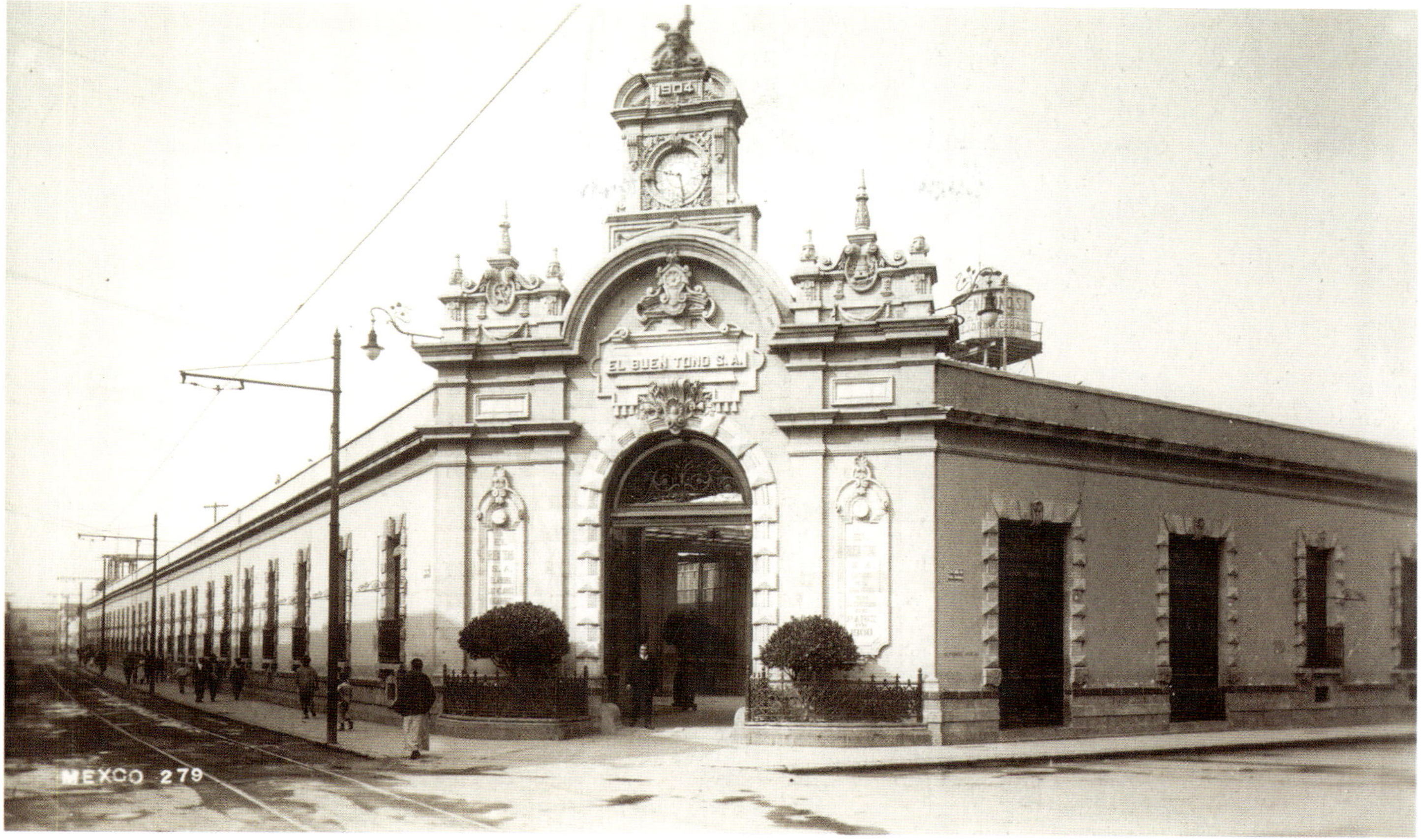

La fábrica de cigarros El Buen Tono en los años veinte. Esta construcción se encontraba en la actual esquina de Ernesto Pugibet y Buen Tono, frente a la plaza de San Juan. Hoy, en su lugar se encuentra la antena de Telmex.

1950 1960 1970 1980

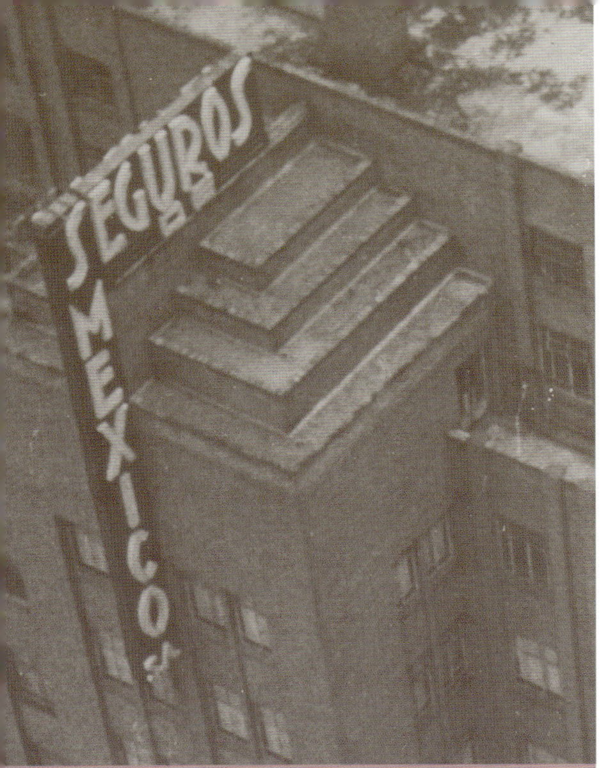

Una impresionante toma del edificio de las oficinas de Seguros de México, S. A., sobre la avenida San Juan de Letrán. Este inmueble se conserva hasta nuestros días, pero con varios pisos menos.

1950

1960

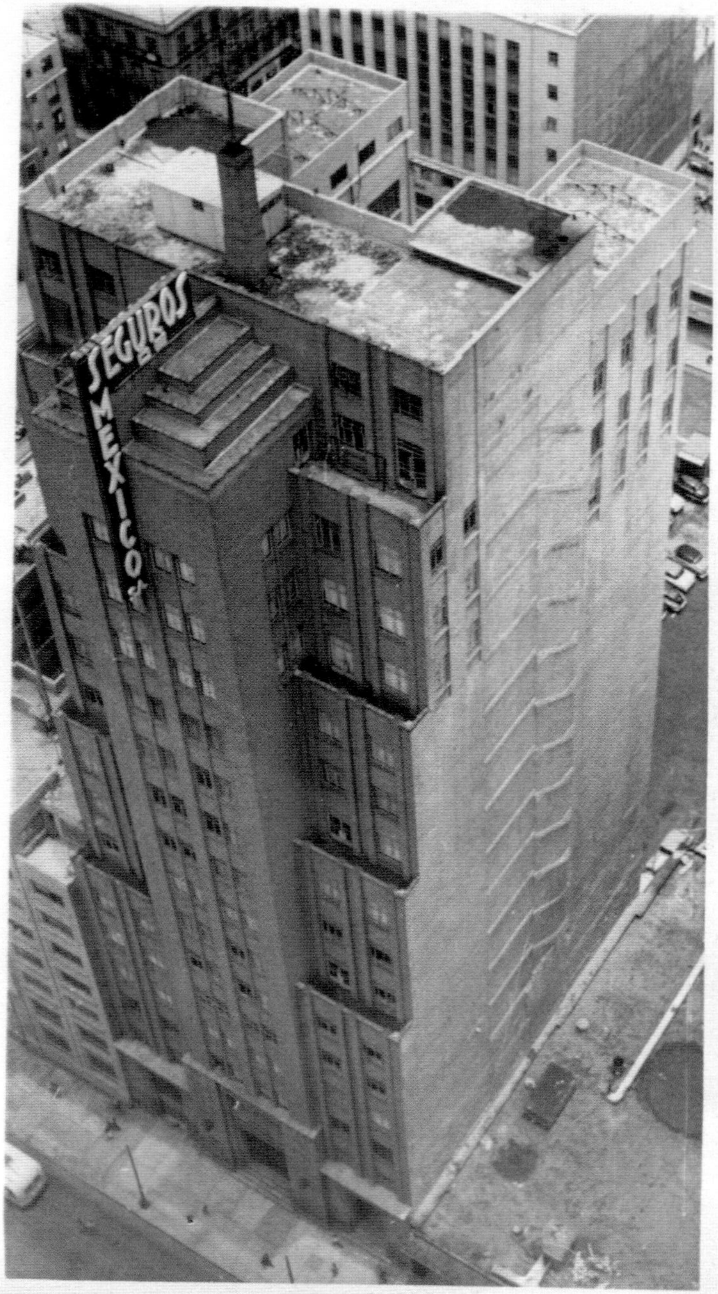

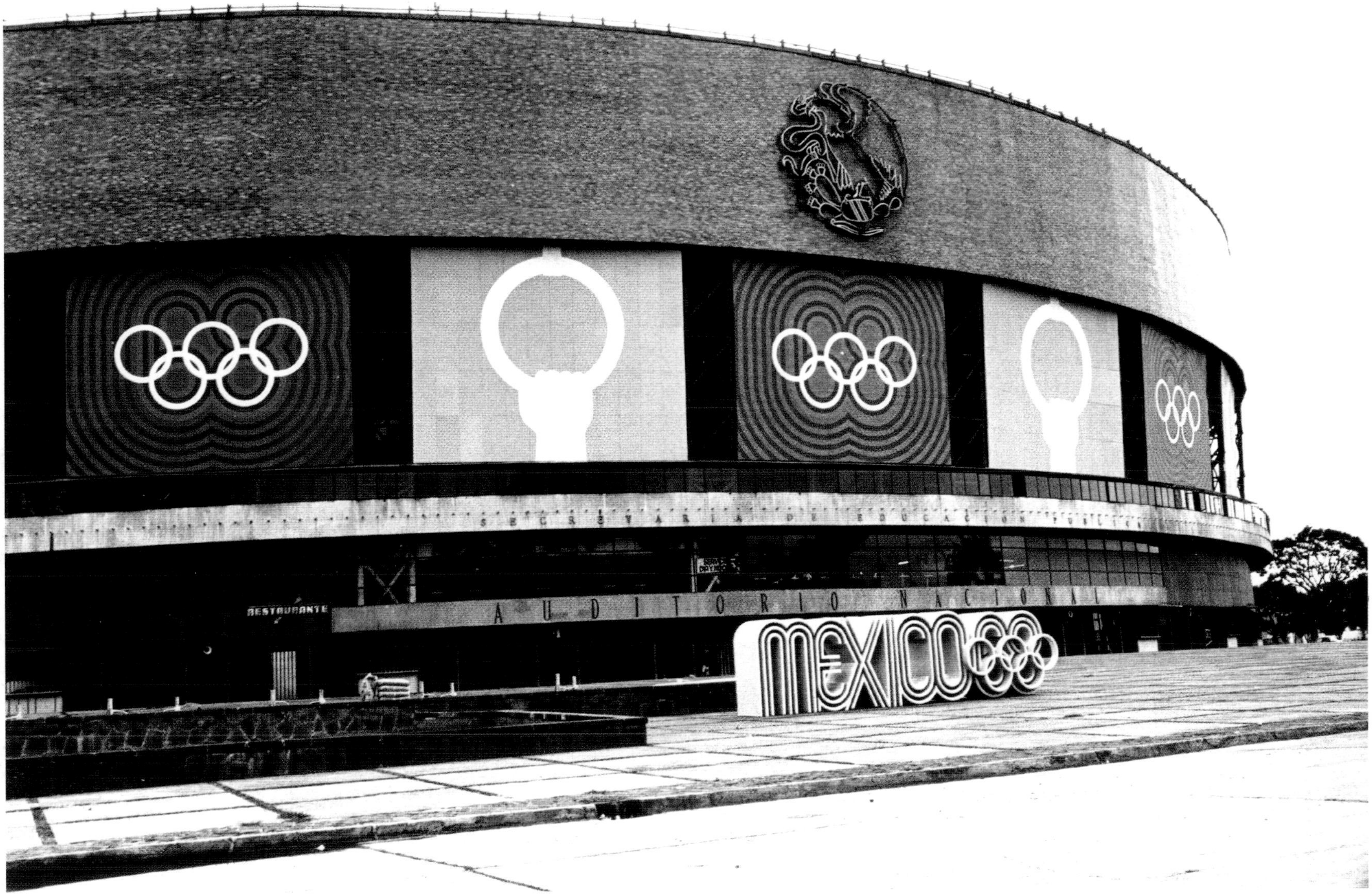
RESTAURANTE
AUDITORIO NACIONAL
MEXICO 68

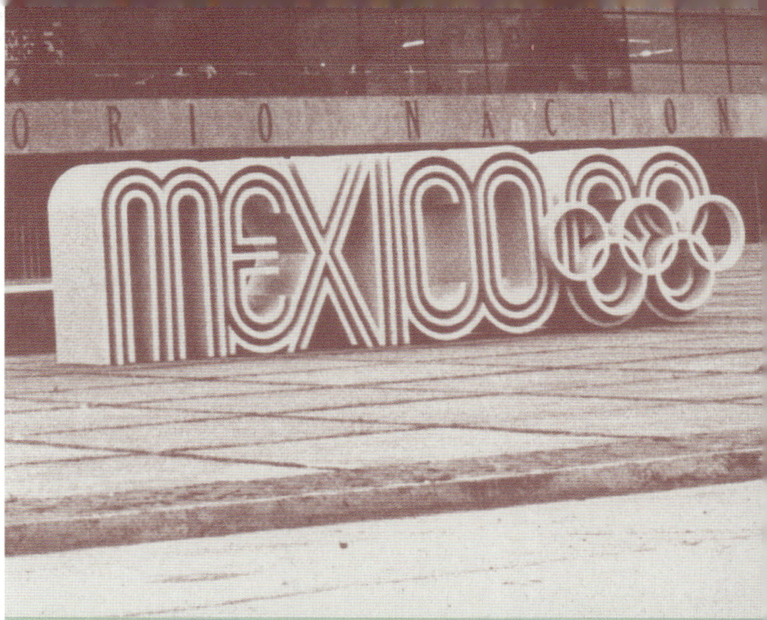

La antigua fachada del Auditorio Nacional con el escudo nacional al frente. Uno de los tantos recintos que sirvieron para los Juegos Olímpicos.

1950 1960 1970 1980

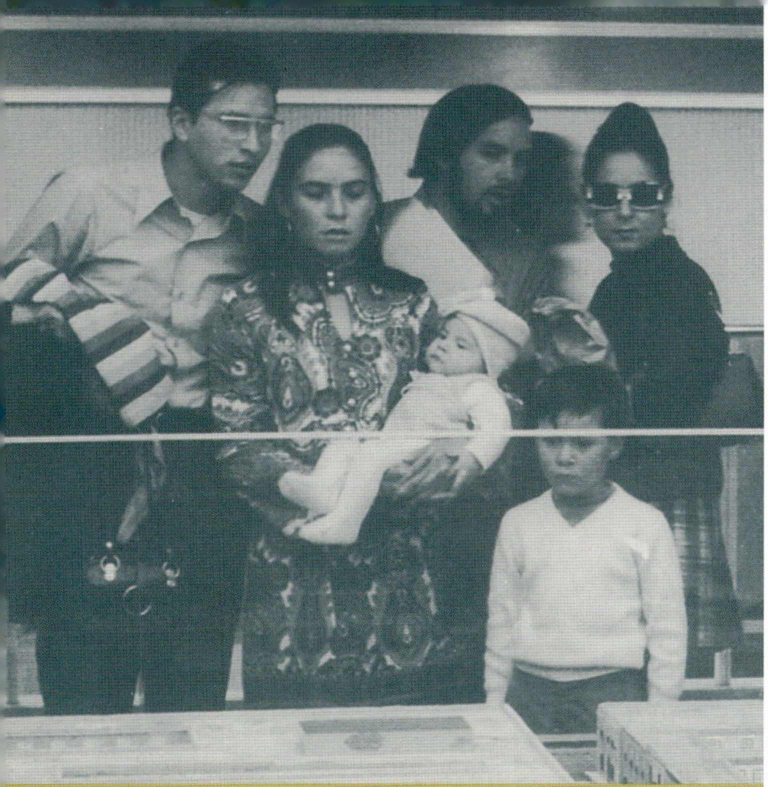

Las maquetas del Zócalo:
el momento en que todos nos
convertimos en guías.

La ciudad que ya no existe

1920 1930 1940

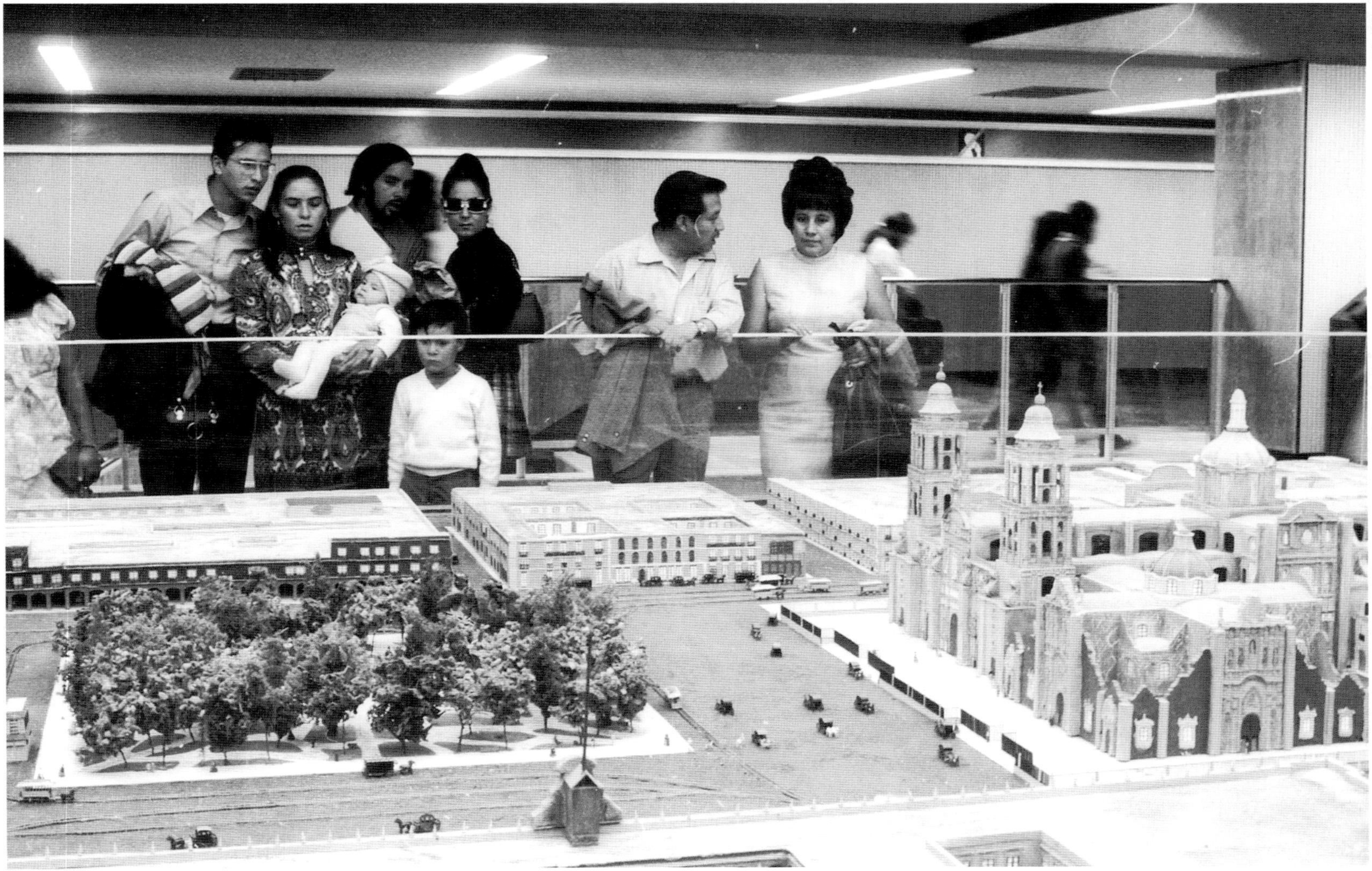

1950 1960 1970 1980

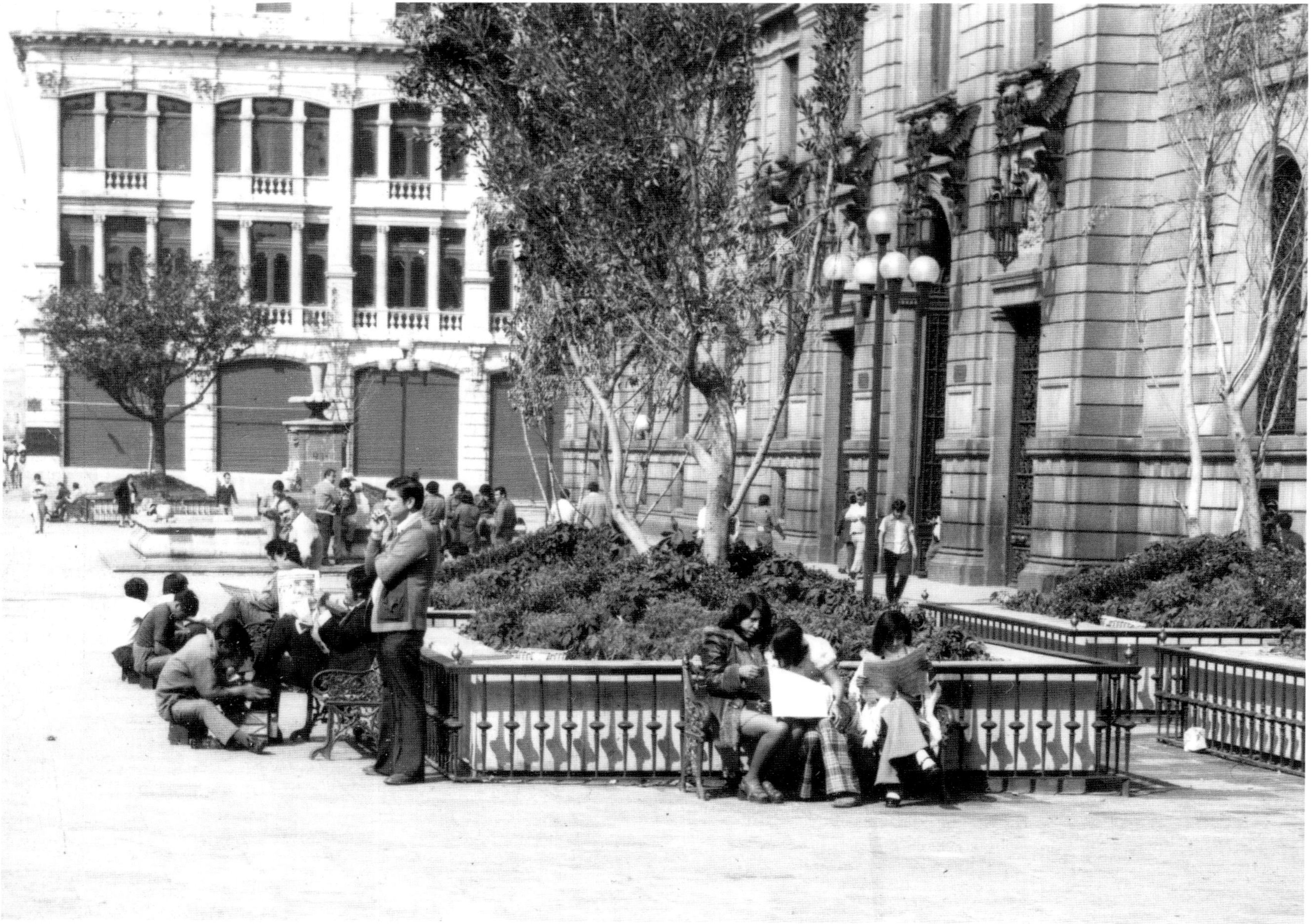

1920

1930

1940

¿Qué habrá sido de aquellas jardineras que le cedieron su lugar a la estatua ecuestre de Carlos IV, mejor conocida como «el Caballito»?

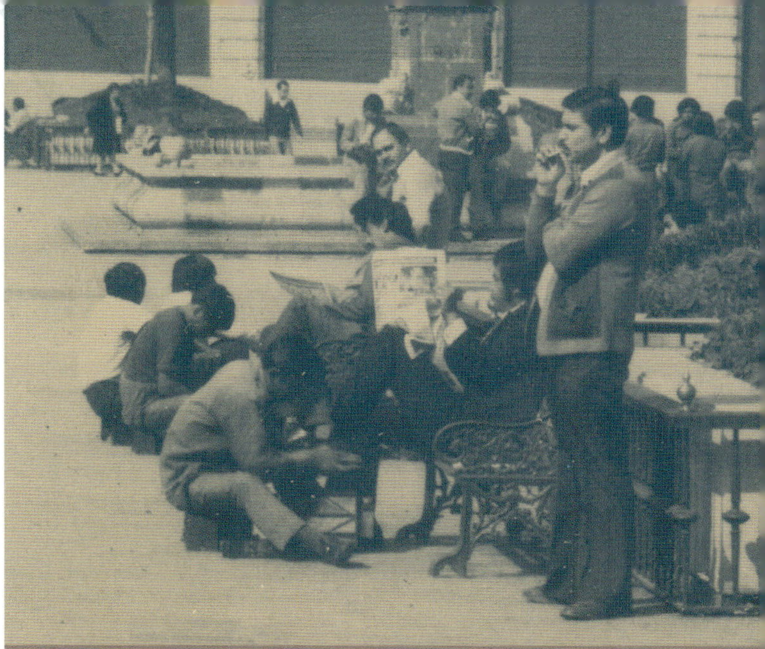

1950 1960 1970 1979 1980

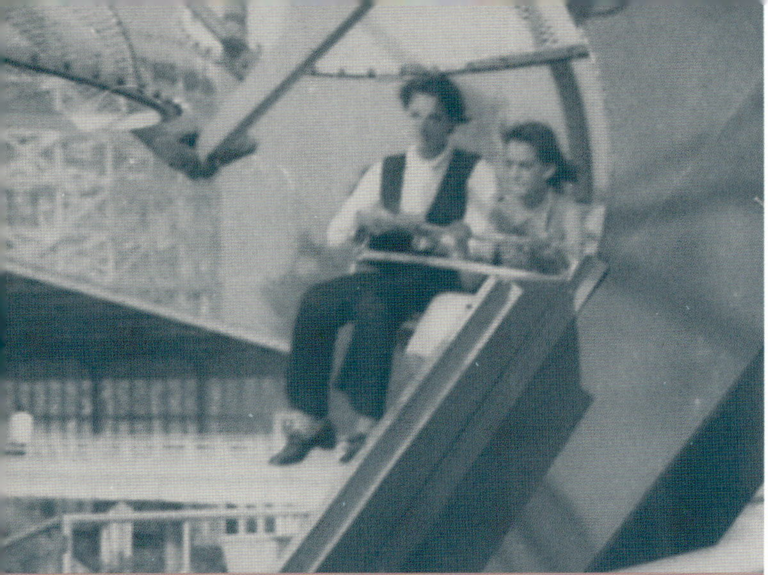

Chapultepec: durante décadas, el lugar perfecto para irse de pinta.

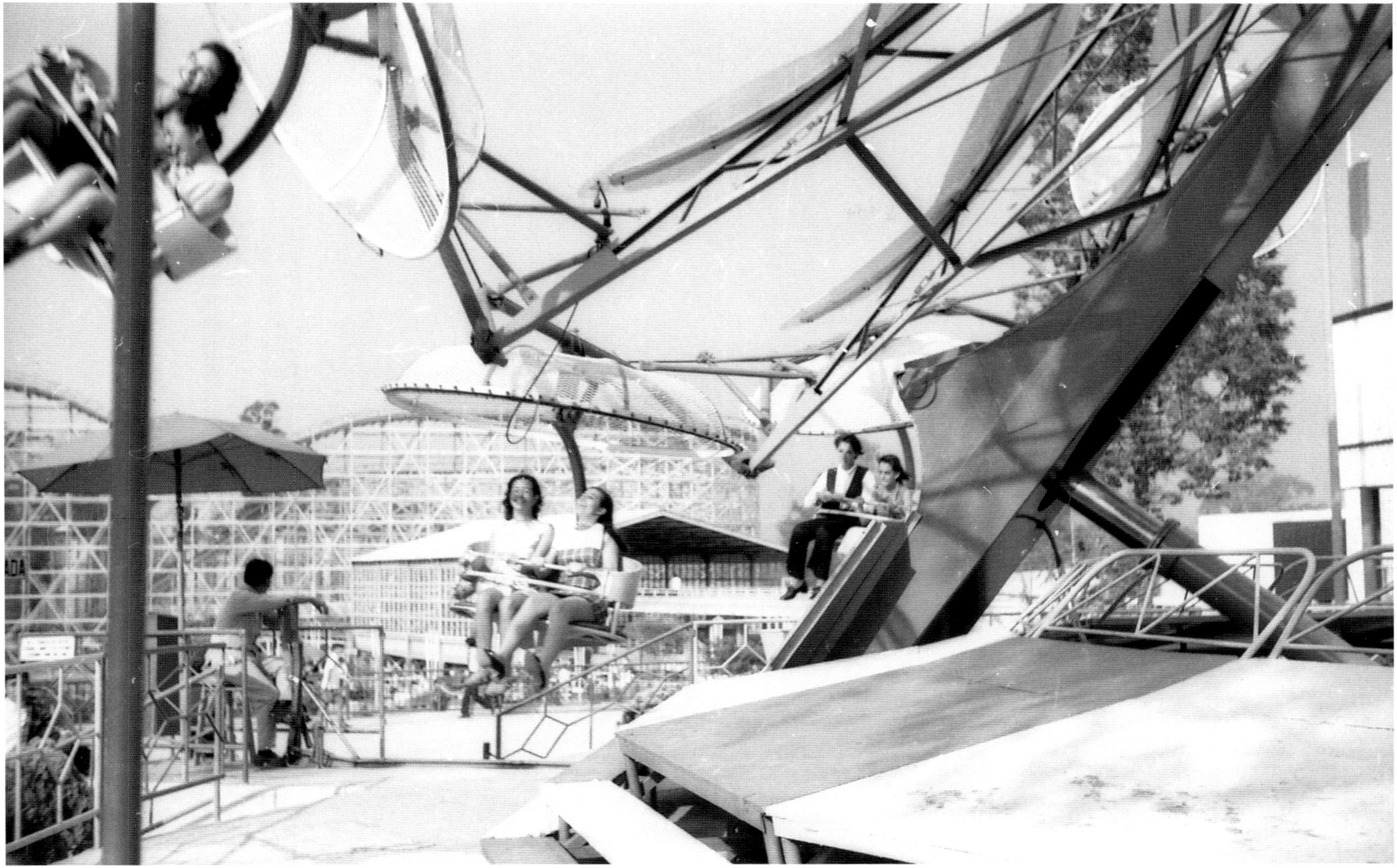

1950 1960 1970 1980

AÑOS SESENTA
LD, Ciudad
de México

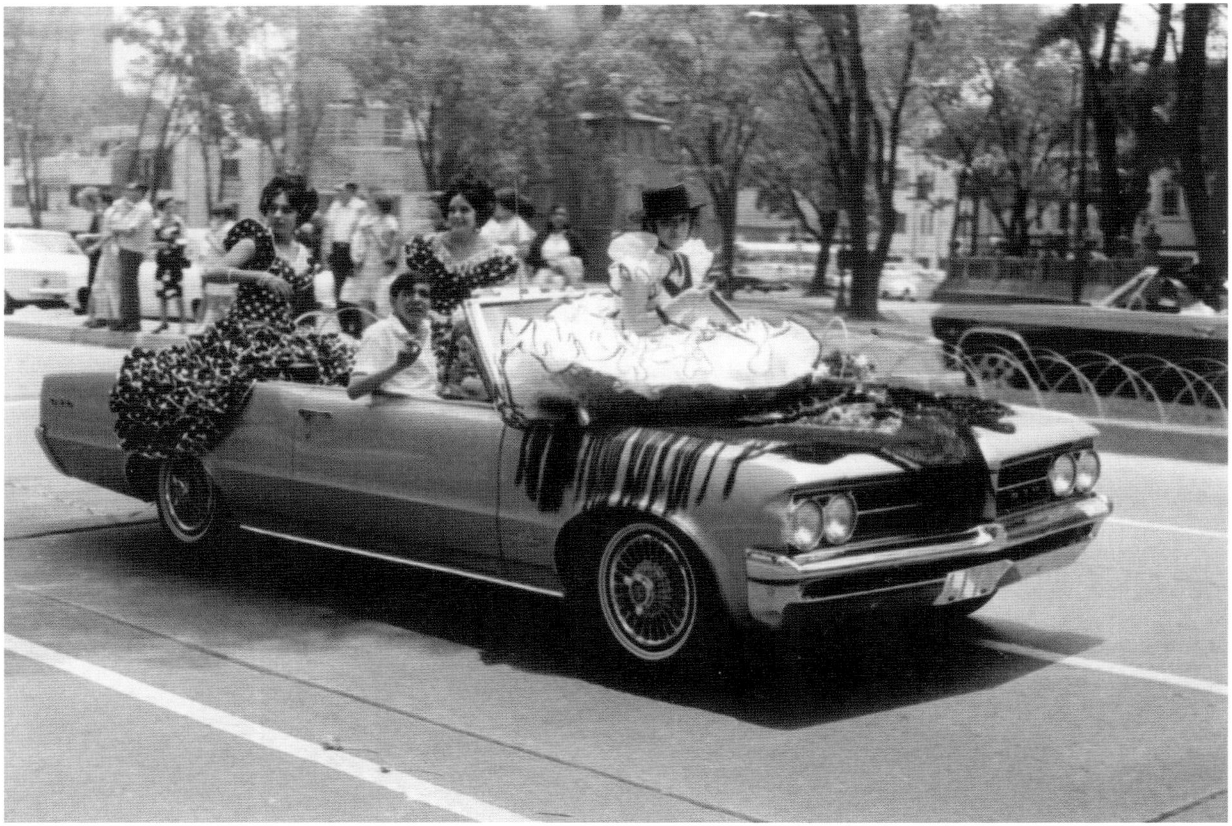

1920 1930 1940

AÑOS SESENTA
LD, Ciudad
de México

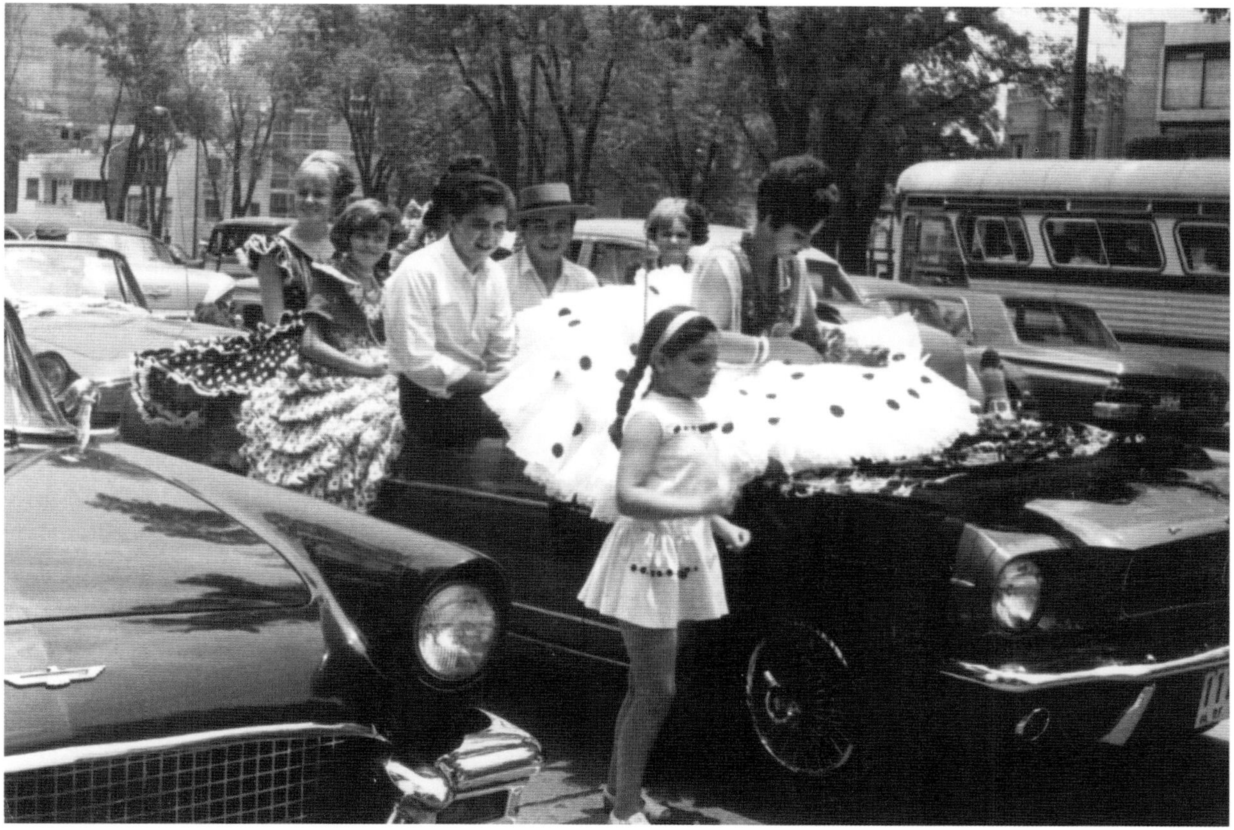

Ayer, al igual que hoy, la juventud encontraba en las principales calles y avenidas de la ciudad muchas formas de divertirse.

1950 1960 1970 1980

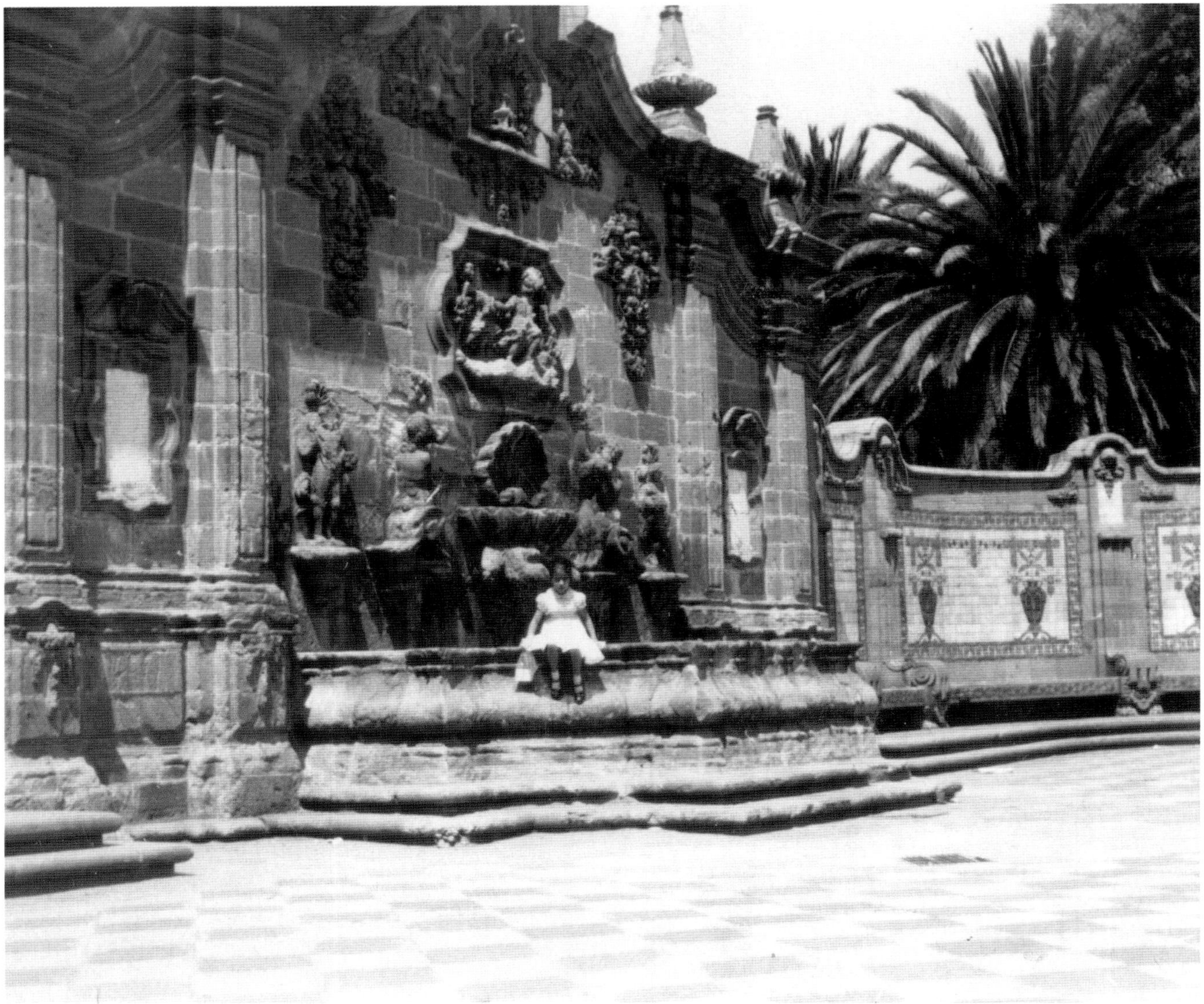

Una niña es retratada en la llamada Fuente de Belén, ubicada en la entrada al bosque de Chapultepec, en 1960. Este monumento data del siglo XVIII y formaba parte del acueducto que llegaba hasta el Salto del Agua; las estructuras laterales eran añadidos que ya no existen.

1950 1960 1970 1980

Si la fuente del Salto del Agua marcaba el final del acueducto de Chapultepec, la fuente de Belén señalaba su inicio. Fue construida entre 1755 y 1760, y la inauguró el virrey Agustín de Ahumada y Villalón, marqués de las Amarillas. Originalmente se encontraba dentro del bosque, donde brotaba la fuente que abastecía de agua a la Ciudad de México. | AR

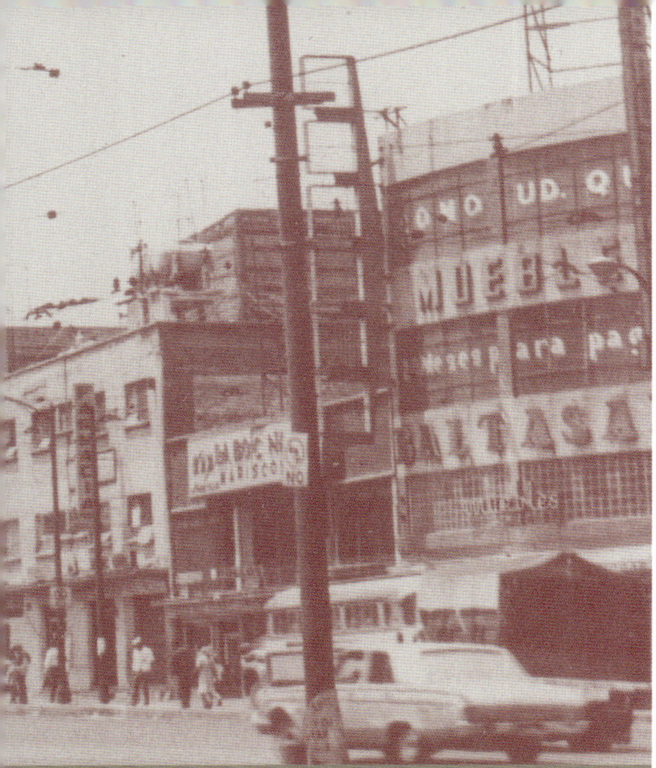

Lo que queda de la antigua Tacubaya: el Edificio Ermita y sus alrededores, uno de los ejemplos más representativos del art déco hasta nuestros días.

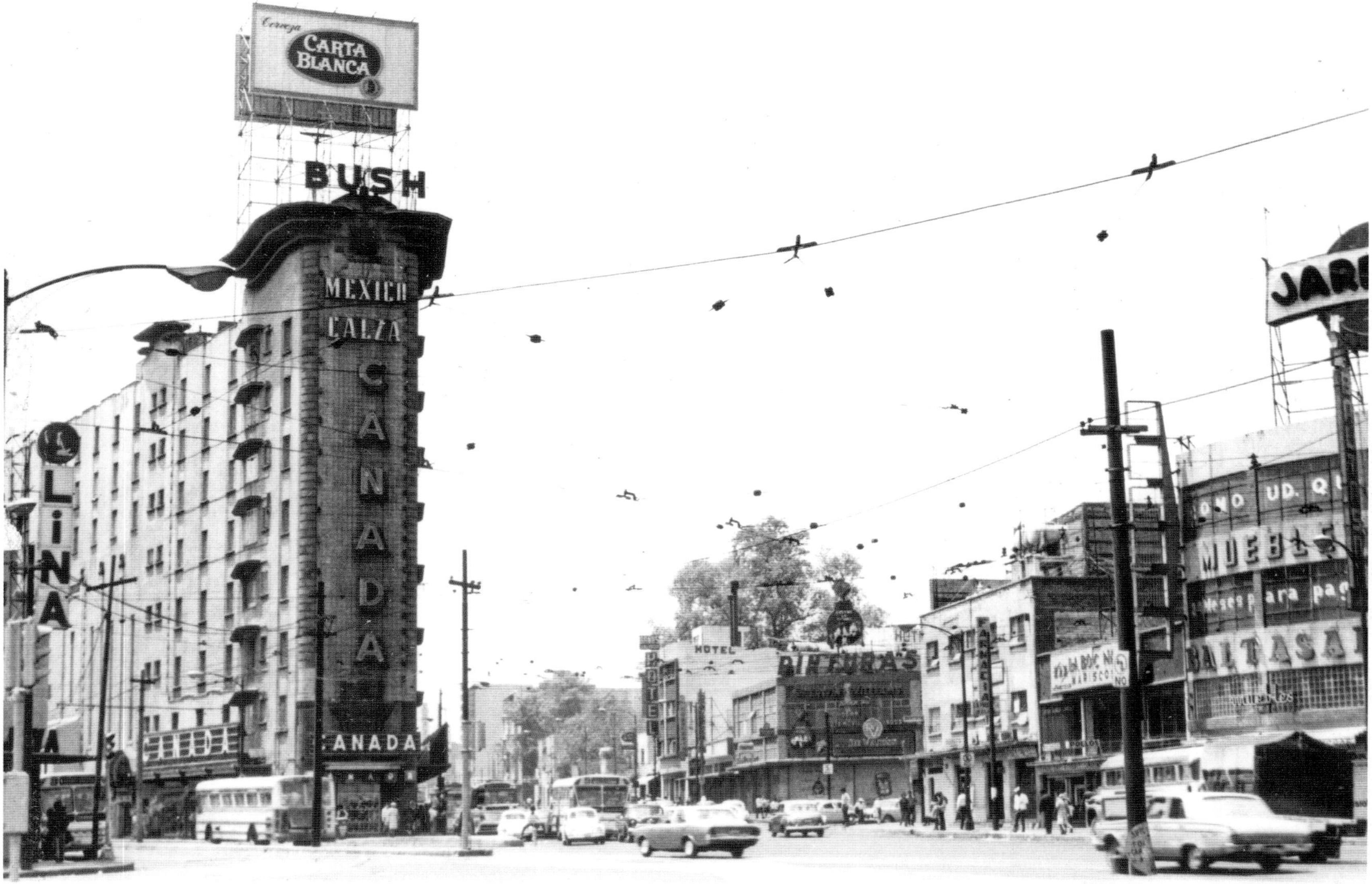

1950 1960 1970 1980

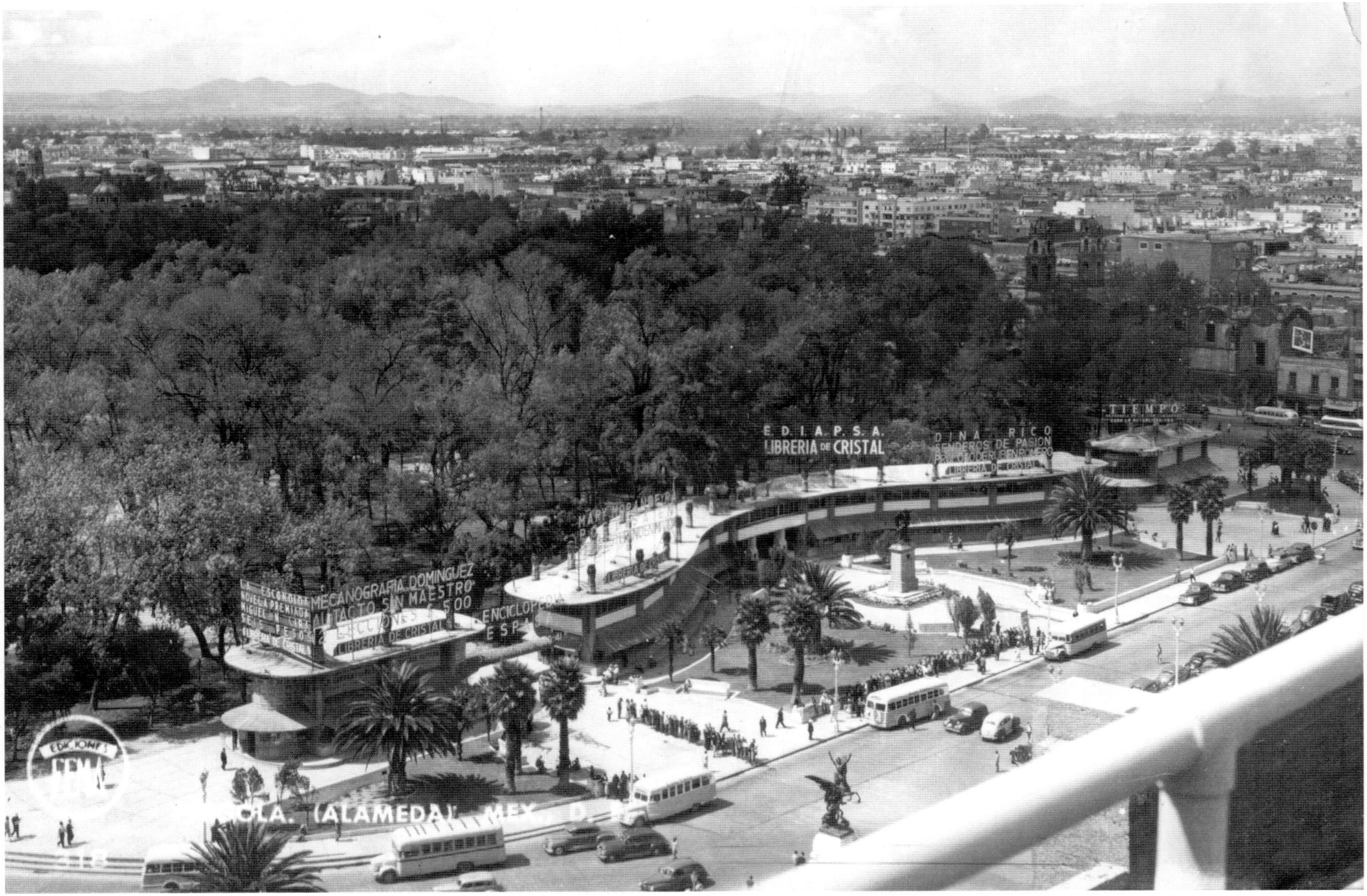

1920 1930 1940

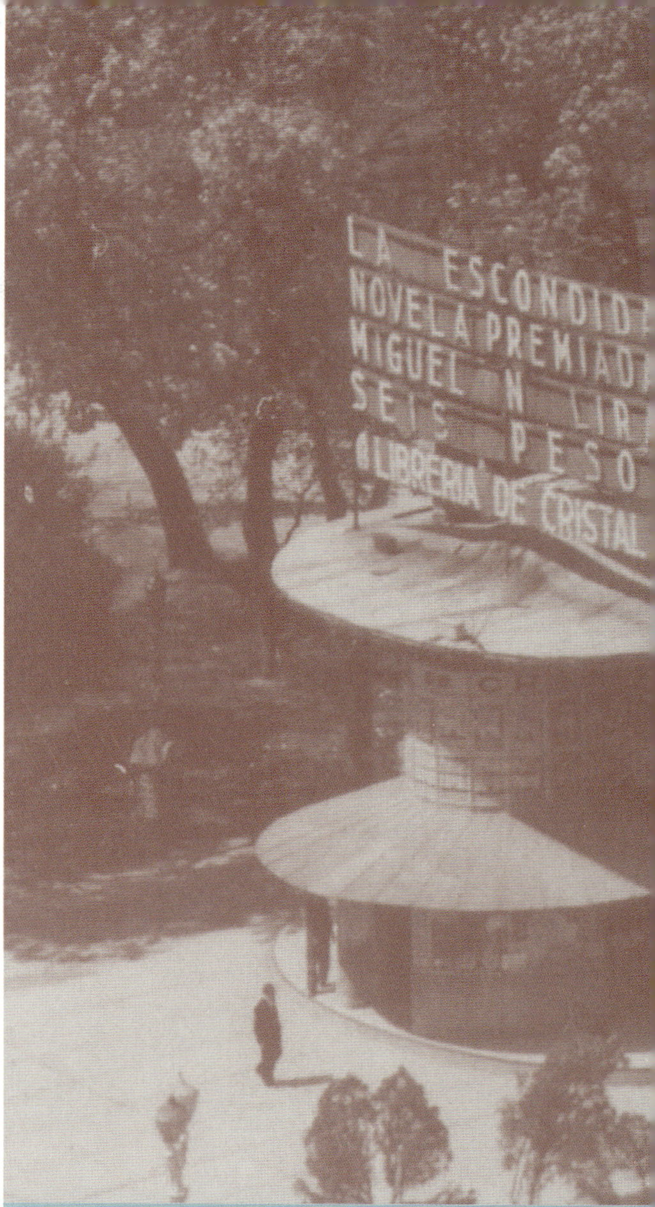

La Librería de Cristal, considerada la más bella del mundo por *The New York Times* en 1946. Se ubicaba en la Alameda Central. Sin justificación alguna, fue destruida en la década de los setenta.

1950 1960 1970 1980

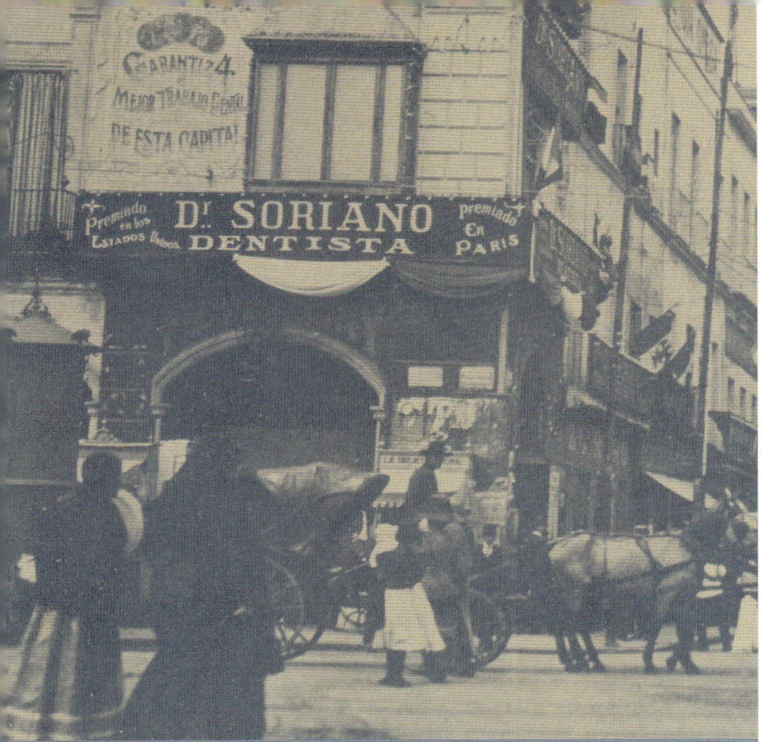

La ajetreada calle Plateros, hoy Madero, desde la plaza de la Constitución.

1920 1930 1940

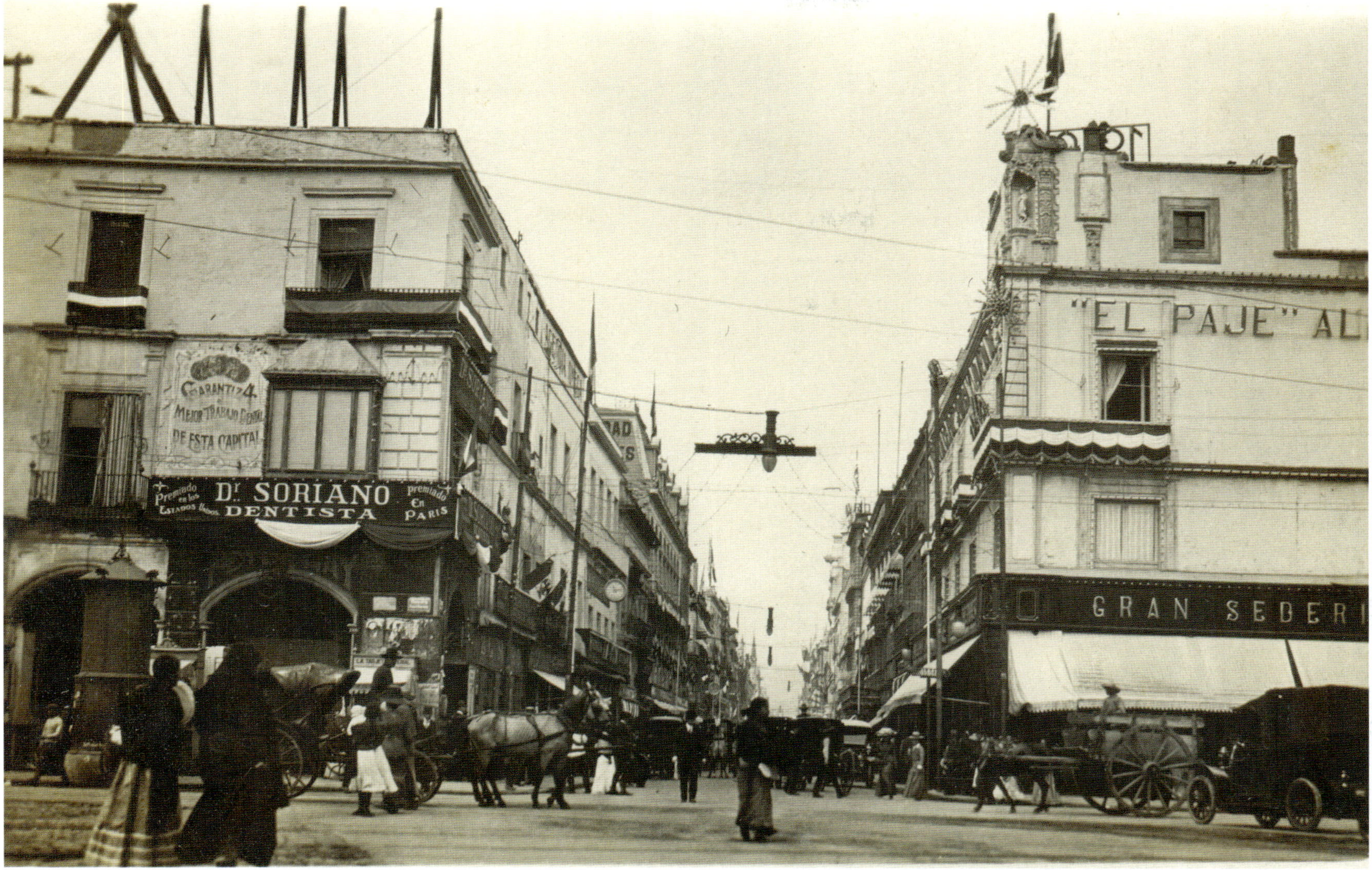

1950

1960

1970

1980

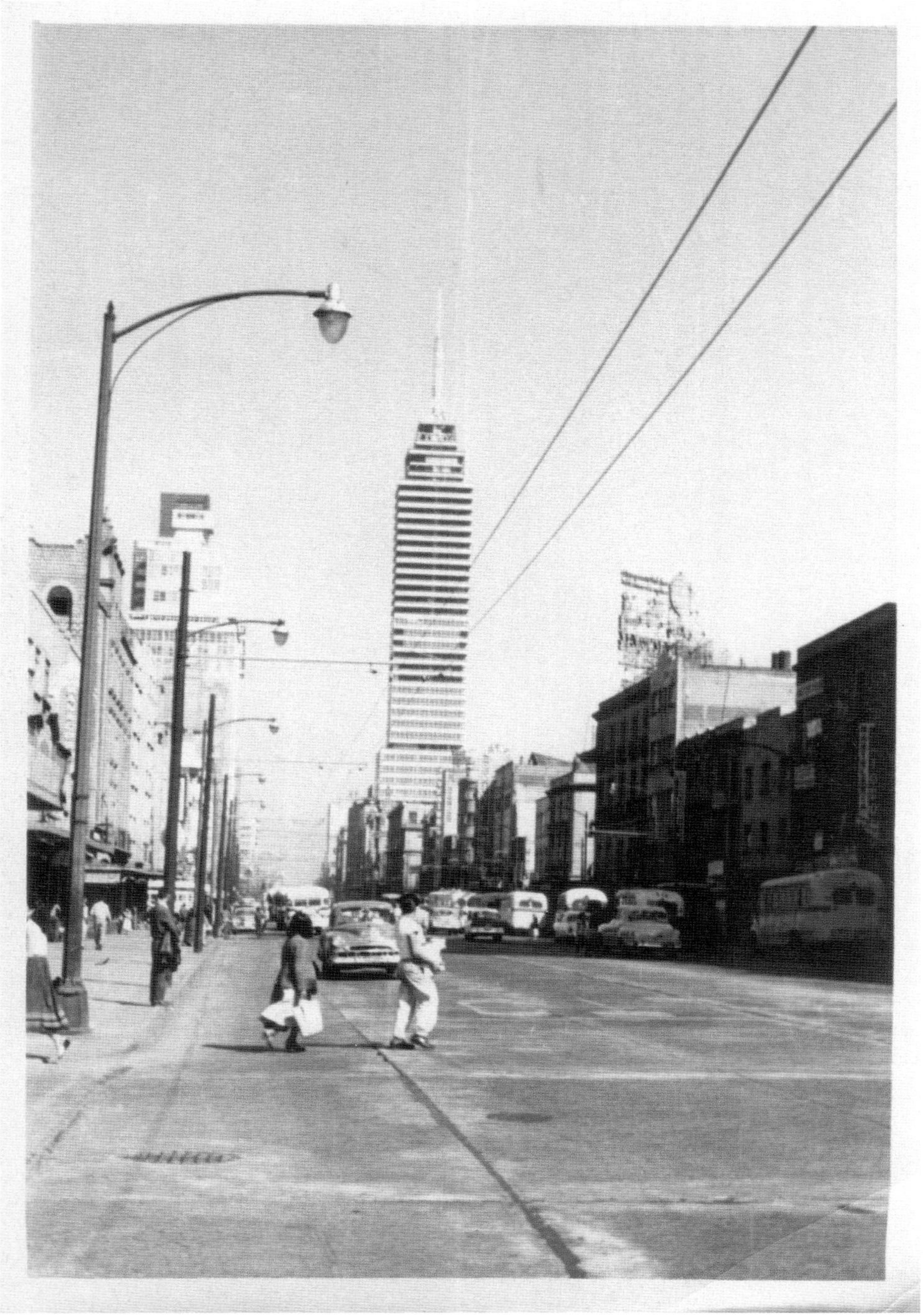

1940

Así lucía la avenida San Juan de Letrán, hoy Eje Central, en los años cincuenta. En una imagen llena de detalles, dos personas cruzan la avenida; se pueden ver los automóviles y los autobuses de la época, cuando esta vía era de doble sentido. Al fondo se aprecia la Torre Latinoamericana en construcción. Para muchos, esta avenida siempre se llamará San Juan de Letrán.

1950 1960 1970 1980

En el cruce de Atenas con Emilio Dondé se levanta el Reloj Chino. El original fue destruido durante la Decena Trágica, que comenzó el 9 de febrero y concluyó el 18 de febrero de 1913, con la aprehensión del presidente Francisco I. Madero y el vicepresidente José María Pino Suárez. Esta zona de la Ciudad de México fue una de las que más daños sufrió por los combates, debido a su cercanía con la Ciudadela, donde estaban atrincheradas las tropas golpistas. Durante el siglo XIX la glorieta fue ocupada por la Fuente de la Libertad. | AR

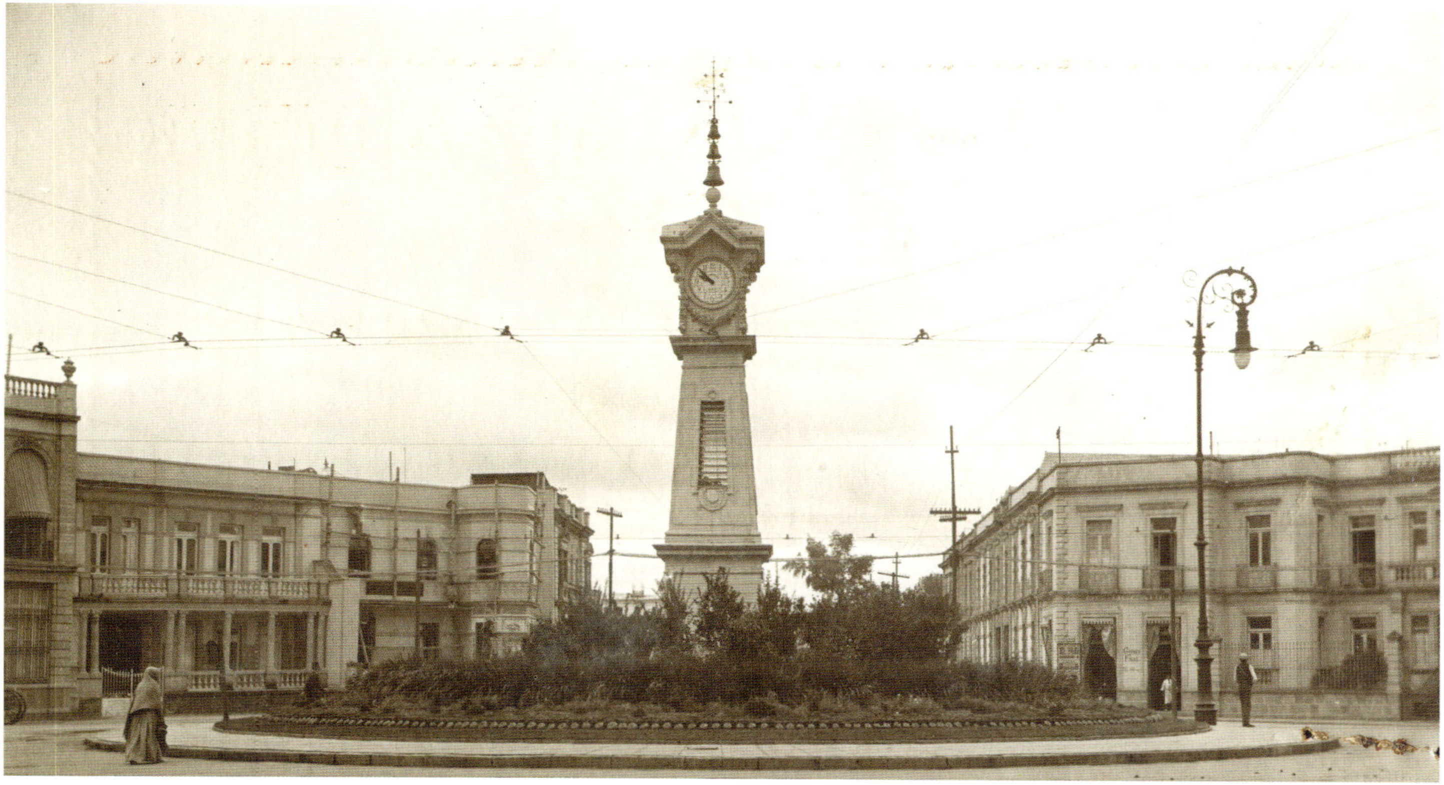

Este era el aspecto original del Reloj Chino, instalado en la glorieta de Bucareli y Atenas, antes de que fuera destruido durante la Decena Trágica. El reloj fue donado por China en 1910, durante las festividades del Centenario, y tuvo que ser reconstruido en 1921, con un nuevo diseño a cargo de Carlos Gorbea. El edificio de la derecha todavía existe.

1950 1960 1970 1980

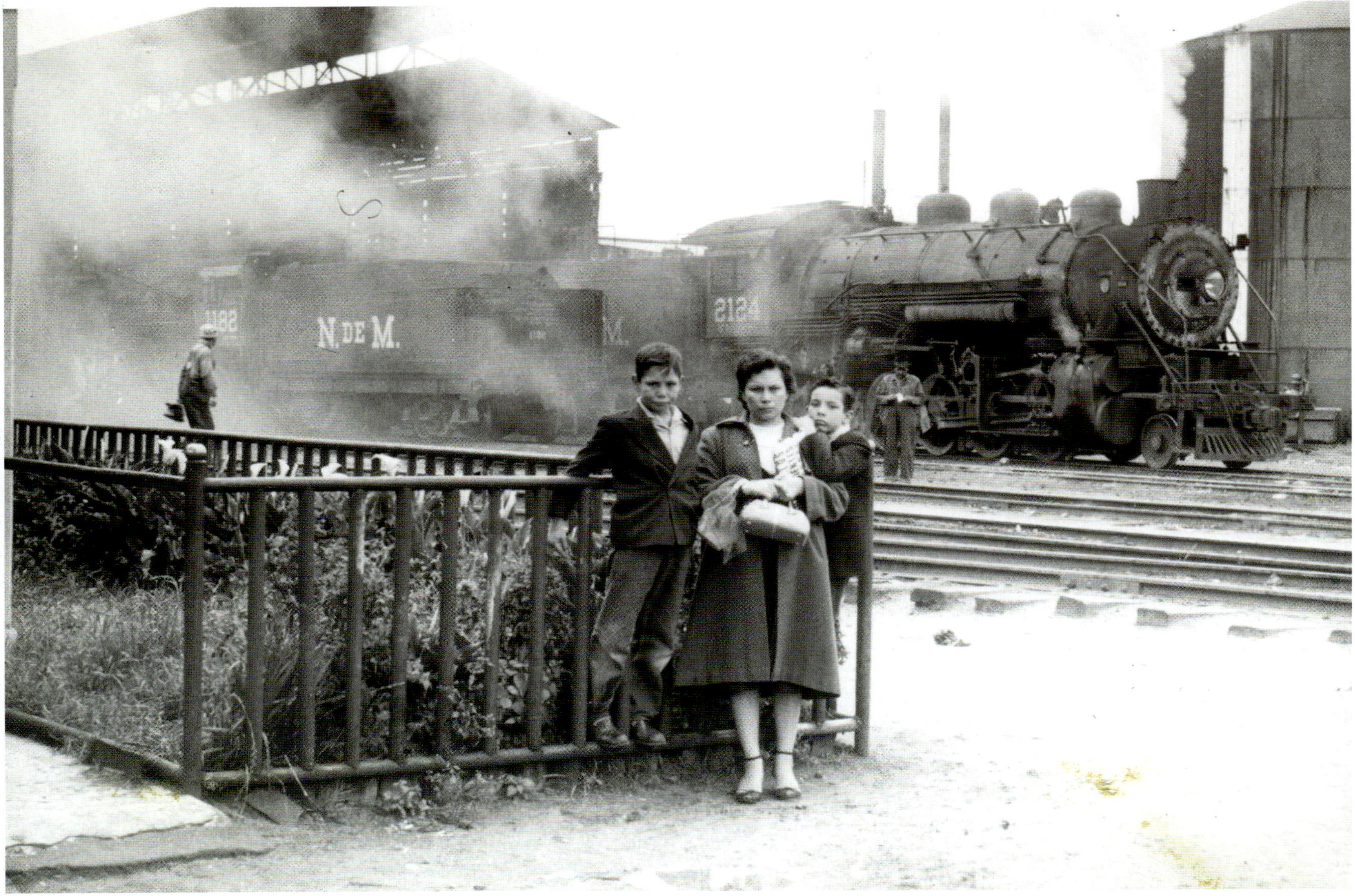
1182
N. DE M.
2124

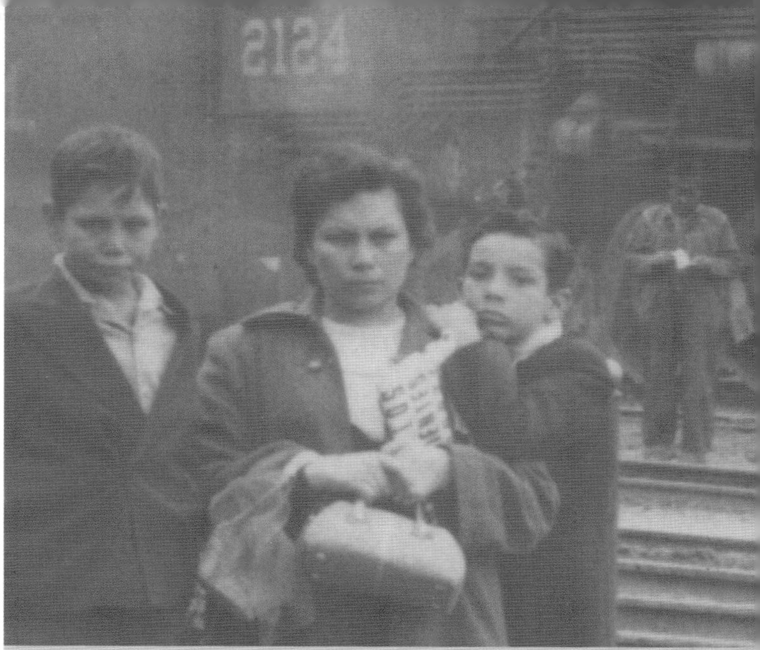

La terminal del ferrocarril fue, para muchos, el adiós a una vida o el inicio de otra.

1950 1960 1970 1980

De los pocos ejemplos que quedan de la arquitectura porfirista en la emblemática colonia Juárez destacan la casona que resguarda el Museo de Cera, realizada por el arquitecto Antonio Rivas Mercado con estilo art nouveau, entre 1900 y 1904; la casa Gargollo, sede de The University Club, realizada por el arquitecto José Luis Cuevas y terminada en 1904, y el edificio ubicado en la esquina de Berlín y Versalles, construido en 1910 por el arquitecto Regis A. Pigeon, que fue uno de los primeros conjuntos habitacionales de la Ciudad de México. | AR

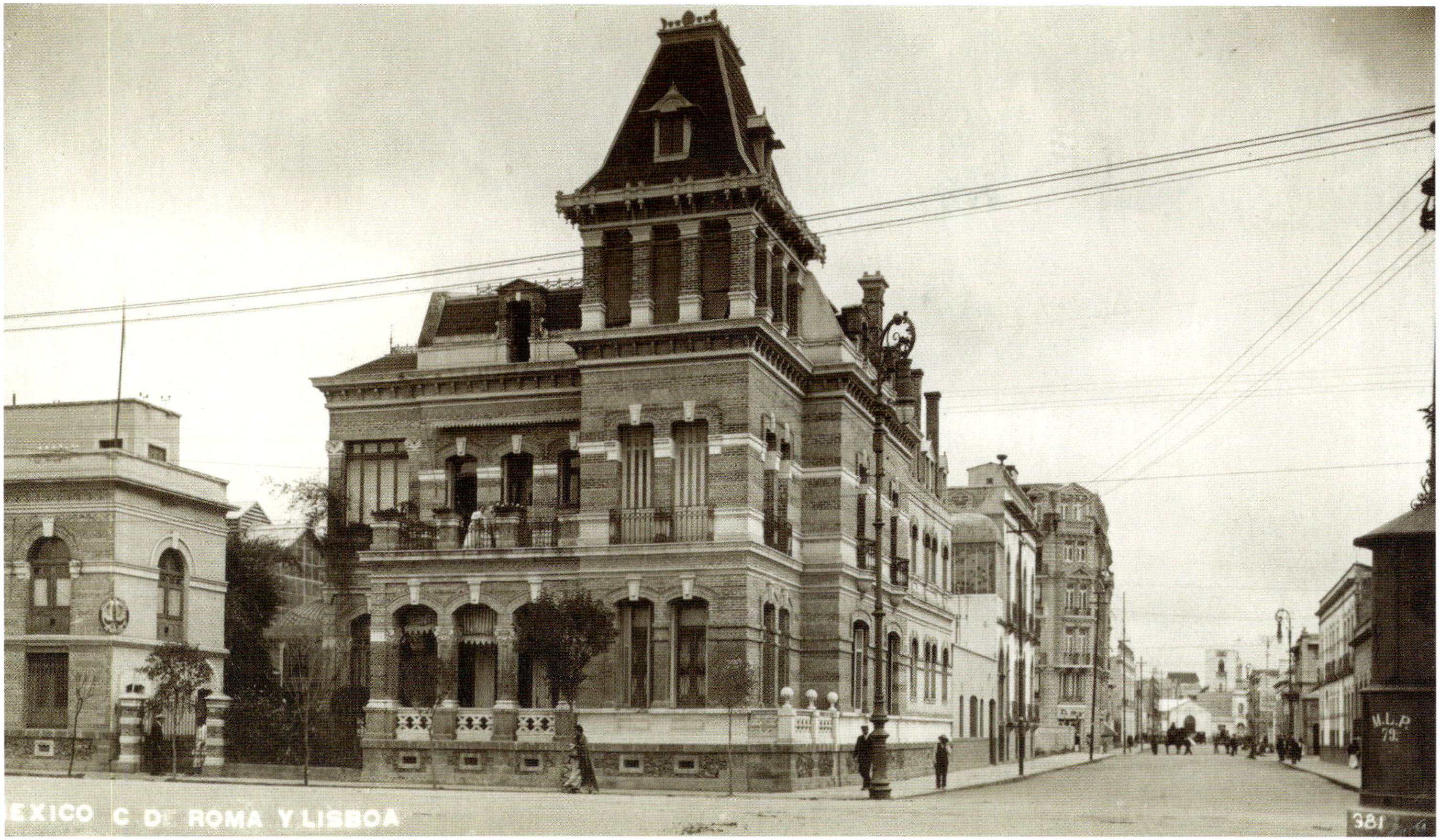

Las magníficas residencias ubicadas en la esquina de las calles Roma y Lisboa, en la colonia Juárez. Fueron demolidas alrededor de los años sesenta para construir edificios de departamentos.

1950 1960 1970 1980

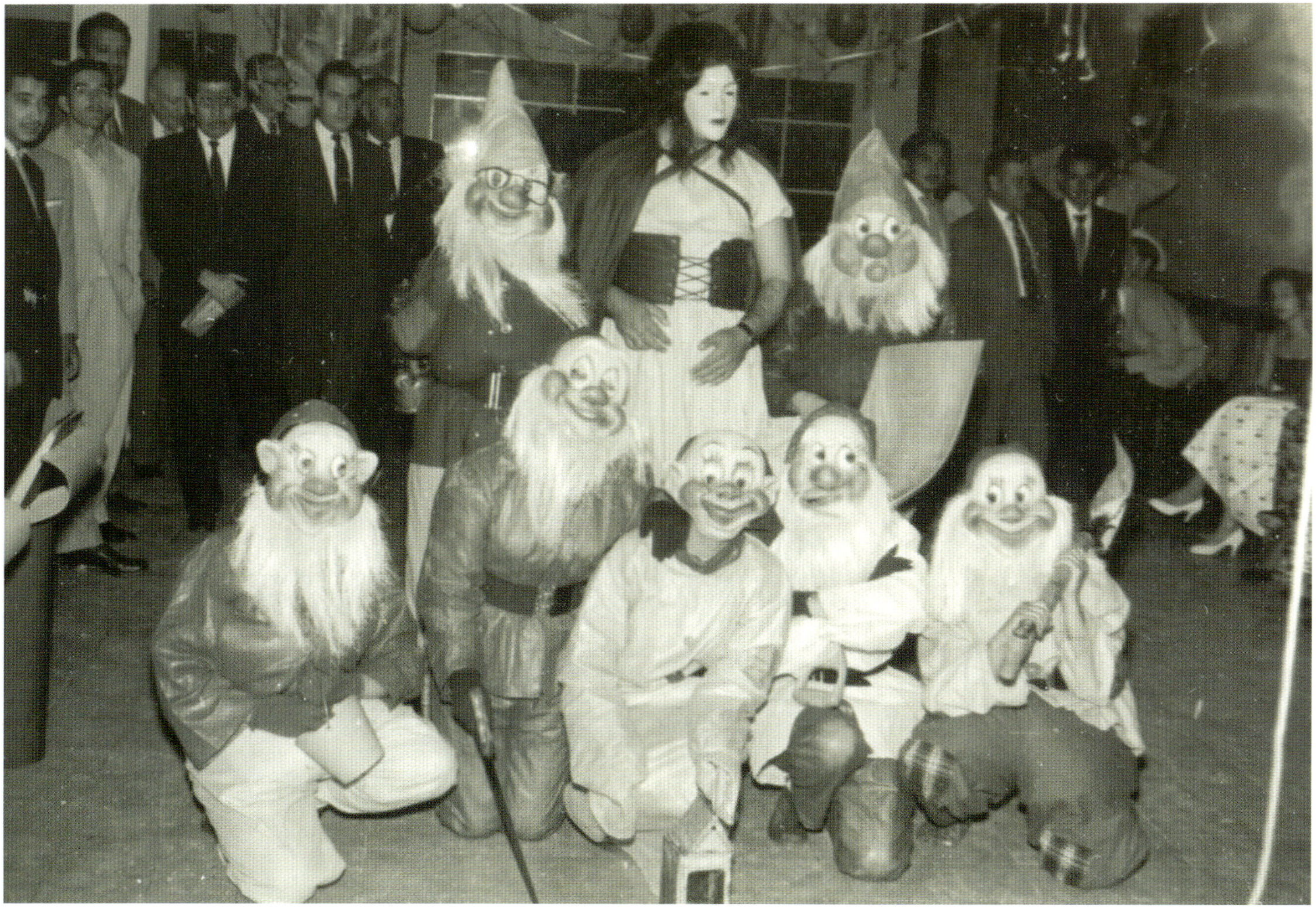

Blanca Nieves y los siete enanos posan para la foto en un concurso de disfraces. El público mantiene su distancia. El reverso de la fotografía indica que este peculiar grupo se llevó el primer lugar.

1920 1930 1940

Entre 1930 y 1960, la sociedad mexicana padeció una cruzada moralizadora impulsada por los sectores más conservadores, apoyada por la Iglesia y con la vista gorda del gobierno. Todo tipo de organizaciones surgieron para defender la moral y las buenas costumbres. Estos grupos la emprendieron contra todo y contra todos: cine, radio, televisión, revistas, libros, arte, deportes.
En 1938 impidieron que se estrenara la cinta *Blanca Nieves*, porque una mujer y siete hombres bajo el mismo techo se antojaba, por lo menos, perverso. | AR

La modernidad revolucionaria –impulsada por los gobiernos de Álvaro Obregón y Plutarco Elías Calles en la década de 1920– debía identificarse con el concreto, el drenaje, la luz eléctrica y el automóvil; con avenidas cuyos camellones se llenaran de frondosos árboles y los espacios de construcción fuesen más reducidos, pero mejor aprovechados. La clase media regresaba por sus fueros a reivindicar su lugar en la historia y, a partir de 1924, ocupó la nueva y muy pronto célebre colonia Hipódromo, que paradójicamente se levantaba sobre lo que había sido uno de los símbolos de la fastuosidad y el despilfarro porfirista: el hipódromo de la Condesa, propiedad del Jockey Club. | AR

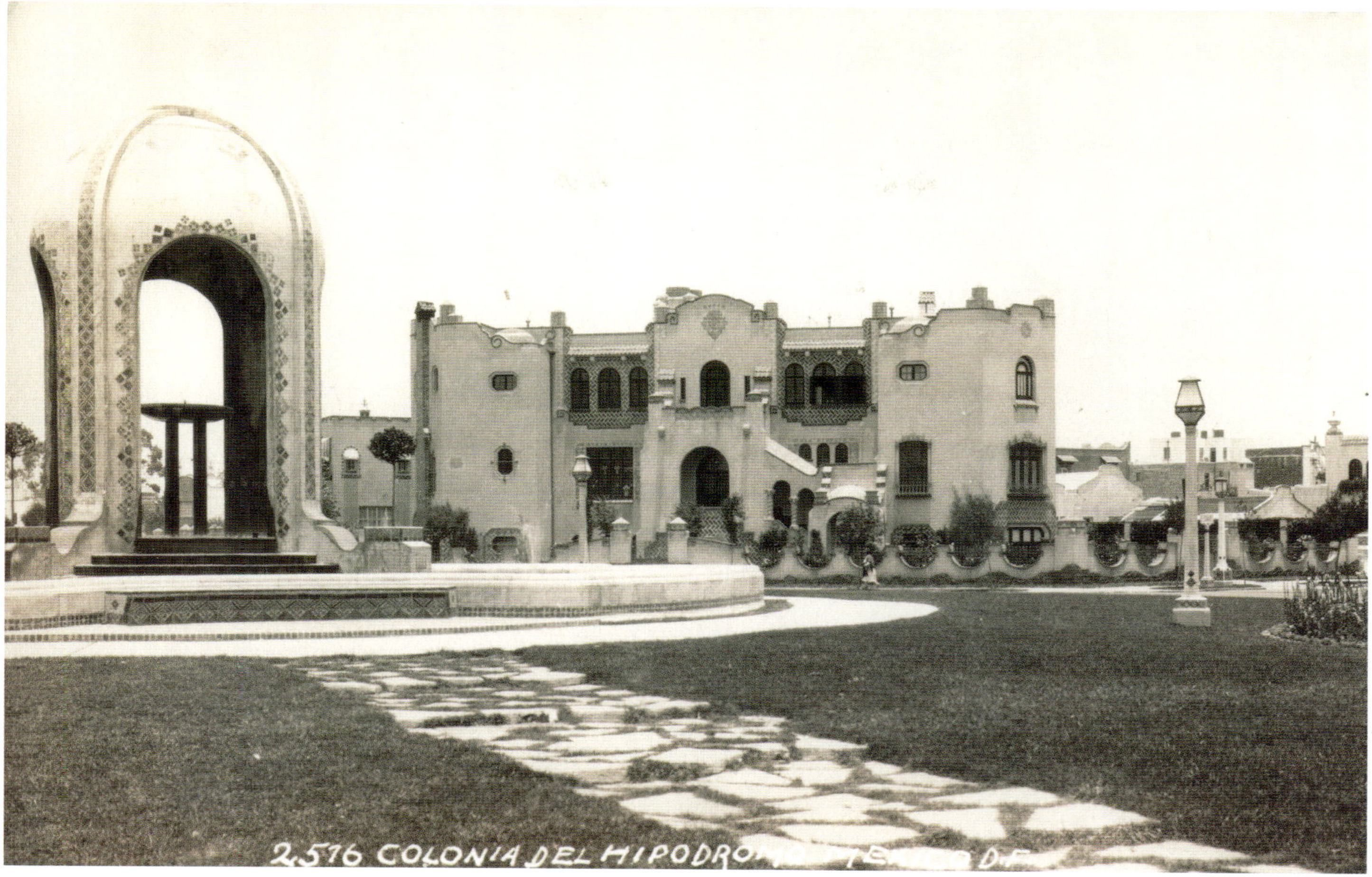

La plaza Popocatépetl, ubicada en la colonia Hipódromo, en una postal cercana a 1930. A la izquierda se ve la fuente, diseñada por el arquitecto José Gómez Echeverría. La casa del fondo se encontraba entre Huichapan y la avenida México. Hoy, en su lugar hay edificios de departamentos.

1950 1960 1970 1980

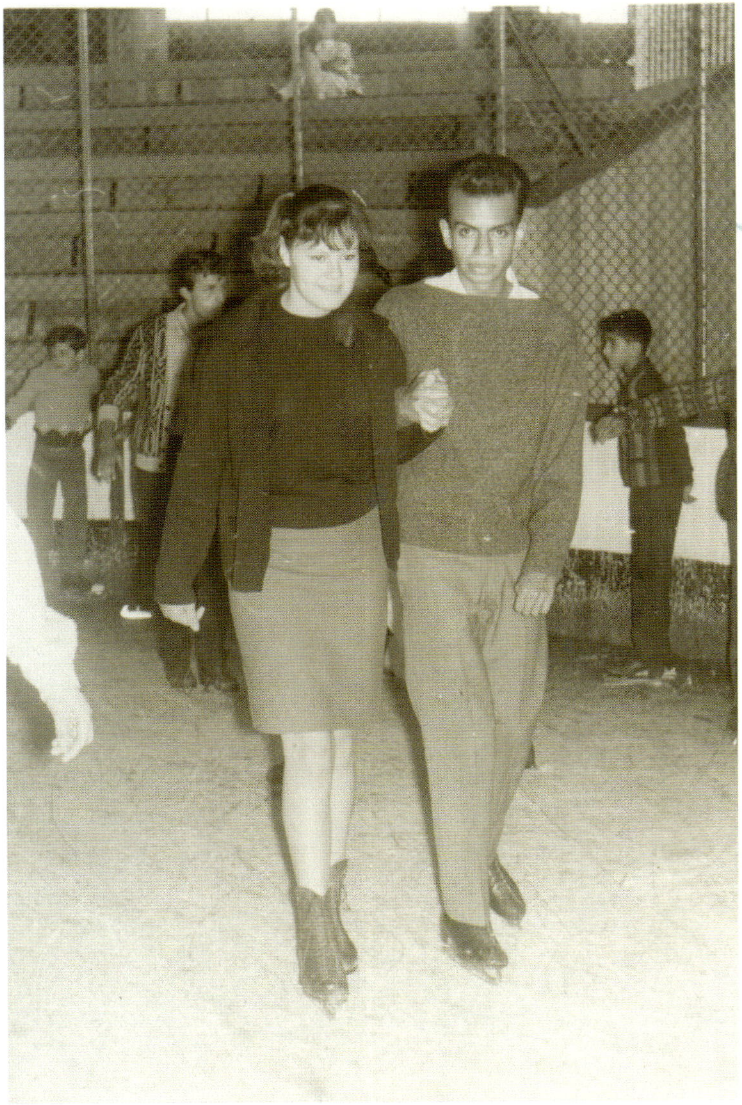

Nada más romántico que patinar juntos.

1920 1930 1940

En México, el patinaje sobre ruedas se practica desde 1877 en el Tívoli del Eliseo, pero en 1895 fue inaugurada una pista en la Alameda. Las mujeres solo podían patinar de martes a viernes, en un horario que iba de las 10 de la mañana a la una de la tarde. El turno de los varones comenzaba a las cuatro de la tarde y se extendía hasta la noche. Otra pista de patinaje que también se ganó el gusto del público se ubicaba en el llamado Parque Luna, donde hoy se encuentra el edificio de la Secretaría de Salud, junto al bosque de Chapultepec. | AR

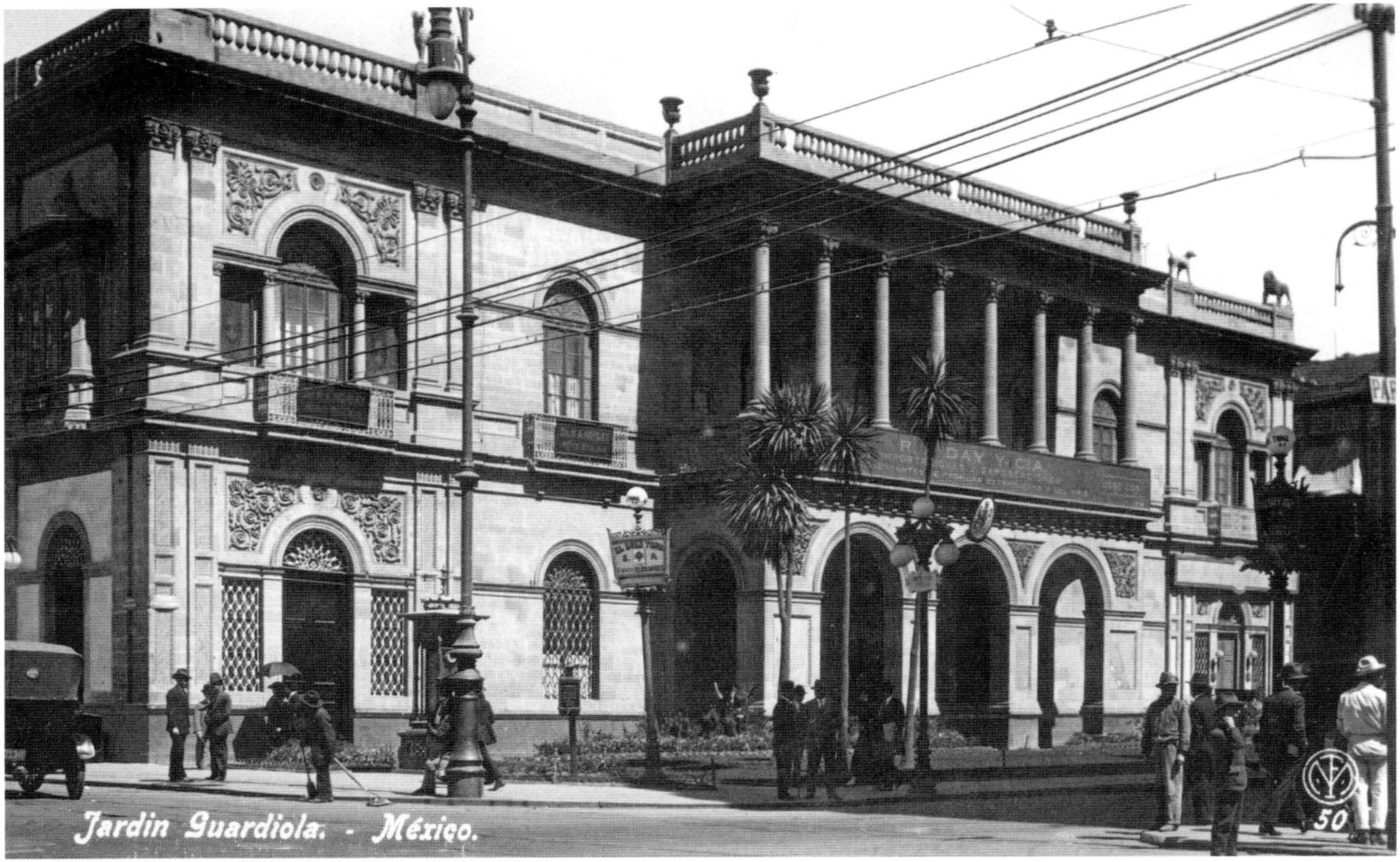
Jardin Guardiola. - México.
50

La residencia de la familia Escandón en el Jardín Guardiola, en la esquina de la calle San Francisco y la avenida San Juan de Letrán, hoy Madero y Eje Central, respectivamente. También conocida como la Casa de los Perros, por las figuras de ornato que se encontraban en la parte superior, ocupó el sitio donde había estado la residencia de los marqueses de Santa Fe de Guardiola. Fue demolida alrededor de 1938 y en la actualidad ahí se encuentra el Edificio Guardiola, del Banco de México.

A finales del siglo XVII, don Juan de Padilla Guardiola y Guzmán —marqués de Santa Fe de Guardiola a partir de 1689— adquirió el terreno y construyó una primera mansión. El apellido del marqués dio nombre a la plaza frente a la fachada de la casa. A partir de entonces, y hasta los primeros años del siglo XX, se le conoció como Jardín Guardiola. La gente se reunía ahí para presenciar el famoso paseo del pendón, cada 13 de agosto, que conmemora la caída de Tenochtitlan y la fundación de la Ciudad de México. Según refieren las crónicas, en esa plaza se llegaron a lidiar toros y estuvo enjaulado el célebre bandido Chirino. | AR

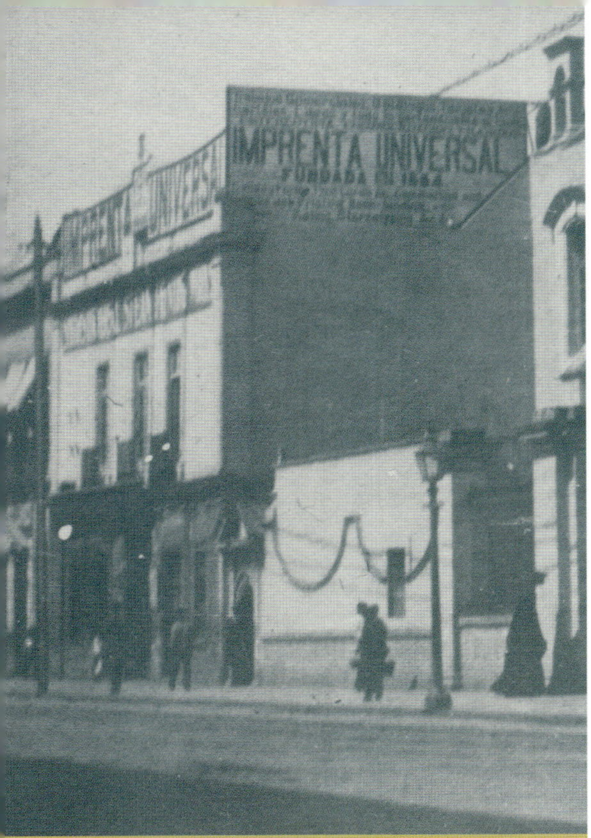

Frente al templo de Santa Brígida, en la avenida San Juan de Letrán, hoy Eje Central, la vida transcurre como cualquier otro día. Este magnífico inmueble fue demolido en 1933 con la ampliación de esta vía.

1920 1930 1940

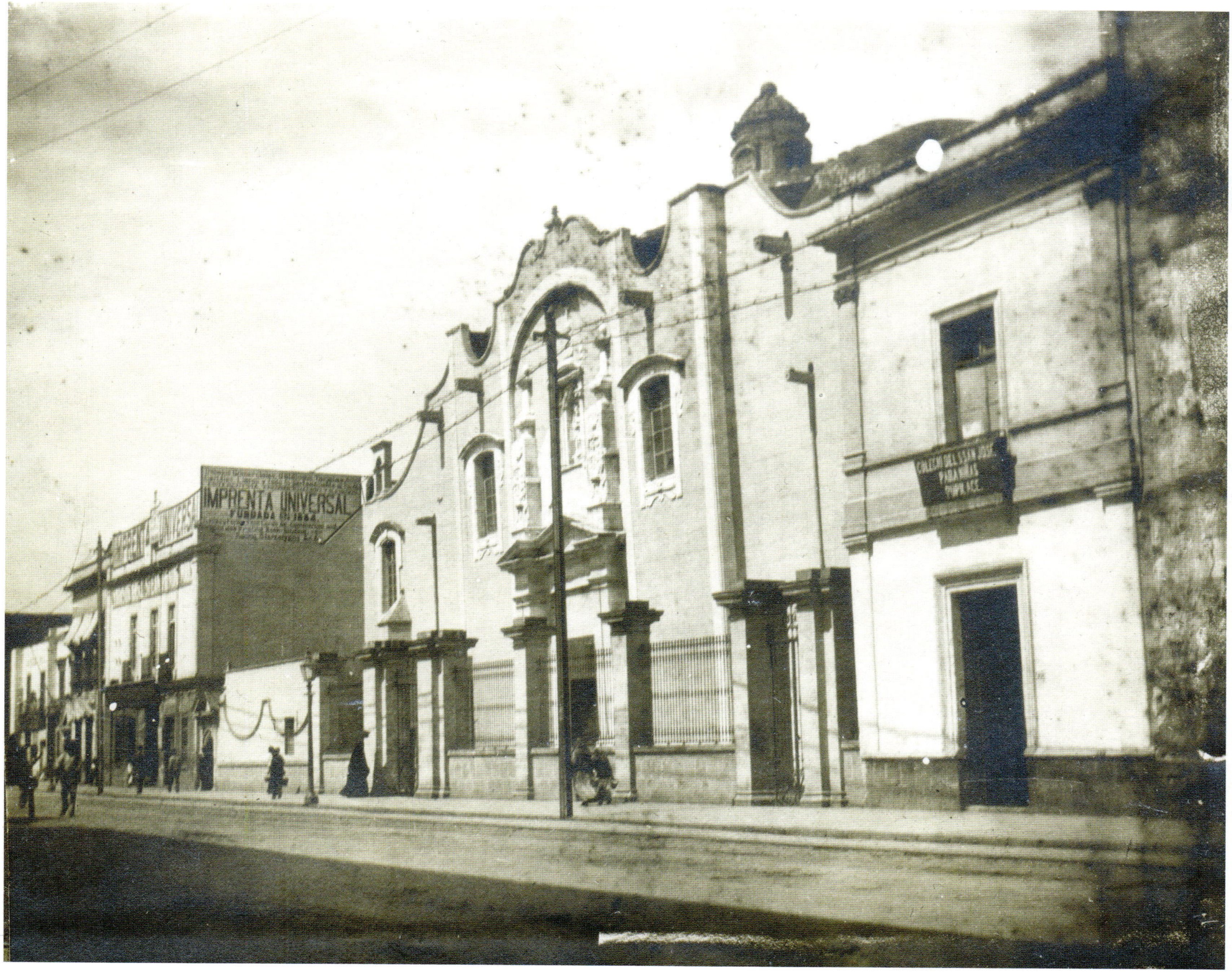
IMPRENTA UNIVERSAL

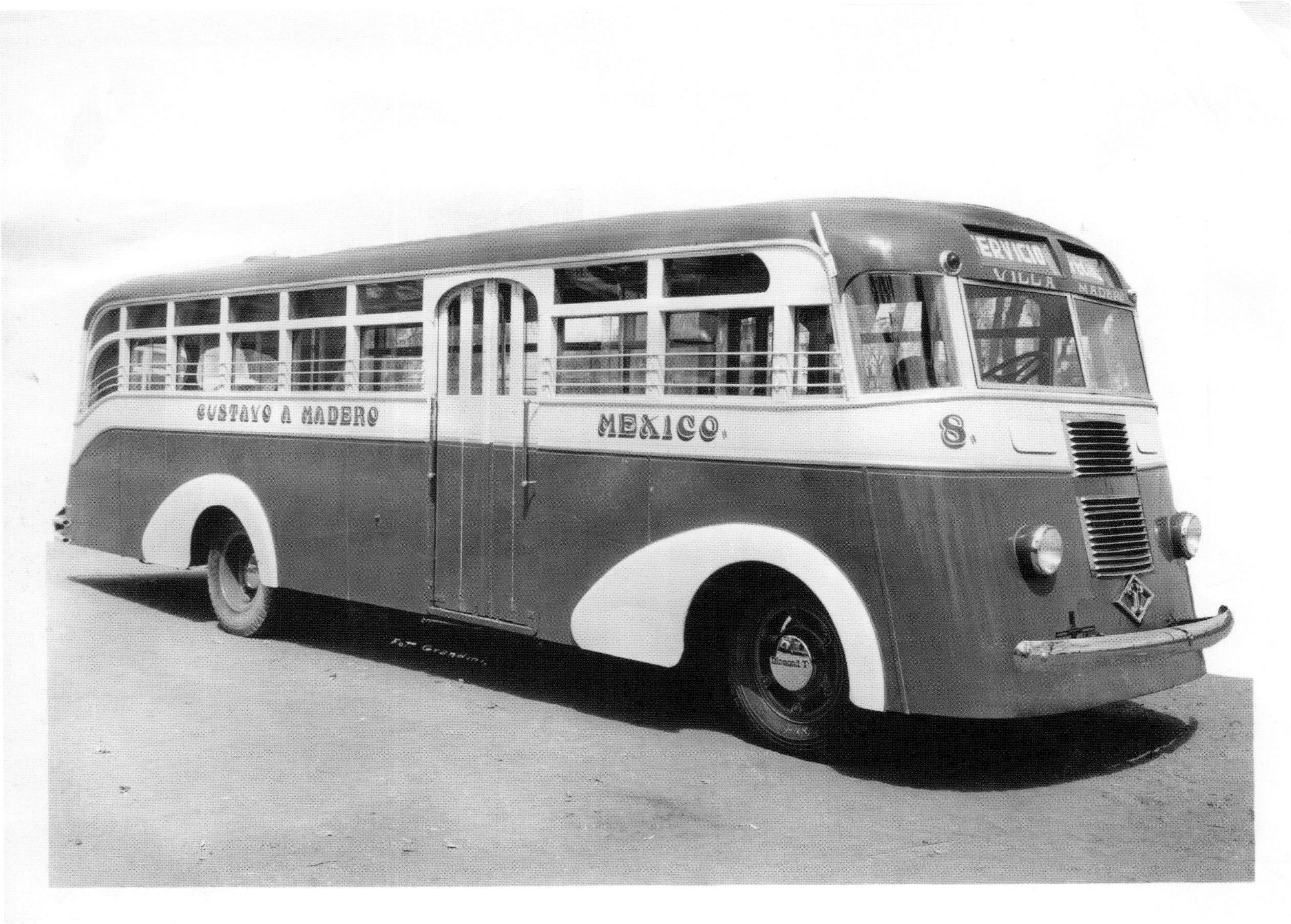
ERVICIO
VILLA MADERO
GUSTAVO A MADERO
MEXICO
8
Diamond T

AÑOS CUARENTA
LD, Ciudad de México

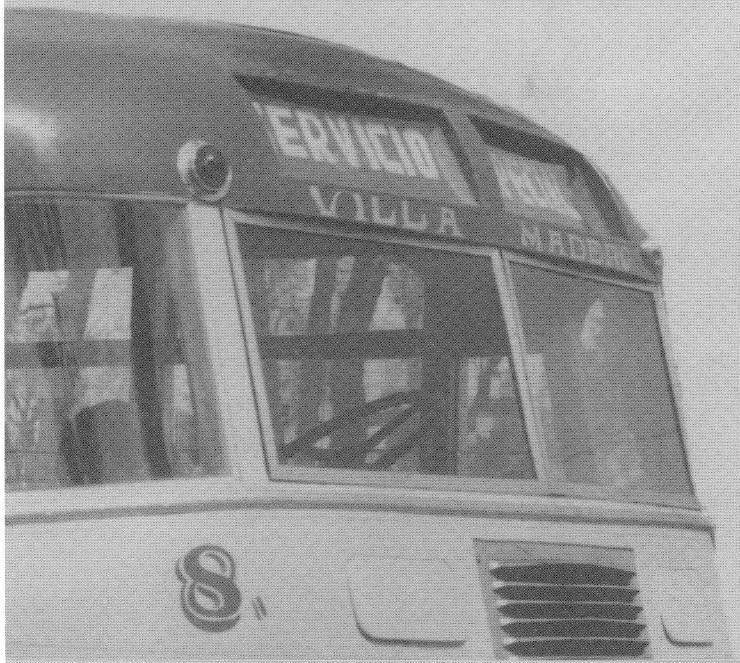

En los años cuarenta, estos modernos autobuses brindaban el servicio especial de pasajeros hacia la basílica de Guadalupe, en la entonces delegación Gustavo A. Madero. En la parte superior del parabrisas esta unidad lleva el rótulo «Villa-Madero».

1950 1960 1970 1980

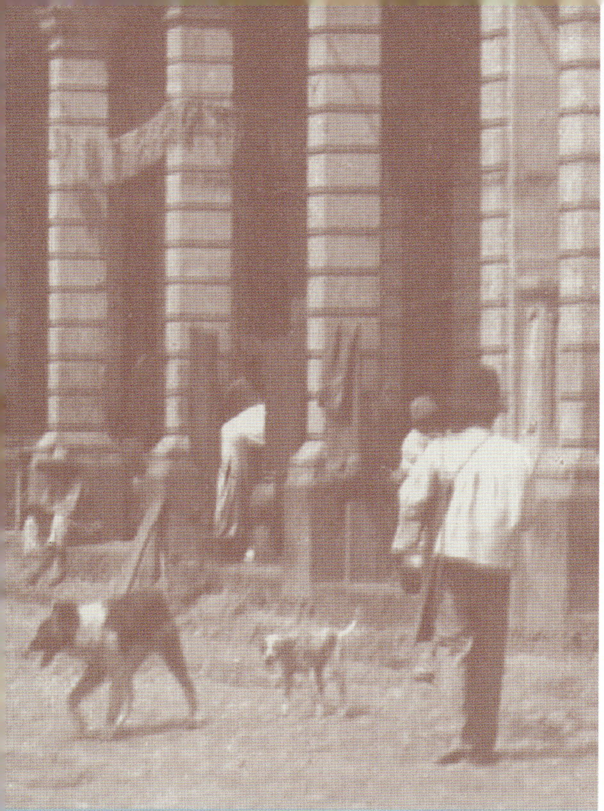

El portal de La Magdalena, que estuvo en la actual avenida Jalisco y Rufina, en Tacubaya. Una escena casi rural en plena ciudad.

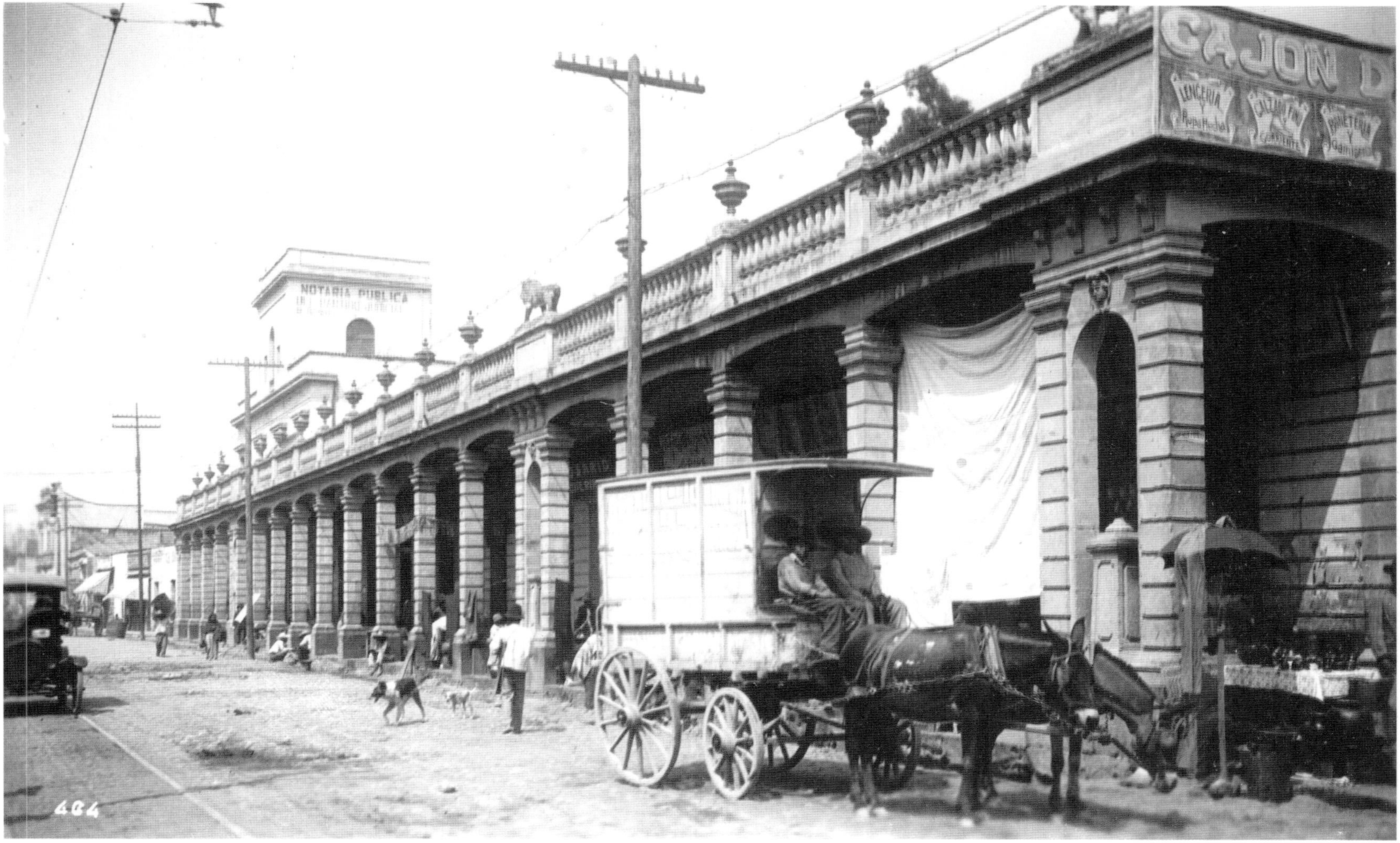

1950

1960

1970

1980

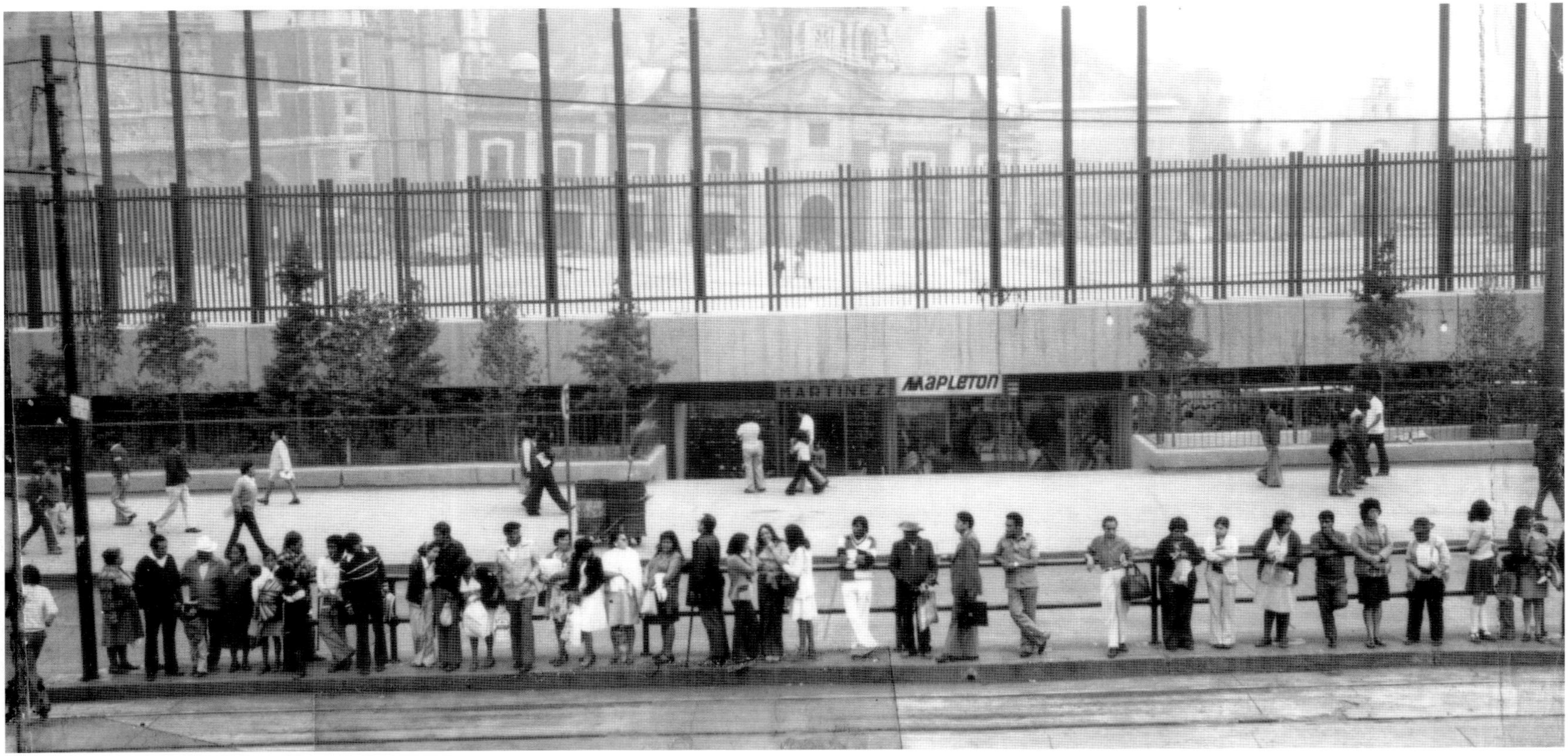

1920

1930

1940

En la avenida Fray Juan de Zumárraga, frente a la antigua basílica de Guadalupe, una larga fila espera el transporte público. Al fondo se pueden apreciar los locales comerciales de entonces, así como el avanzado hundimiento de la parroquia de Capuchinas.

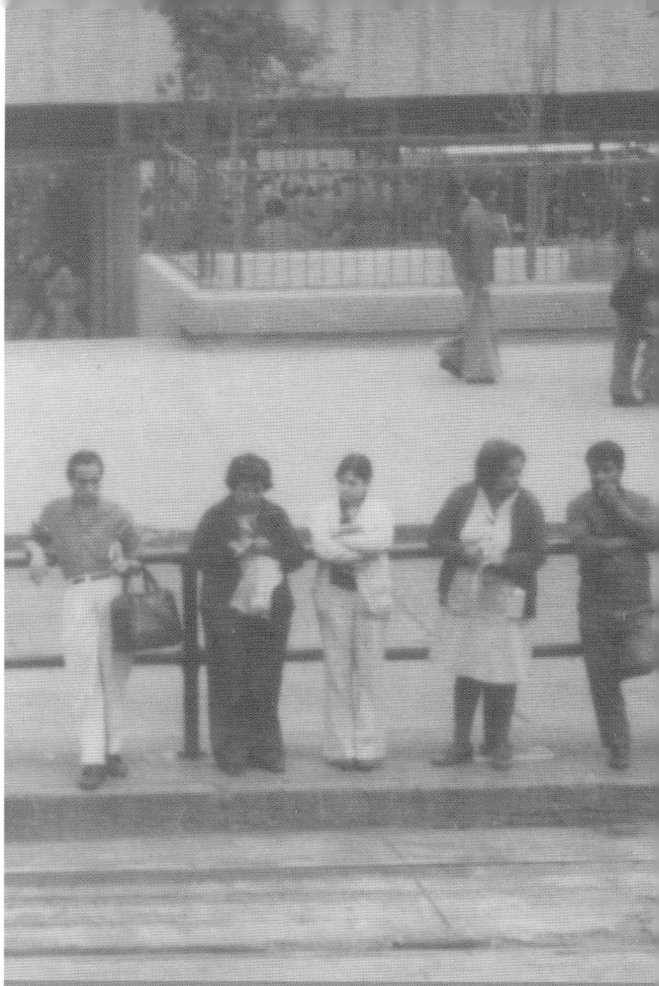

1950 1960 1970 1980

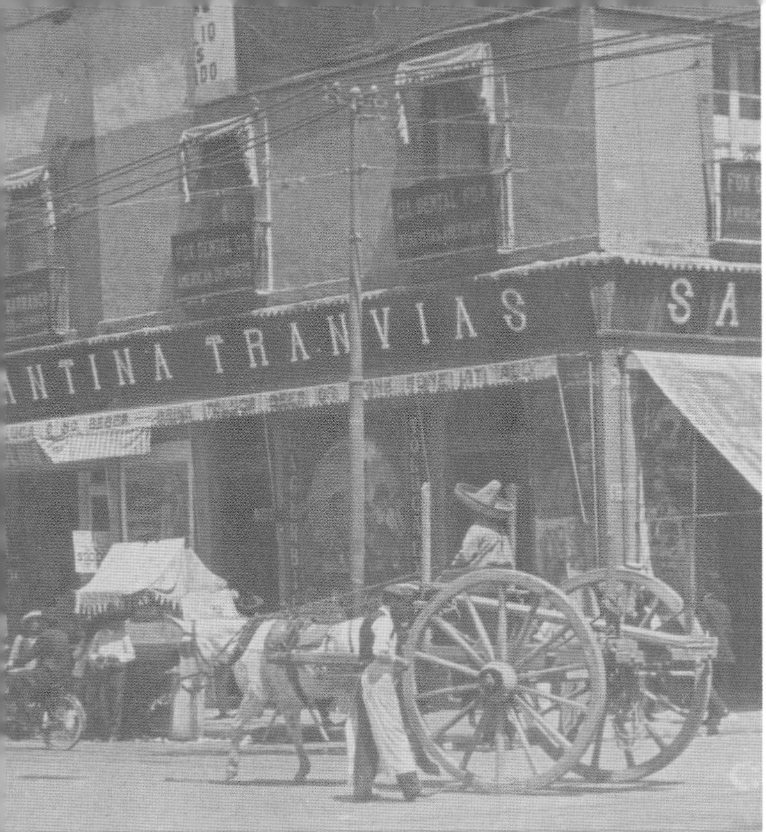

Una postal captada alrededor de 1915 en la que vemos la agitada esquina de San Juan de Letrán, hoy Eje Central, y 16 de Septiembre. En la imagen se aprecia la cantina Salón Tranvías. Destaca el hotel New Porters, luego Cosmos. La gente y los transportes quedan como testimonio de otra época.

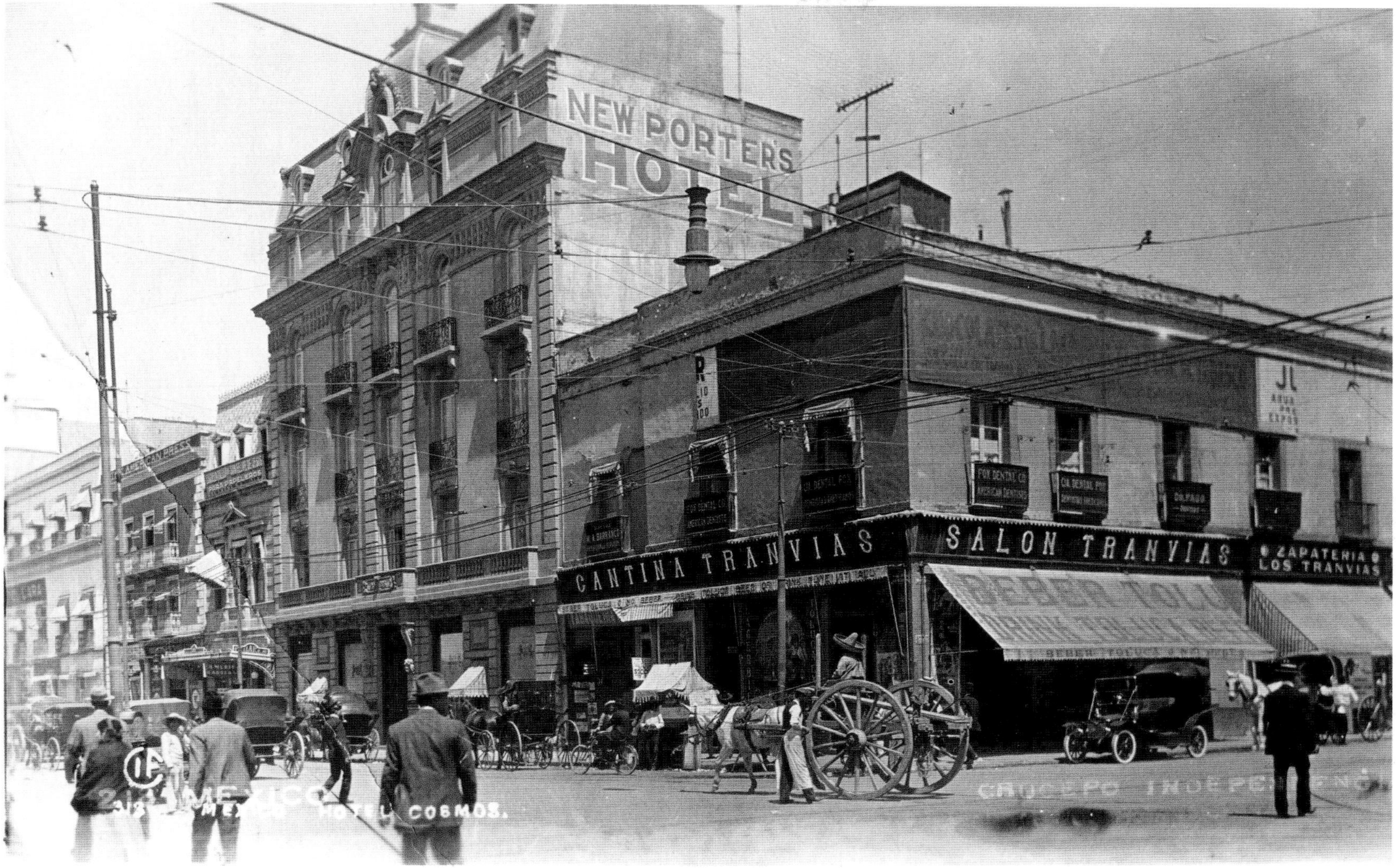

1950 1960 1970 1980

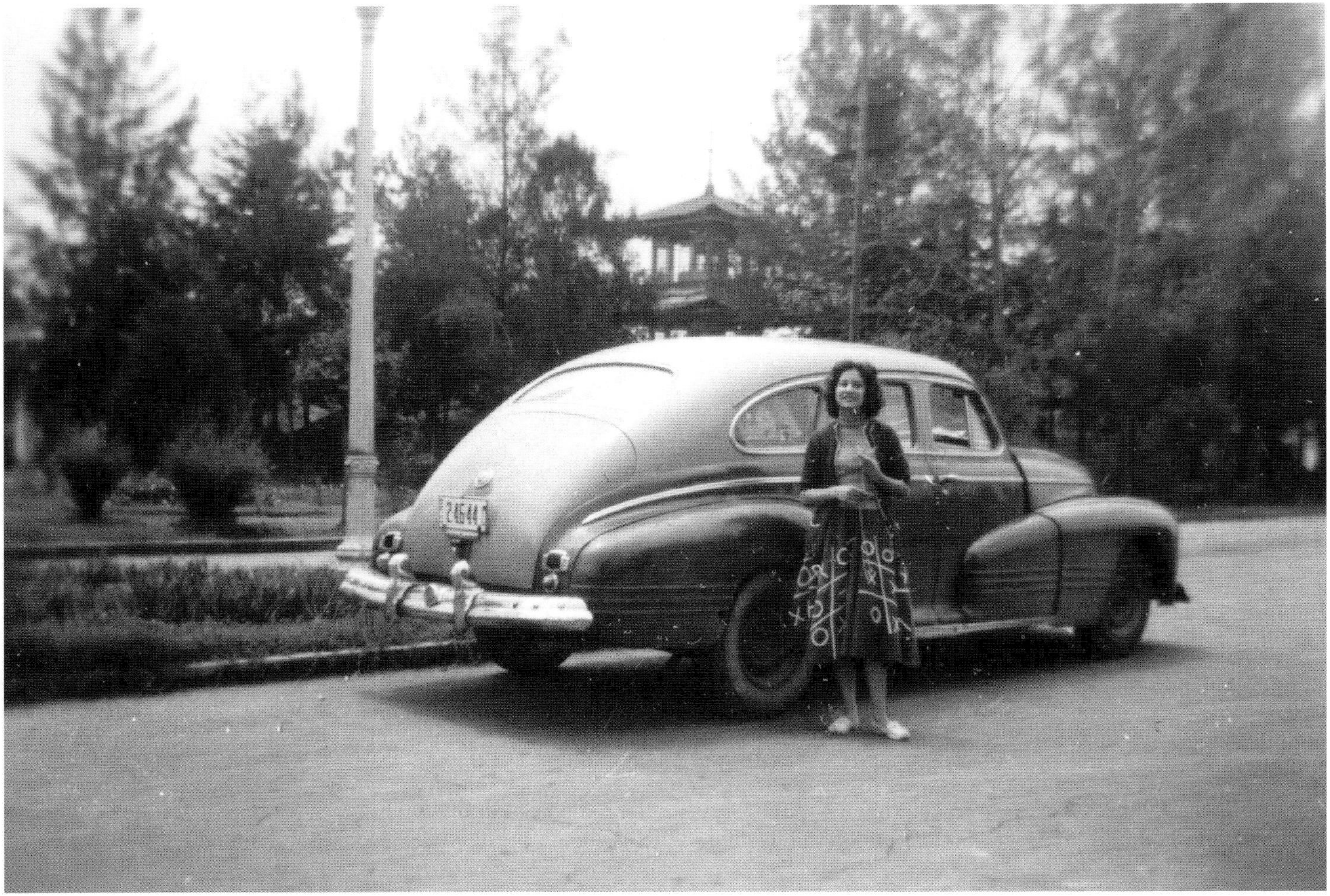

De paseo en el Parque de la Pagoda,
hoy Parque Masayoshi Ōhira, en Coyoacán.

A principios de los años cuarenta se fundó la colonia Country Club, al sur de la Ciudad de México. Debía ser una colonia exclusiva, pensada para que la habitaran actores de la Época de Oro, por su cercanía con los Estudios Churubusco. Contaba con un parque que rápidamente alcanzó fama debido a que tenía una pagoda en el centro, sin la intención de darle un toque oriental; simplemente era sede de las oficinas de bienes raíces de la colonia. La pagoda se quemó en los años setenta, pero el parque fue rehabilitado en 1980. | AR

1950 1960 1970 1980

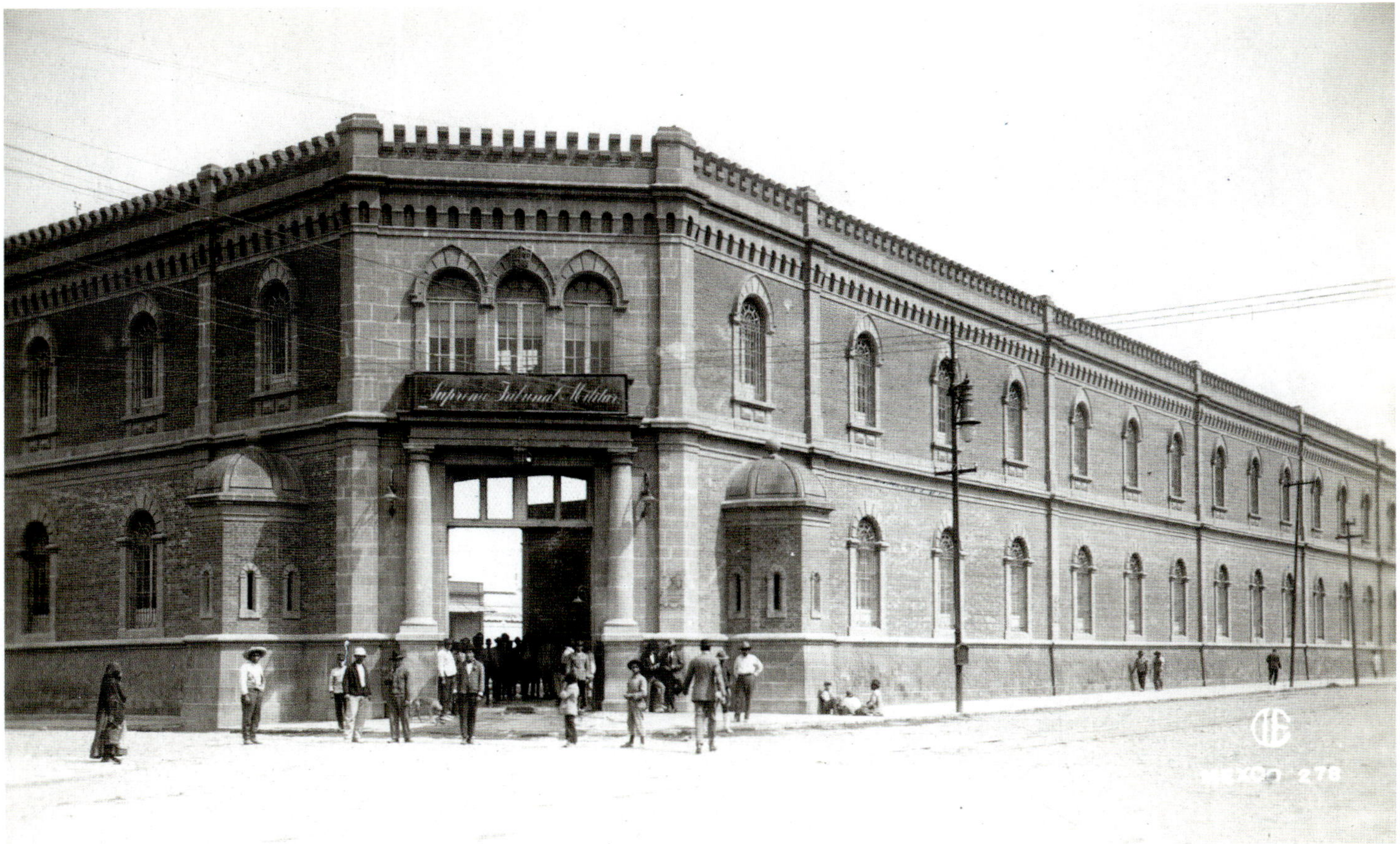

El edificio del Supremo Tribunal Militar de Santiago Tlatelolco, en una postal de los años veinte. Fue demolido y en su lugar se construyó la Secretaría de Relaciones Exteriores.

El edificio del Supremo Tribunal Militar se encontraba en la calle Almacenes, frente a la Alameda de Santiago y junto a la antigua prisión militar localizada en el otrora convento de Santiago Tlatelolco, donde estuvo preso Pancho Villa en 1912. El edificio fue demolido hacia finales de la década de 1950 y en su lugar se levantó la Torre Tlatelolco, diseñada por el arquitecto Pedro Ramírez Vázquez, que durante varias décadas albergó a la Secretaría de Relaciones Exteriores. | AR

1950 1960 1970 1980

«Ya me voy, me lleva el Metro por un peso hasta Tasqueña», cantaba Chava Flores en el tema «Voy en el Metro».

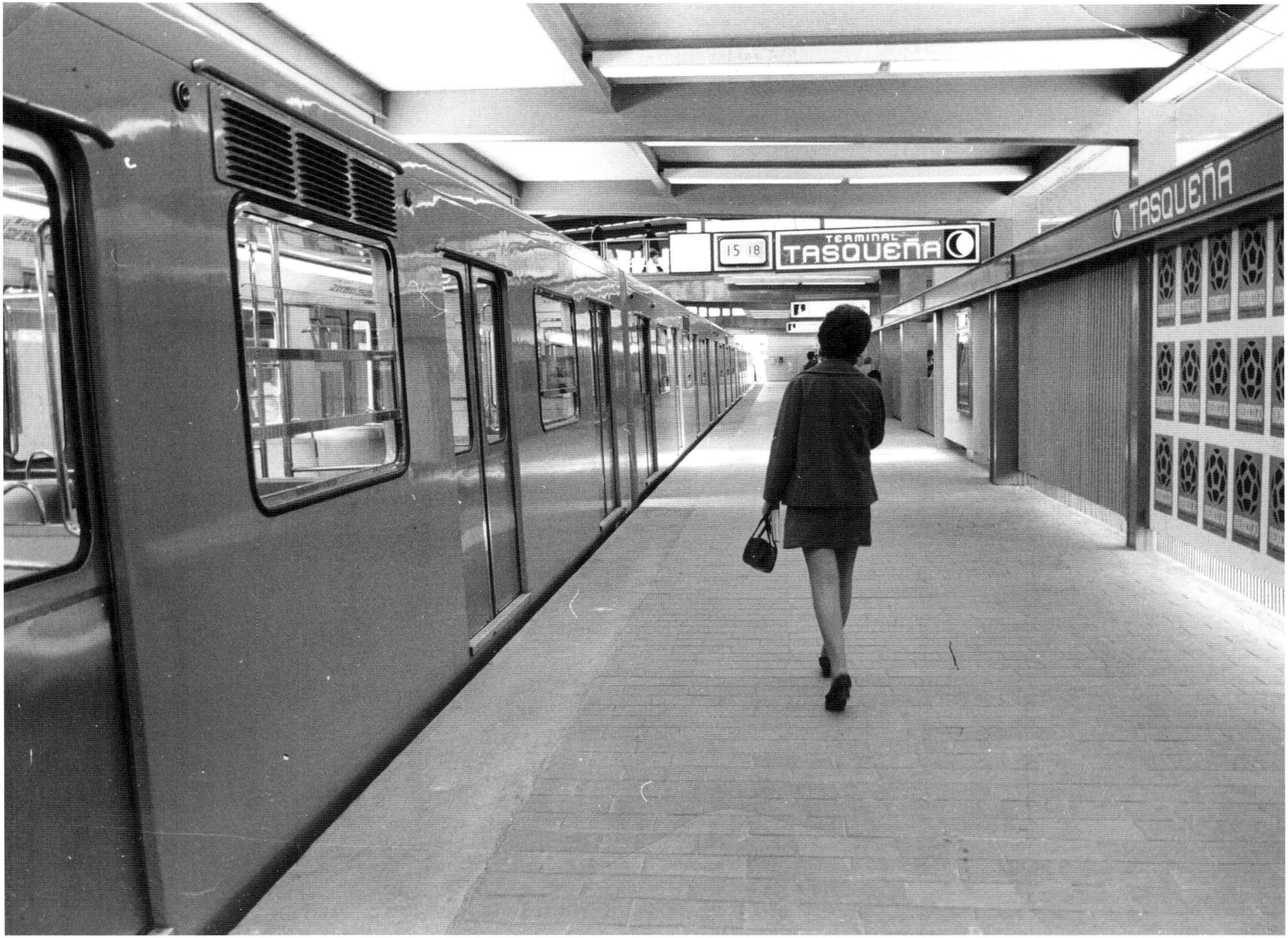

1950 1960 1970 1980

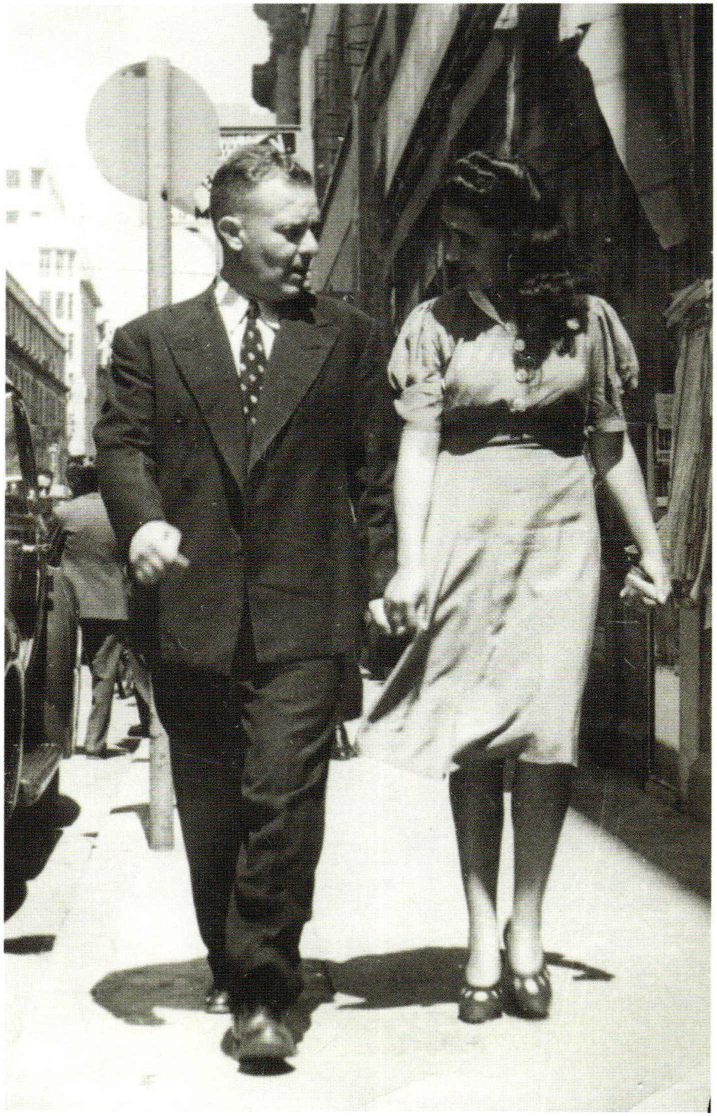

En el Centro, por la calle Bolívar...

En la actualidad son conocidas como Allende y Bolívar, pero hasta hace poco más de un siglo estas calles tenían otra nomenclatura: Primera y Segunda del Factor, Vergara y Coliseo Nuevo. En ellas convergían las artes, la religión, la educación y la política, y en torno a sus edificios se reunió por muchos años la sociedad mexicana, ya que tenían tres teatros: Iturbide (hoy Edificio del Congreso de la Ciudad de México), Gran Teatro Nacional (demolido para dar paso a la calle 5 de Mayo) y Teatro Principal, antes llamado Coliseo Nuevo. | AR

El célebre Café Chapultepec: por varias décadas punto de reunión de artistas, intelectuales y personajes de la alta sociedad porfiriana.

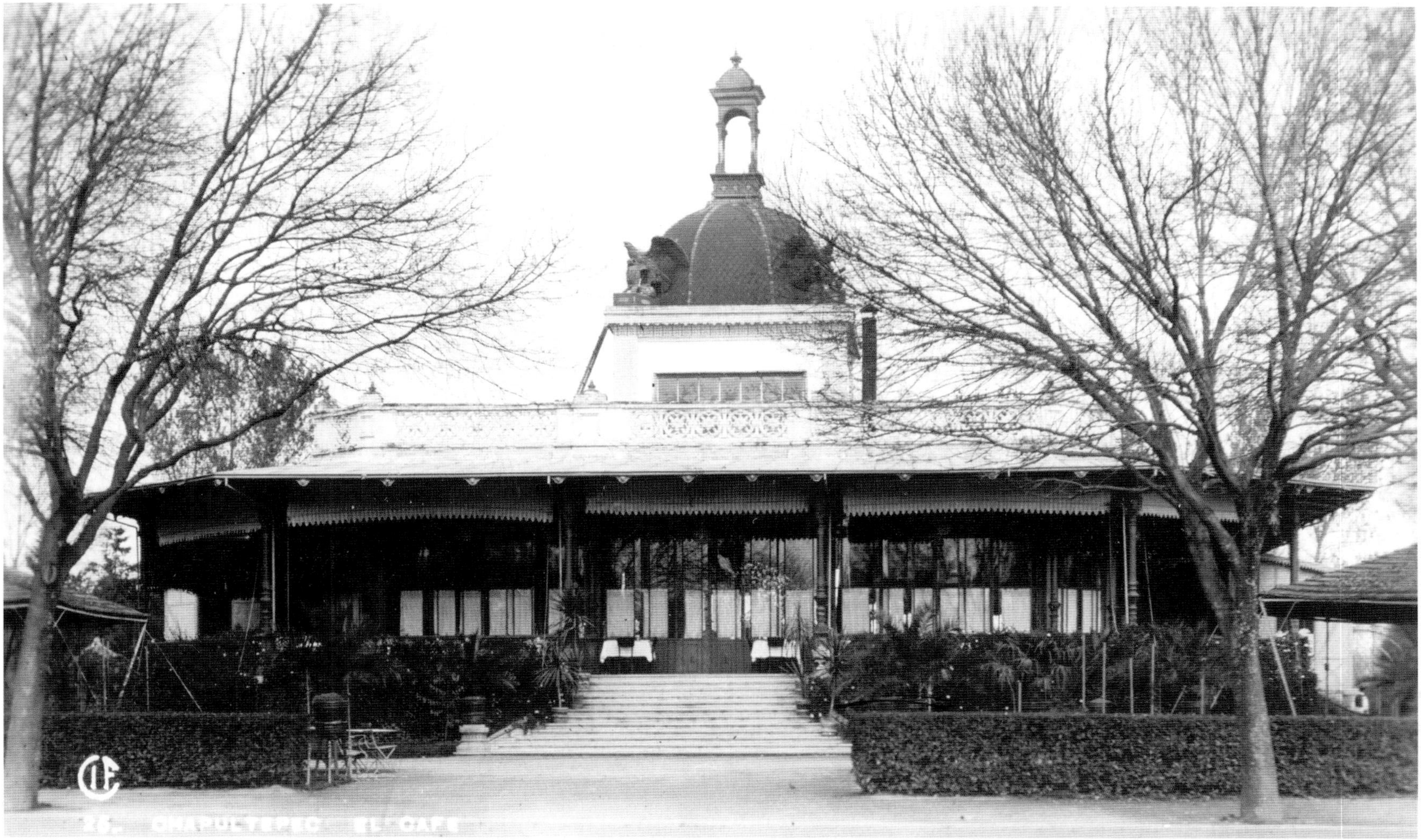

1950 1960 1970 1980

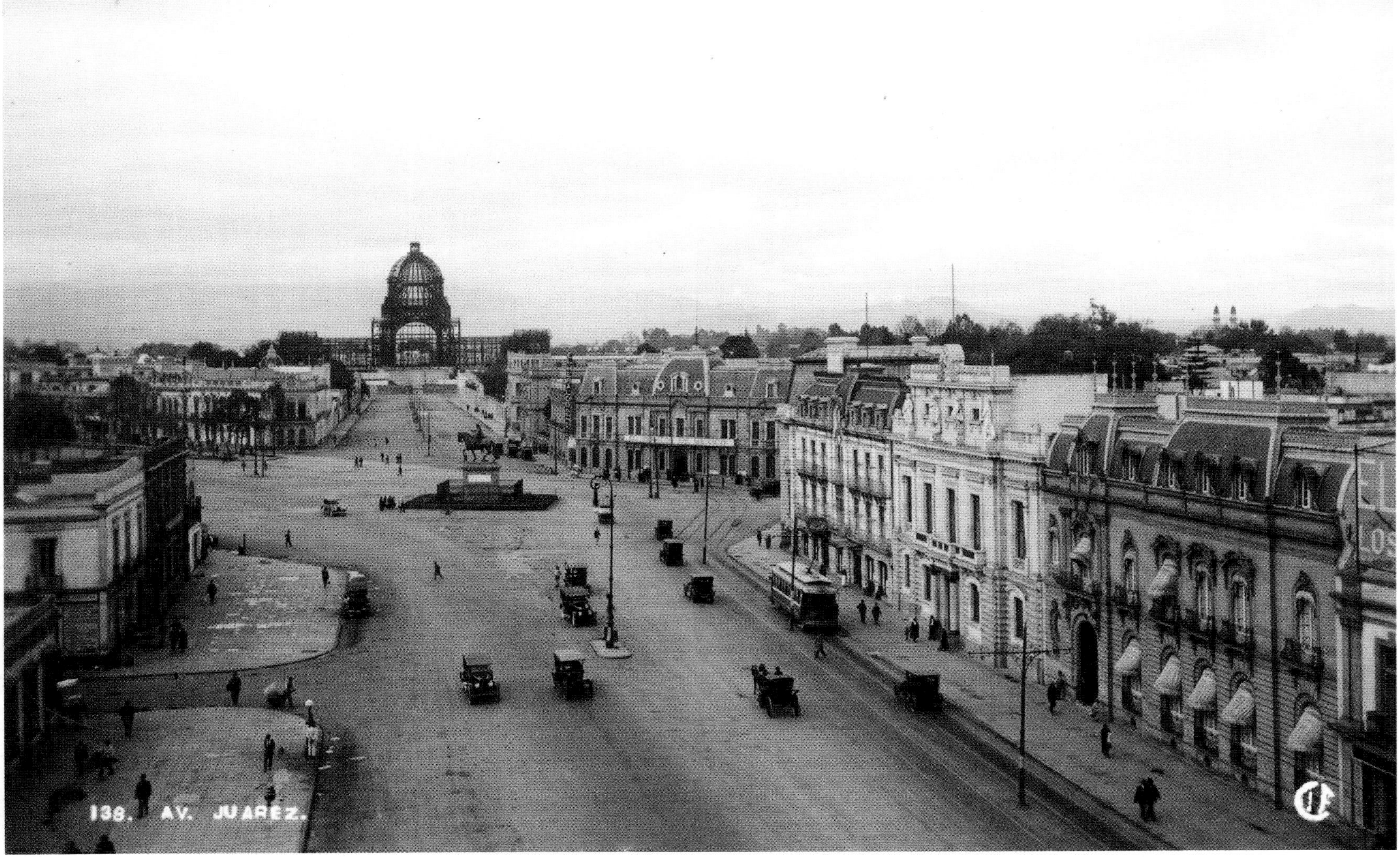

1920 1930 1940

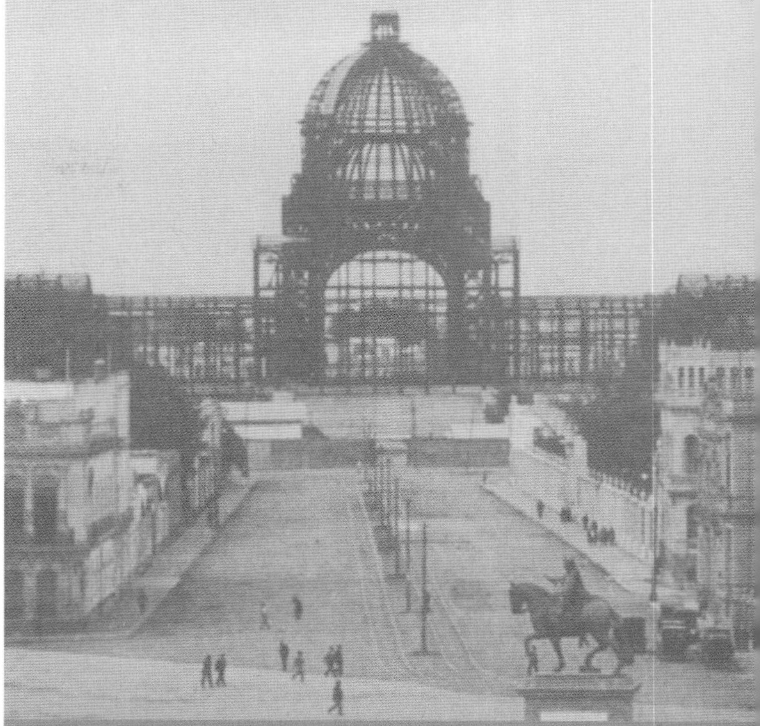

La avenida Juárez y su cruce con Bucareli y Paseo de la Reforma, alrededor de 1920. Al fondo está la estructura inconclusa del Palacio Legislativo, que luego se convirtió en el Monumento a la Revolución. A la derecha de «el Caballito» se ve la casa del diputado y yerno de Porfirio Díaz, Ignacio de la Torre y Mier. Hoy en su lugar se encuentra la Lotería Nacional.

1950 1960 1970 1980